Pho… **nature** en **macro**

Guide pratique

DANS LA MÊME COLLECTION

B. Bodin, C. Bruno – **Photographier la montagne – Guide pratique.** – 2008, 166 pages.

C. Lamotte, S. Zaniol – **Photojournalisme – Guide pratique.** – 2007, 200 pages.

T. Seray – **Photographier la mer et la voile – Guide pratique.** – 2007, 200 pages.

E. Balança – **Photographier les animaux – Guide pratique.** – 2007, 180 pages.

I. Guillen, A. Guillen – **La photo numérique sous-marine, 2e édition – Guide pratique.** – 2006, 194 pages + CD-Rom.

I. Guillen, A. Guillen – **La photo numérique sous-marine – Guide expert.** – 2005, 230 pages.

CHEZ LE MÊME ÉDITEUR

Boîtiers numériques et argentiques

V. Luc, M.-P. Albert – **Maîtriser le Canon EOS 450D** (à paraître).

V. Luc, M. Ferrier – **Maîtriser le Nikon D300.** – 2008, 422 pages.

V. Luc, B. Effosse – **Maîtriser le Canon EOS 40D.** – 2008, 340 pages.

V. Luc, B. Effosse – **Maîtriser le Canon EOS 400D.** – 2007, 328 pages.

V. Luc – **Maîtriser le Nikon D80.** – 2007, 340 pages.

V. Luc – **Maîtriser le Nikon D200.** – 2006, 352 pages.

V. Luc – **Maîtriser le Nikon D50.** – 2006, 316 pages.

V. Luc – **Maîtriser le Canon EOS 350D.** – 2006, 316 pages.

D. Schloss – **Olympus E-510.** – 2008, 132 pages.

P. Burian – **Sony Alpha 700.** – 2008, 200 pages.

P. Burian – **Sony Alpha 100.** – 2007, 212 pages.

P. Burian – **Pentax K10D.** – 2007, 220 pages.

R. Sheppard – **Canon EOS 30D.** – 2007, 160 pages.

R. Sheppard – **Canon EOS 20D.** – 2005, 160 pages.

R. Sheppard – **Canon EOS 300D.** – 2005, 160 pages.

R. Bouillot – **La pratique du reflex numérique, 2e édition.** – 2007, 480 pages.

R. Bouillot – **La pratique du reflex argentique et numérique.** – 2004, 320 pages.

J. D. Thomas – **Le système flash Canon.** – 2007, 132 pages.

J. D. Thomas – **Le système flash Nikon.** – 2007, 132 pages.

AUX ÉDITIONS EYROLLES

P. Ricordel – **Capture NX2 pour les photographes** (à paraître).

V. Gilbert – **Développer ses fichiers RAW, 3e édition** (à paraître).

L. Alsheimer – **Le noir et blanc avec Photoshop CS3 et Lightroom.** – 2008, 260 pages.

B. Fraser, J. Schewe – **Camera Raw et Photoshop CS3.** – 2008, 350 pages.

J.-M. Sepulchre – **DxO pour les photographes.** – 2008, 180 pages.

P. Labbe – **Photoshop CS3 pour PC et Mac.** – 2008, 550 pages.

M. Evening – **Photoshop CS3 pour les photographes.** – 2007, 616 pages + DVD-Rom.

J. Delmas – **La gestion des couleurs pour les photographes.** – 2e édition, 2007, 448 pages.

Éditions VM
Groupe Eyrolles
61, bd Saint-Germain
75240 Paris Cedex 05
Editions-VM@eyrolles.com

ISBN : 978-2-212-67276-3

Photographier la **nature** en **macro**

Guide pratique

Gérard **Blondeau**

ÉDITIONS M

Avant-propos

La photographie, c'est l'école du regard. Avant d'espérer réussir de belles images, il faut avoir appris à observer quelles beautés peuvent se dissimuler derrière la réalité la plus banale, cette réalité que nous côtoyons tous les jours sans y prêter attention et dont la poésie ne demande qu'à se révéler.

Cette définition s'applique tout particulièrement à la macrophotographie qui offre au naturaliste comme à l'artiste de l'objectif un terrain d'aventures illimité. L'un comme l'autre, évidemment, rêvent de régions tropicales, de leurs extravagantes richesses, aussi bien végétales qu'animales. Mais qui aura jamais la chance et les moyens de les parcourir ? Ils oublient que l'aventure est au coin de la rue, parfois même moins loin.

Qui sait regarder trouvera derrière l'horizon d'un bouquet d'orties un univers fascinant et primitif, une jungle dans le plus petit jardin, un océan dans le ruisseau ou la mare, un champ de luttes sauvages dans la plus paisible prairie. Et plus près encore, des merveilles, de la cave au grenier de sa propre maison, en passant par la cuisine. Et tout cela accessible à tous, avec un simple jeu de bonnettes ou de bagues.

Au-delà de la technique purement macrophotographique, ce livre ambitionne de vous faire découvrir, simplement, les principaux sujets disponibles dans notre environnement au fil des saisons : feuilles, graines, papillons, de jour comme de nuit, sous la pluie ou par beau temps, en studio comme en extérieur.

Il importe de conserver un regard de naturaliste toujours émerveillé de ses découvertes, qu'elles surviennent à vos pieds dans votre jardin ou à l'autre bout de la planète, tout en gardant un profond respect de la nature et des êtres vivants.

Bienvenue au club des accros de la macro !

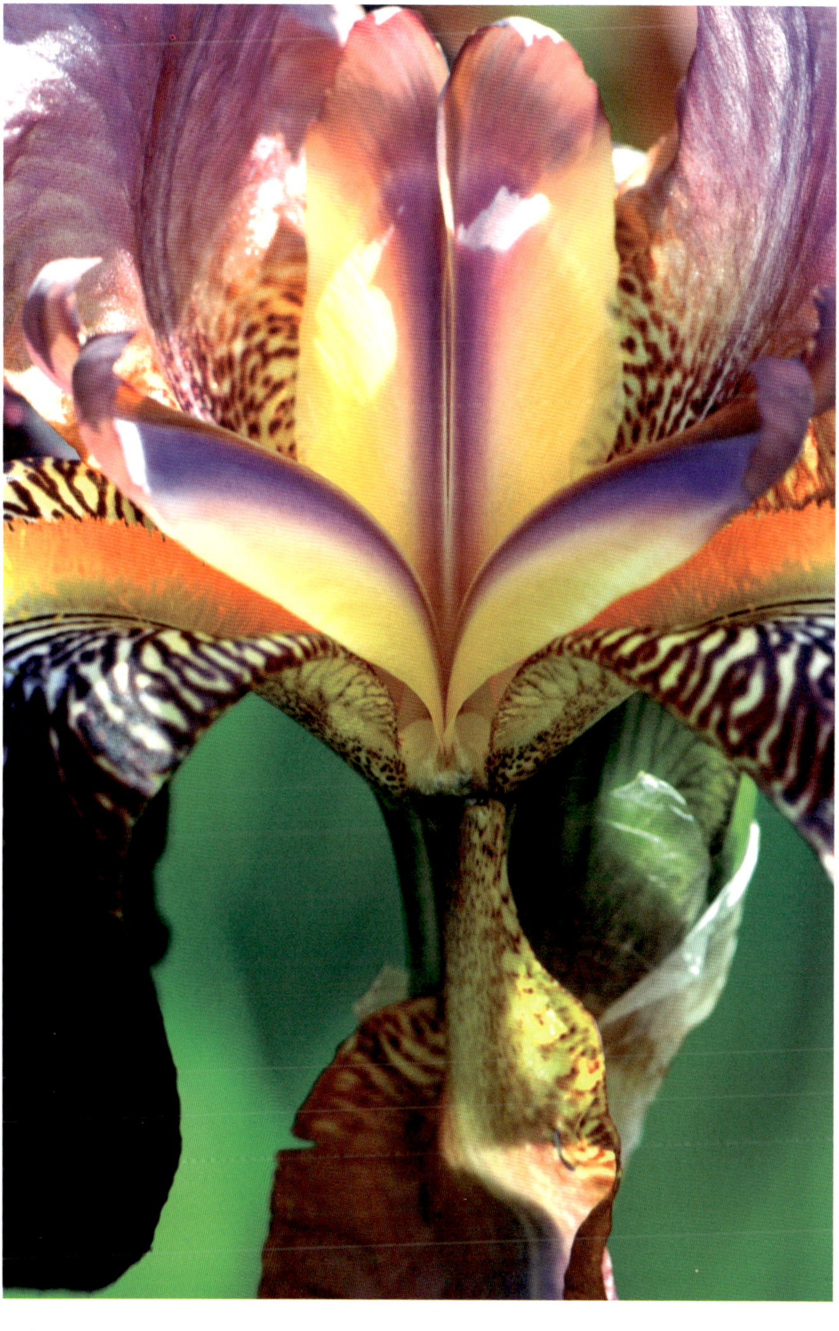

Iris brun.

Sommaire

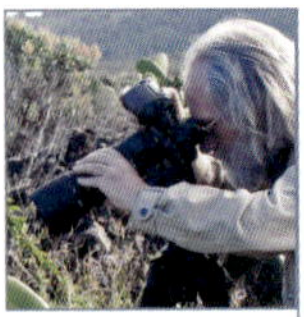

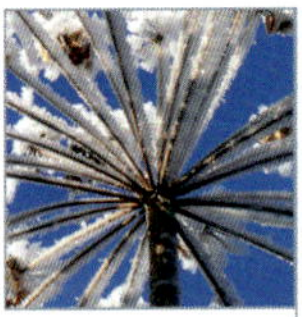

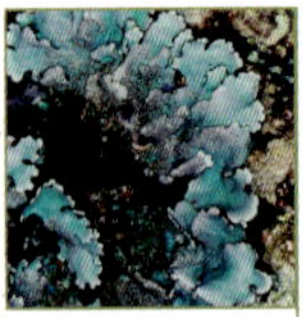

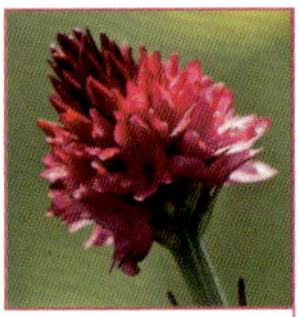

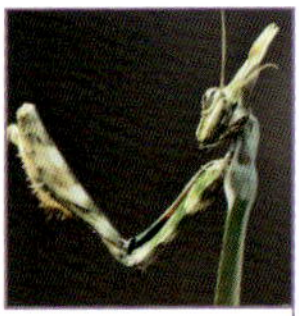

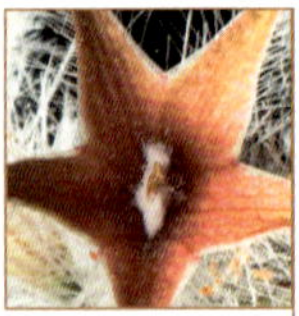

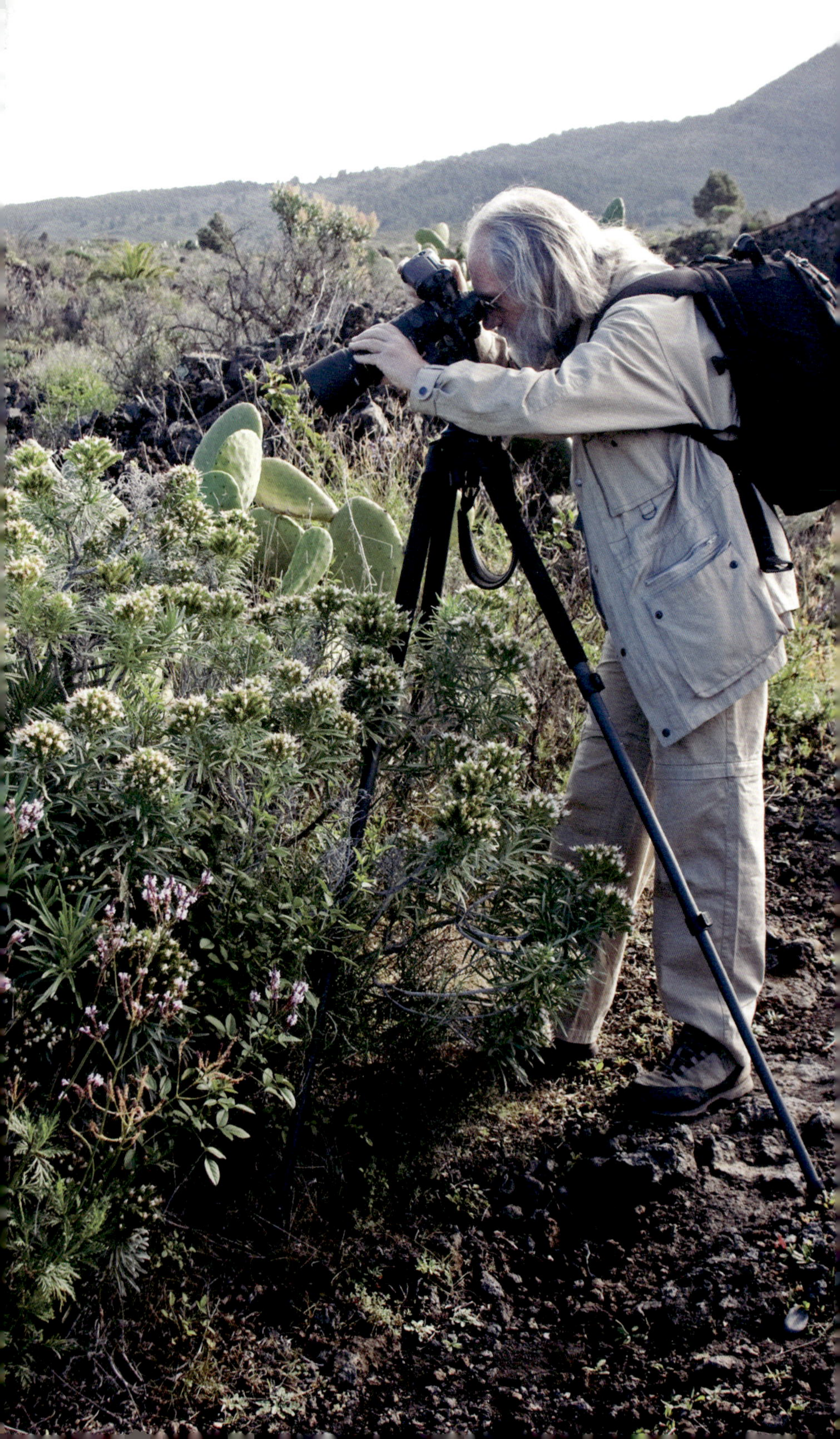

1 Matériel et techniques

Si la technique photomacrographique a longtemps rebuté les photographes même avertis, l'arrivée du numérique et surtout la possibilité de s'approcher du sujet à l'aide de petits compacts ont relancé cette discipline et permis à de nombreux amateurs de pratiquer la photo rapprochée. Le prix des reflex numériques devient abordable et le matériel évolue sans cesse, néanmoins les principes de base restent les même. Enfin n'oublions pas qu'au-delà de la technique, la connaissance de la nature demeure primordiale pour réussir des images de qualité.

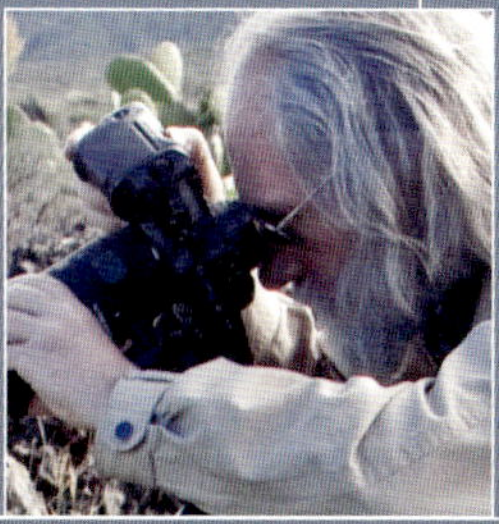

L'idéal : faire des photos en oubliant la technique. (Photo Sylvie Canciani)

Qu'est-ce que la macro ?

Prenons un boîtier équipé avec un objectif d'une focale de 50 mm. La focale est la distance à laquelle il faut placer une lentille par rapport à un plan pour que l'image du sujet situé à l'infini soit nette sur le plan du film ou du capteur. Pour une taille d'image de 24 × 36 mm, un objectif de 50 mm de focale est considéré comme l'objectif standard car c'est celui qui se rapproche le plus de la vision humaine.

Que se passe-t-il dans le cas d'une prise de vue traditionnelle ? Pour photographier un paysage avec un 50 mm classique, la mise au point de l'objectif est réglée sur l'infini. Pour resserrer le cadrage sur un arbre situé à 30 m, il faut s'en approcher. On règle alors la mise au point en tournant la bague de l'objectif, qui s'allonge et modifie ce qu'on appelle le tirage (la distance entre le film et l'objectif). Si on veut prendre la pomme qui se trouve sur cet arbre, il faut s'approcher encore. On atteint alors rapidement la limite de mise au point, environ 45 cm. Le tirage a atteint son maximum : si vous avancez un peu plus, la pomme sera floue.

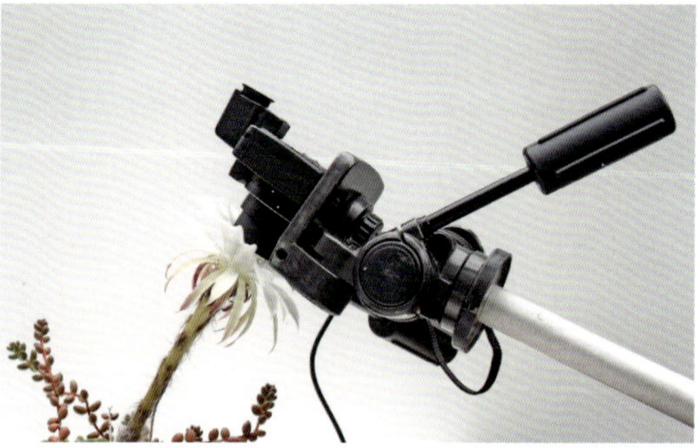

La macro : une technique qui permet de se rapprocher du sujet. Même les petits compacts gagnent à être utilisés sur pied.

Ne parlons pas de la chenille qui progresse à la surface du fruit ; impossible d'en réaliser un gros plan sans entrer dans un autre domaine, celui de la macrophotographie. En résumé, la macrophotographie est une technique qui permet de se rapprocher des sujets de petite taille pour les photographier en gros plan.

Plus on se tient près du sujet, plus le tirage augmente. Pour pouvoir s'approcher encore plus, et accroître le tirage au-delà de la limite permise par l'objectif, il faut disposer de certains accessoires optiques ou mécaniques que nous détaillerons plus loin (voir page 13).

On parle généralement de photomacrographie quand le rapport de grandissement se situe entre 1:1 et 1:10. Au-delà, on aborde une autre discipline, la photomicrographie, qui impose l'usage du microscope. Au rapport 1:1, le sujet a la même taille dans la réalité que sur le capteur ou le film, taille qui sera agrandie à la projection ou au tirage.

La macro, à l'ère du numérique

La photo numérique a pris une telle ampleur ces dernières années qu'il devient difficile de continuer à faire de la photo argentique tant il est compliqué de trouver un laboratoire rapide et pas trop cher pour développer ses diapositives. Le numérique offre de nombreux avantages :

- Le principal est de pouvoir visualiser le résultat immédiatement sur l'écran LCD au dos de l'appareil et de recommencer si vous n'êtes pas satisfait du résultat.
- La possibilité d'augmenter et de diminuer la sensibilité quand il y a une perte de lumière due au grandissement ou à l'absence de soleil. Il ne faut toutefois pas en abuser sous peine d'obtenir des images très bruitées.
- Les réglages automatiques de balance des blancs permettent de travailler dans la nature à des heures tardives ou avec des lampes de type tungstène dont la température de couleur est différente de la lumière du jour.
- Le post-traitement à l'ordinateur permet d'améliorer les images par le recadrage, l'intensité, le contraste, la couleur et l'élimination d'éléments gênants.
- La liberté aussi de «griller» de l'image et d'oser des prises de vue que l'on se refusait autrefois vu le prix de la pellicule et ses limites à 36 poses.

Les différents types de boîtiers

Tout le monde n'a pas l'ambition de couvrir les murs de la capitale de ses images, aussi un boîtier de 8 à 10 millions de pixels est-il largement suffisant pour effectuer des tirages au format A3 ou réaliser des projections.

Si le prix du traitement des images est rédhibitoire, en revanche, il est facile de trouver du matériel argentique d'occasion bon marché. Il faut toutefois prendre garde à l'entretien du matériel qui n'est plus toujours assuré par les constructeurs.

Le photoscope ou boîtier compact

Petit et compact, il tient dans la poche et vous accompagne dans tous vos déplacements. C'est une autre approche de la photographie, le photographe ne colle plus son œil dans le viseur, mais travaille à bout de bras en contrôlant son écran arrière. Ce n'est pas toujours évident

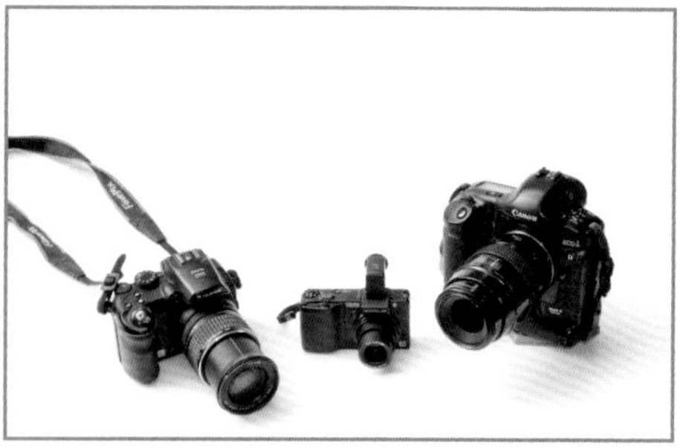

Les trois principaux types de boîtiers. De gauche à droite : un bridge, un compact, un reflex.

en plein soleil, il faut faire confiance à l'appareil, mais le résultat est parfois surprenant et il est souvent plus facile de tendre le bras vers un insecte plutôt que le corps entier.
La petite taille du capteur et la courte focale de l'objectif permettent d'obtenir une profondeur de champ remarquable, idéale pour situer les petites bêtes dans leur milieu. De ce fait, ces petits boîtiers complètent tout à fait les reflex traditionnels. Par contre, il sera plus difficile d'isoler le sujet par rapport au fond. Enfin, le retard au déclenchement insignifiant sur les reflex est assez pénalisant, ce qui rend la photo dynamique difficile surtout lorsqu'on travaille en haute définition ou en RAW.

Le reflex numérique

Pour éviter les problèmes de visée, certaines marques proposent des viseurs vidéos ou optiques à monter sur le boîtier.

Autrefois hors de prix, il devient plus abordable. Les prix baissent et la qualité s'améliore, alors pourquoi s'en priver? Au niveau technique, les reflex numériques ne présentent pas de grosses différences avec leurs prédécesseurs argentiques, si ce n'est la présence d'un écran et la possibilité de varier les sensibilités et de travailler plus facilement en éclairage naturel, d'où en général une meilleure qualité d'image.
Grâce à ses nombreux accessoires et à la possibilité de changer d'objectif, le reflex reste l'équipement de choix pour qui veut faire de la macro. Le principal inconvénient reste les poussières qui se déposent sur le capteur quand on change d'objectif ce qui oblige à une propreté exemplaire, pas toujours compatible avec les prises de vue de terrain.
Ceux qui adorent les déclenchements en rafale et recherchent des images dynamiques, telles que les prises de vue de papillons en vol, s'orienteront vers des boîtiers de type professionnel avec un moteur permettant des prises de vue allant jusqu'à 10 images par seconde avec des images moins bruitées. Le prix et le poids sont alors en conséquence; il faut, en effet, compter de 4000 € à 8000 € pour pouvoir s'équiper d'un tel appareil. À voir selon vos besoins, 3 à 4 images par seconde sont suffisantes dans la plupart des cas.

Pour débuter

Les petits budgets peuvent se contenter, en équipement de base, d'un appareil reflex, souvent vendu en promotion autour de 700 € avec un objectif type zoom transtandard de 28-70 mm environ. Il suffira d'acquérir un jeu de bagues allonges de 150 € pour le transformer en macro. Certes, il ne remplacera pas un véritable objectif macro, mais il permettra de s'initier convenablement.

Le bridge

Il s'agit d'un appareil compact qui reprend quelques-unes des caractéristiques des deux types de boîtiers présentés ci-dessus, à savoir : une visée reflex, un écran arrière, un zoom important allant parfois jusqu'à 28-500 mm, mais non interchangeable. C'est un peu l'appareil universel que l'on prendra quand on ne veut pas se charger. Le petit plus : l'écran est souvent orientable ce qui facilite les prises de vue discrètes ou au ras du sol et il dispose d'une position macro à quelques centimètres du sujet. Néanmoins, l'apprentissage et les réglages sont un peu déroutants quand on a l'habitude d'un boîtier reflex ; le viseur reflex de type vidéo, en particulier, est difficile à interpréter par rapport à la visée très claire des reflex. Il faut parfois laisser faire la technique... Comme l'objectif ne se démonte pas, le capteur ne ramasse pas de poussières, aspect non négligeable lorsque l'on doit se déplacer dans des contrées extrêmes du genre désert ou savane poussiéreuse.

Les nombreux automatismes proposés par les fabricants nous rendent davantage esclaves que maîtres du boîtier. Si bien que je ne me sers jamais des styles prédéfinis Paysage, Sports, Portrait, Macro et préfère choisir moi-même les réglages correspondants au sujet et aux circonstances de prises de vue.

Sur ce type d'appareil, la macro se pratique souvent au grand-angle parfois à 1 cm du sujet, pas évident pour photographier les insectes... L'avantage par rapport aux reflex, c'est d'obtenir une vaste profondeur de champ qui intègre complètement le sujet dans son environnement. Et ceci, souvent avec un diaphragme limité à f/8, mais vu l'optique, la profondeur de champ est bien présente. Cet atout se transforme néanmoins en inconvénient dès que l'on veut isoler le sujet de son milieu. Même à pleine ouverture, la profondeur de champ reste importante.

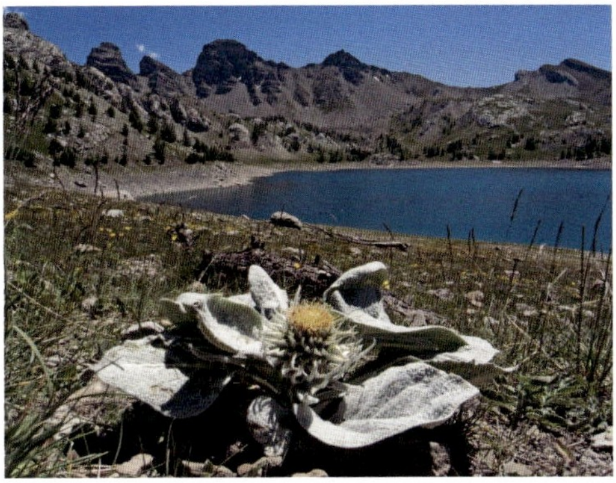

Bridges et compacts sont trop lents au démarrage pour les sujets rapides, mais grâce à leur légèreté et leur profondeur de champ, parfaits pour les plantes et les paysages.

Conseils lors de l'achat

Une grande vigilance s'impose lors de l'achat. N'hésitez pas à essayer l'appareil à l'extérieur, car un écran lumineux en magasin peut s'avérer très décevant au soleil ; le retard au déclenchement, la distance de mise au point en macro, le flash débrayable ou non, les modes de sauvegarde, le type de carte sont autant de points à vérifier et à comparer avant l'acquisition d'un appareil. Vérifiez aussi qu'il dispose d'un réglage des IL en plus ou en moins de la cellule et du flash, car il est souvent intéressant de dissocier les deux dans les contre-jours et les fill-in.

Critères de choix du boîtier

Choisir un boîtier, vaste programme quand on découvre les offres du marché dont les modèles évoluent très vite. La taille du capteur peut être un des éléments de choix selon notre attirance pour la photo au grand-angle ou au téléobjectif.

Le capteur

Sur une pellicule argentique, les grains d'argent sont influencés par la quantité de lumière qu'ils reçoivent. Sur les capteurs, ils sont remplacés par des millions de petites cellules photosensibles qui génèrent, en fonction de l'intensité lumineuse, un courant électrique variable. Ce dernier est numérisé et converti en fichier image sous forme de pixels sur une carte mémoire. En théorie, plus les pixels sont nombreux, plus la définition de l'image est grande, mais il faut aussi compter sur leur taille... Ainsi les capteurs de compact de 12 Mo de pixels présentent souvent une qualité inférieure à celle d'un reflex de 10 Mo. Le capteur des derniers boîtiers pros dépasse les 20 Mo, mais la moyenne actuelle proposée sur le marché par les fabricants tourne autour de 10 Mo de pixels ce qui est largement suffisant pour réaliser des agrandissements d'usage courant au format A3.

Capteur et sensibilité

Le capteur possède une sensibilité nominale à la lumière qui augmente par amplification du signal. C'est un des grands avantages du numérique, pas besoin de déposer le film pour changer de sensibilité, et pour faciliter les réglages, les mesures en ISO de l'argentique ont été conservées. De la même manière, si la sensibilité augmente, la qualité de l'image baisse; on observe, en effet, la montée de bruit qui équivalait grossièrement au grain des pellicules argentiques sensibles.
Plus la taille du capteur est importante, plus la montée du bruit est faible lorsque l'on augmente la sensibilité. On cherchera donc à travailler avec un grand capteur à la plus basse sensibilité possible.

Les capteurs des compacts et des bridges sont plutôt petits (7,2 × 5,4 mm environ) et présentent l'avantage, quand ils sont joints à des objectifs de très courte focale (5 à 15 mm) de bonne qualité, d'effectuer des images d'une grande profondeur de champ. L'inconvénient majeur reste la présence de bruit qui apparaît rapidement lorsque l'on monte la sensibilité. Les reflex, en revanche, possèdent des capteurs de plus grandes tailles allant du 17,3 × 13 des Olympus au plein format équivalent au 24 × 36 des Canon EOS 5D, EOS 1Ds et Nikon D3 qui supportent beaucoup plus

les fortes sensibilités car les pixels sont de tailles plus importantes. À côté de ces extrêmes, la taille de la plupart des capteurs des boîtiers de gamme moyenne tourne autour de 23,7 × 15,6.
Par rapport à la référence du 24 × 36, la focale de l'objectif employé sera donc multipliée par 1,5, d'où un intérêt certain pour le macrophotographe qui cherche à grossir son sujet ; par contre, il pénalisera l'utilisateur d'un grand-angle.
Le capteur étant l'âme du boîtier, il doit faire l'objet du plus grand soin.

La visée

Un viseur clair et uni permettra des mises au point plus précises.
Certains reflex haut de gamme permettent le changement des verres de visée que l'on peut remplacer par exemple par un dépoli quadrillé qui autorise de meilleurs cadrages et facilite la composition. Les viseurs des bridges ne sont pas optiques, il s'agit de mini-écrans vidéo, d'où souvent une visée très mauvaise surtout lorsqu'on a l'habitude d'un boîtier reflex.
En protégeant l'œil des lumières parasites, l'œilleton de visée facilite les réglages quand le soleil se trouve de profil, c'est-à-dire assez souvent, car cette position offre théoriquement les meilleures lumières. Choisissez un modèle qui enveloppe bien le coin de l'œil, il en existe des grands pour les porteurs de lunettes. Quant au viseur d'angle, il procure un certain confort si vous devez poser votre reflex sur le sol.

Certains bridges et compacts possèdent des écrans inclinables, qui permettent de se passer de l'œilleton de visée. S'ils sont pratiques dans bien des cas, ils sont pratiquement illisibles en plein soleil…

L'objectif

Son rôle est de concentrer les points lumineux émis par le sujet en relief sur la surface plane du capteur. Il est composé d'un certain nombre de lentilles qui corrigent les nombreuses aberrations optiques et chromatiques. En se déplaçant, ces dernières assurent la mise au point, c'est-à-dire la netteté du sujet sur le capteur au moyen d'un autofocus motorisé et automatique.
Les objectifs sont caractérisés par leur focale qui induit l'angle de champ, leur ouverture maximum (le plus grand diaphragme possible), la distance minimum de mise au point et le champ couvert à cette distance. Ceci nous permettra de connaître les limites de notre matériel et la taille des spécimens à photographier.
Afin de mesurer les possibilités de votre matériel, collez une feuille de papier millimétré sur un mur et installez votre appareil sur pied. Montez vos différents accessoires et faites des essais pour noter le format couvert et la distance de mise au point minimale. Ces mesures préliminaires

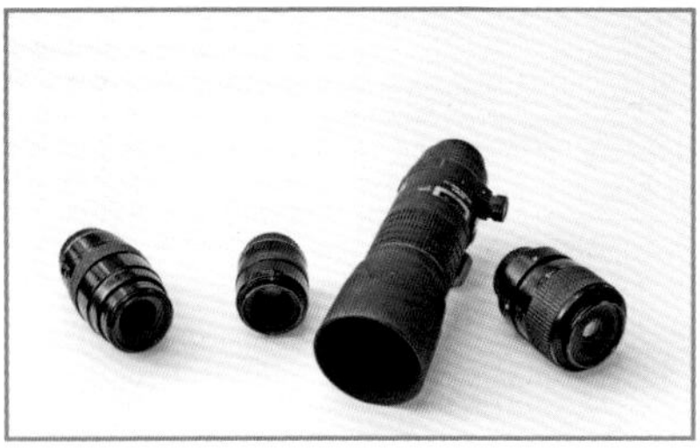

Les principaux objectifs macro. De gauche à droite : 100 mm, 50 mm, 180 mm, 65 mm.

vous permettront de choisir le bon objectif en fonction de la taille du sujet que vous convoitez et de prérégler votre matériel sans avoir à tâtonner en vous en approchant.

Les objectifs macro

Les objectifs macro offrent trois focales principales : autour de 50, 100 et 200 mm. Ils sont équipés d'une bague de mise au point beaucoup plus importante que les objectifs ordinaires ce qui permet d'allonger le tirage pour mieux s'approcher du sujet sans avoir à ajouter d'accessoires. Corrigés pour travailler à diaphragme fermé, ils ouvrent peu (2,5 à 3,5).
En général, ces objectifs atteignent le rapport 0,5 ou 1:1, mais la distance au sujet va varier en fonction de la focale. Pour un rapport 1:1, elle sera d'environ 5 cm avec un 50 mm, 14 cm avec un 100 mm et 23 cm avec un 200 mm.
Le 50 mm convient parfaitement pour les sujets relativement statiques et de petite taille, comme les fleurs ou les minéraux.
Pour débuter, le 100 mm semble le meilleur choix. Il atteint facilement le rapport 1:1, mais permet de garder plus de recul par rapport au sujet. Confort et éclairage s'en trouvent facilités et on peut également s'en servir pour le portrait.
Le 200 ou 180 mm est réservé à des insectes plus difficiles et remuants comme les papillons et les libellules qui ne souffrent pas l'observation rapprochée. L'angle de prise de vue étant plus petit, les détails de l'arrière-plan sont moins visibles Mais il est, bien sûr, plus encombrant et... plus cher (environ 2 000 €).
Les rapports indiqués correspondent au plein format 24 × 36; selon la taille du capteur de votre boîtier, vous devrez multiplier par 2, 1,6, 1,5 ou 1,3 pour obtenir le véritable rapport.

Un grand-angle permet de faire des gros plans d'un sujet tout en le situant dans son environnement, à la manière des petits APN.

Des objectifs particuliers

Nikon propose un micro-nikkor de 85 mm f/2 à bascule et décentrement. Intéressant quand on recherche un maximum de profondeur de champ à condition d'avoir un sujet qui se prête au temps de réglage. Coût : environ 2 000 €.
Nikon propose également un 100 mm f/2,8 qui est le seul de sa catégorie à être stabilisé. Tout est bon pour gagner deux vitesses ou diaphragmes supplémentaires. Coût : environ 850 €.
Canon a conçu le MP-E 65 mm, uniquement dédié à la macro puisque sa mise au point minimum s'étend du rapport 1:1 au rapport 5:1. Cet objectif ne possède pas d'autofocus qui serait bien inutile à de tels rapports tant la profondeur de champ est insignifiante; il suffit de tourner la bague pour choisir le rapport, puis d'avancer vers le sujet pour effectuer la netteté. Coût : environ 1000 €.

« Digimacroscopie » ou macro extrême

Les constructeurs ont mis au point des bagues permettant d'adapter des boîtiers compacts et même des reflex munis d'un objectif ordinaire de 50 mm sur les lunettes d'observation.

Nous avons utilisé une lunette Swarovski pour photographier des insectes et des fleurs à environ 5 m de distance. Pour montrer le rapport, une photo a été prise à la même distance avec un 50 mm. Ce n'est pas véritablement de la macro, mais le résultat est remarquable. Un tel rapport est impossible à obtenir avec un téléobjectif, mais la qualité reste toutefois inférieure, et le prix d'une bonne lunette approche des 3 000 €.

Cette technique est utile pour photographier des sujets farouches d'approche difficile (papillons et libellules), inaccessibles (plantes accrochées à flanc de montagne), ou isoler les fleurs de leur fond (chose impossible à obtenir avec un petit APN compact).

Les grandes marques restent chères, mais vous pouvez opter pour des marques indépendantes tels que Sigma ou Tamron qui fabriquent des optiques souvent complémentaires, de qualité, à un prix inférieur.

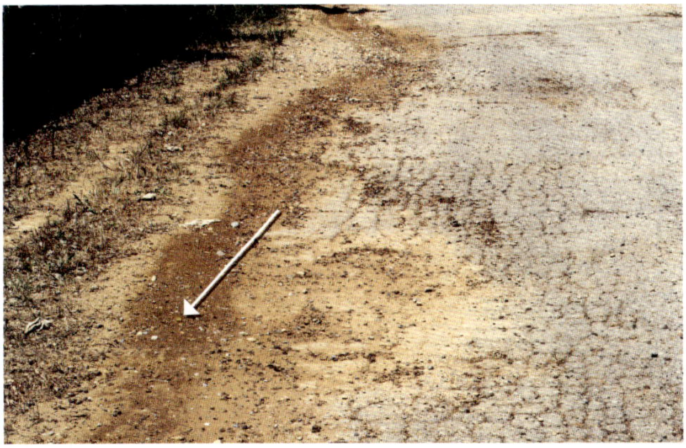

Bord de route avec une tache d'humidité sur laquelle un papillon se désaltère. Photographié avec un 50 mm (sous la flèche).

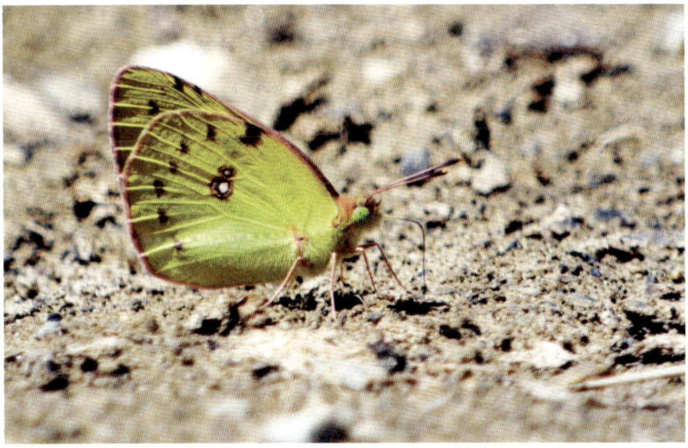

Gros plan du papillon photographié au même endroit avec une lunette Swarovski sur laquelle est monté un reflex muni d'un 50 mm. 400 ISO, 1/250 s à f/1,4.

Le diaphragme

La lumière étant un phénomène ondulatoire, lorsqu'un rayon lumineux passe par une ouverture, il est dévié sur les bords ce qui occasionne en photo une sorte de halo et des images peu piquées surtout lorsque la lumière traverse un trou de petit diamètre.

Le diaphragme est un disque situé à l'intérieur de l'objectif, près du centre optique. Il est constitué d'un ensemble de lamelles, formant une ouverture ronde qui dose l'entrée de la lumière, qui sera perçue par le capteur. L'ouverture de diagramme est exprimée en f/.

La surface de son ouverture double à chaque fois que l'on affiche un cran supérieur. En théorie, la première valeur est de 1, mais les objectifs possédant une ouverture de 1 sont très rares, car il est très difficile d'obtenir la même quantité de lumière à l'extérieur qu'à l'intérieur ; pour des raisons techniques, il y a toujours une perte. Il s'agit d'une progression géométrique ; pour doubler la surface, il faut multiplier par la racine de 2, soit 1,4 ce qui fait comme diaphragmes f/1, f/1,4, f/2, f/2,8, f/4, f/5,6, f/8, f/11, f/16, f/22... La plupart des appareils possèdent des réglages au tiers de diaphragme.

En bref, sur le terrain, il faut jouer avec l'ouverture du diaphragme et choisir une grande ouverture pour faire ressortir un sujet, comme une plante au sein d'un fouillis végétal.

Cependant, s'il est nécessaire de diaphragmer pour obtenir une profondeur de champ suffisante, il faut éviter de le faire trop à cause des problèmes de diffraction. Il est donc conseillé de ne pas fermer le diaphragme au maximum, restons donc autour de f/16.

Le contrôle de la profondeur de champ

Sur certains boîtiers, un petit bouton situé à côté de l'objectif permet de fermer le diaphragme à la valeur choisie et de visualiser réellement ce que donnera la photo finale. N'oublions pas que l'image que nous voyons dans le viseur se fait à pleine ouverture pour un meilleur confort de visée, mais il ne s'agit pas de l'image réelle. Le diaphragme n'est pas fermé à la valeur sélectionnée, ce dernier se ferme au moment de la prise de vue.

En appuyant sur la touche de contrôle, l'image s'obscurcit et on observe la véritable profondeur de champ. En macro, un fil ou un brin d'herbe clair situé devant ou derrière le sujet, invisible à la visée initiale, peut nuire à la lisibilité de l'image finale surtout si vous éclairez au flash avec un diaphragme fermé. Un contrôle s'impose donc avant chaque prise de vue.

Accessoires pour la macro

Ces accessoires permettent de se rapprocher du sujet et d'en faire des gros plans. Ils transforment donc les objectifs ordinaires en objectifs macro, mais peuvent aussi se monter sur les véritables objectifs macro dont ils augmentent la capacité de grandissement.

La formule de base qui permet de comprendre la macro est : Tirage/focale = rapport de grandissement. Donc dans le rapport 1/1, le sujet a la même taille en réalité qu'en projection sur la pellicule. Je dis bien pellicule (24 × 36), car pour ceux qui ne disposent pas d'un boîtier numérique plein format, il faut multiplier par 1,5 ou 1,3 selon la taille du capteur.

Accessoires optiques ou mécaniques

Bonnettes. Il s'agit de lentilles peu encombrantes que l'on monte devant l'objectif; c'est la solution la plus simple et la moins onéreuse pour faire de la macro avec un objectif ordinaire. Elles modifient la focale de l'objectif et permettent de se rapprocher du sujet, mais n'autorisent pas de gros rapports de grossissement. Plusieurs lentilles montées ensemble accroissent ce dernier, mais au détriment de la qualité, il est donc préférable de ne pas dépasser le rapport 1:1.

Les bonnettes Raynox s'adaptent à de nombreux filetages et transforment aisément un objectif ordinaire en macro. Il est recommandé de les utiliser avec des objectifs supérieurs au 80 mm.

Doubleur de focale. Monté entre le boîtier et l'objectif, il double la focale et permet d'obtenir un grandissement double pour une distance identique. L'inconvénient est une perte de luminosité de 2 diaphragmes et une qualité inférieure à un véritable objectif macro. Les doubleurs sont plutôt destinés à être montés sur des petits téléobjectifs qu'en macro. C'est ainsi qu'il m'est arrivé de photographier des papillons à une distance de 5 m avec un 300 mm.

Bagues ou tubes allonges. Si nous reprenons la formule : Tirage/focale = rapport de grandissement, nous voyons que plus nous augmentons le tirage, plus le rapport de grandissement augmente ce qui se traduit en réalité par la possibilité d'approcher de plus en plus près du sujet pour en faire des gros plans.

Les bagues allonges sont des tubes que l'on place entre le boîtier et l'objectif. Selon la taille du sujet, on montera une, deux ou trois bagues allonges. Il est important qu'elles soient automatiques afin de conserver toutes les fonctions du boîtier (fermeture du diaphragme et autofocus).

Soufflets. Ils jouent le même rôle que les bagues allonges à la différence que le tirage se règle en augmentant ou en diminuant son allongement. C'est un accessoire à la fois cher et encombrant, et conserver la fermeture automatique du diaphragme sur un appareil mobile n'est pas si simple.

Les bonnettes évitent les pertes de lumière entraînées par les autres systèmes qui augmentent le tirage.

Il est souvent nécessaire de monter des bagues de présélection sur les objectifs. La fermeture du diaphragme est alors déclenchée avec un double déclencheur souple relié d'un côté au boîtier, de l'autre à la bague.

Bagues de retournement. La plupart des objectifs dits asymétriques sont étudiés pour travailler avec une distance objectif-sujet plus importante que la **distance objectif-capteur** (tirage). En pratiquant la macro avec un fort tirage, vous inversez cette donnée ; il devient donc logique de retourner l'objectif. De plus, avec des rapports importants, vous êtes obligé de travailler si près du sujet qu'il est parfois difficile de l'éclairer. Le fait de retourner l'objectif donnera donc un peu plus d'espace à la lumière. Toutefois, peu de marques le proposent car en étant retourné, l'objectif perd tout automatisme en particulier la commande du diaphragme.

Seul Canon ou plutôt Novoflex pour Canon a créé l'EOS retro qui permet, grâce à 2 bagues et à un câble électrique, de maintenir le contact entre le boîtier et l'objectif même si ce dernier est retourné. Vous pouvez ainsi transformer un 28 mm ordinaire ou un zoom de 28-105 mm en super macro et atteindre un rapport de grandissement de 1:7 pour un prix proche tout de même de 300 €, mais nettement inférieur au 1000 € (environ) de l'objectif 65 mm MP- E.

Autres accessoires photo

Filtres : un filtre UV pour protéger la lentille frontale des objectifs et un filtre polarisant pour limiter les reflets d'une surface plane (il sera sans effets sur les carapaces brillantes des coléoptères).

Pare-soleil : pour protéger l'objectif du soleil, de toute lumière latérale, de l'eau et des chocs.

Pieds et trépieds : pour les photos faites en vitesse lente, avec une faible sensibilité et un diaphragme assez fermé.

Sur le terrain, j'utilise un pied Velbon en carbone muni d'une rotule Novoflex. La colonne centrale se dévisse et les pieds s'écartent jusqu'à amener le plateau à 15 cm du sol. Le pied est léger et solide, la rotule (gros modèle) un peu lourde, mais très pratique. Il existe des petits pieds spécial macro tel le minipode de Novoflex.

Avec sa possibilité d'écarter les « jambes », le pied s'adapte à tous les terrains.

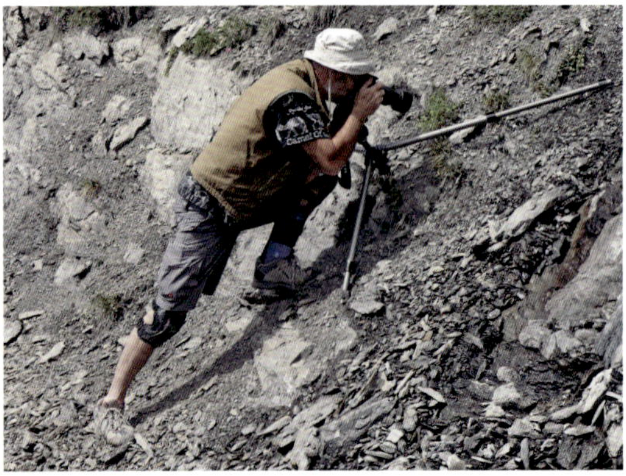

Rails de mise au point : pour permettre d'avancer ou de reculer le boîtier au mm près selon la zone de netteté désirée.

Intervallomètre : certains déclencheurs souples autorisent des déclenchements à intervalles réguliers, que l'on peut régler de quelques secondes à plusieurs heures ou jours en fonction du sujet.

La mesure de la lumière

Il existe 3 types de mesures principales :

- la mesure multizone intelligente qui analyse la totalité de l'image,
- la mesure pondérée centrale ou semi-sélective qui mesure la partie centrale de l'image (6 %),
- la mesure spot qui ne prend en compte qu'un petit pourcentage de l'image (2,3 %) et peut parfois être liée au capteur qui règle la mise au point.

Si le fond et le sujet présentent la même densité de couleur, fiez-vous à la cellule de votre appareil dont les mesures ne présentent pas de grands écarts. Si le fond est très clair, la cellule aura tendance à fermer le diaphragme ; il convient donc de surexposer d'un demi à un diaphragme. En revanche, si le fond est noir, la cellule va ouvrir ; il faut donc, dans ce cas, fermer d'un demi à un diaphragme. Pour effectuer une mesure moyenne, utilisez un carton de couleur gris neutre et conservez les mêmes données pendant la prise de vue. Soyez prudent afin de ne pas griller les hautes lumières qui sont irrécupérables par la suite. L'écran de certains boîtiers clignote quand les hautes lumières sont surexposées. On peut également vérifier sur l'histogramme que les pics répartis sur l'ensemble du graphique montrent une bonne dynamique de l'image.

Si l'on n'est pas sûr de ses réglages, on peut aussi utiliser le bracketing automatique qui réalisera 3 photos avec des expositions différentes. N'oubliez pas, cependant, que l'on peut toujours éclaircir une image trop sombre, mais qu'il est impossible de trouver de la matière dans les parties grillées où elle a disparu.

J'utilise principalement la mesure multizone, mais, selon le sujet, je rectifie en plus ou en moins avec le correcteur d'exposition automatique.

Lire un histogramme

L'histogramme est un diagramme qui présente la courbe des densités de l'image.

Répartis sur le côté gauche du diagramme, les pics révèlent une image trop dense, trop foncée. La photo est dite « sous-exposée ».

Massés sur la droite, ils témoignent d'une photo trop claire, dépourvue de détails dans les hautes lumières. La photo est dite « surexposée ». Si l'histogramme ne monte pas, l'image est trop plate et manque de contraste (style photo dans la brume).

Une image bien exposée présente une courbe partant du coin inférieur gauche du graphique et redescendant vers le coin inférieur droit.

L'éclairage

L'éclairage de base, qu'il soit effectué par des flashs ou des lampes, est basé sur l'utilisation de 3 sources lumineuses, dont on fera varier les positions en fonction de ses propres critères esthétiques et de la forme des sujets qui se prêtent soit au contre-jour, soit au relief :

- la première lampe, placée à côté de l'appareil, un peu au-dessus, constitue l'éclairage principal ;
- la deuxième a une position latérale par rapport au sujet. Elle a pour fonction d'atténuer les ombres formées par l'éclairage principal et de donner du relief à l'image ;
- enfin, la troisième lampe est généralement située derrière le sujet afin de le détacher du fond et de lui apporter comme une auréole de lumière.

La qualité de la lumière

Selon le mode d'éclairage choisi, on réglera le boîtier en Priorité diaphragme ou vitesse pour les éclairages d'ambiance (lumière naturelle ou artificielle) et les fill-in, en Manuel pour un éclairage uniquement au flash.

Il est toujours préférable de faire ses photos avec une lumière se rapprochant le plus de la lumière du jour mais grâce à la balance des blancs, le numérique permet une grande liberté et la possibilité de photographier dans des conditions plus extrêmes.

Lumière du jour. C'est la meilleure pour se rendre compte du résultat avant de déclencher. Elle varie en fonction de l'heure de la journée, de même si le sujet se trouve à l'ombre ou en plein soleil. La photo par ciel voilé est intéressante car les nuages agissent comme de vastes diffuseurs qui apportent aux images beaucoup de douceur.

Lumière artificielle. Les lampes tungstène et halogène, peu employées en argentique à cause de leur forte dominante jaune, le sont davantage en numérique grâce à la balance des blancs. Elles présentent l'inconvénient de chauffer fortement.

Les lampes survoltées ou floods. Le survoltage de ces lampes apporte une lumière moins jaune. Certaines étaient rééquilibrées en lumière du jour grâce à une couleur bleutée. Elles sont de bonne qualité, mais leur usage tend à disparaître car elles sont assez chères, durent moins longtemps que les autres lampes et chauffent.

Les lampes fluo compacts. Il existe différents modèles ; les types lumière du jour conviennent bien à la photo. Même si la puissance est inférieure aux lampes à incandescence, elles ont l'avantage de consommer moins d'énergie, de ne pas chauffer et d'offrir un éclairage plus doux que le flash.

Les leds. Ces diodes électroluminescentes sont très économes, très solides et ne chauffent pas. Elles seront plutôt utilisées comme éclairage d'appoint ou comme lampe pilote en version 12 V. Il existe différents modèles aux couleurs très chaudes ou très froides. Avant de faire des prises de vue, faites des essais ou limitez leur utilisation pour mettre en valeur un détail car elles sont assez directives.

Les fibres optiques. Par leur petite taille, elles permettent d'éclairer ponctuellement les petits sujets ou d'aller souligner un détail. On peut les combiner avec d'autres lampes qui, elles, apporteront l'éclairage d'ambiance. Pour accentuer leur effet de spot, il existe des lentilles optionnelles qui permettent d'obtenir un faisceau lumineux fin et puissant. On peut aussi ajouter au bout des fibres tout un jeu de filtres colorés et un polarisant.

Le Macrolight de Novoflex permet également de travailler au flash : un opportun renvoi de miroir permet de répartir la lumière d'un seul flash dans les 3 fibres, mais vu la perte de lumière que cela entraîne, il est plus pratique de l'utiliser en position Lumière du jour avec les sujets immobiles.

Les flashs

En général, rien ne vaut la lumière naturelle, mais quand le rapport de reproduction est supérieur à 1:1, il devient de plus en plus difficile de disposer à la fois d'une lumière et d'une vitesse suffisantes et le flash s'impose. Quand le diaphragme est fermé à 16, la lumière extérieure n'a plus d'incidence sur l'image, c'est la vitesse de l'éclair qui prend le dessus. D'où l'absence de flou de bougé et la possibilité parfois de faire des photos à main levée quand nous avons affaire à des petites bêtes qui bougent. Pour figer des mouvements rapides tels que vol d'insectes ou éclats de gouttes d'eau, il est nécessaire d'obtenir des vitesses d'éclair élevées. Avec des flashs classiques, il existe deux solutions :

- La cellule coupant l'éclair dès que le capteur a reçu la quantité de lumière nécessaire, plus le flash est placé près du sujet, plus la rapidité de l'éclair est importante.
- Utiliser le flash en position manuelle et réduire sa puissance de 1/2 à 1/256e selon les modèles. La vitesse de l'éclair augmente, mais vu que la puissance diminue, il est souvent nécessaire d'utiliser plusieurs flashs de forte puissance.

Il existe plusieurs types de flashs :

- les grosses torches très puissantes,
- les flashs dits cobra qui se montent sur le boîtier,
- les flashs intégrés à l'appareil,
- les flashs macro : flash annulaire dont le tube éclair circulaire entoure l'objectif, ou constitués de petites torches qui se montent de chaque côté de l'objectif.

Lors de l'acquisition d'un flash, vérifiez que le commutateur dispose bien de trois positions : fermé, ouvert avec mise en veille et ouvert en permanence. Cette dernière position joue un grand rôle quand on veut réaliser des photos automatiques où le flash doit rester en veille, même si cela implique une importante consommation d'énergie.

Tous les flashs peuvent être utilisés pour faire de la macro. Il s'agit plutôt d'un problème d'encombrement et de budget. En revanche, certains flashs comme le flash annulaire ne pourront être utilisés qu'en macro car leur puissance est limitée.

La vitesse d'obturation. Avec le flash, c'est celle de l'éclair et non celle du boîtier qui entre en ligne de compte. Il suffit de la régler à une vitesse synchro avec le flash, en général entre 1/60 s et 1/250 s, c'est-

L'apparition de flashs à mesure TTL a apporté un grand confort dans la macro et le photographe n'est plus amené à calculer ses distances flash-sujet en fonction du nombre de bagues utilisées.

à-dire quand le rideau de l'obturateur est complètement ouvert. Sinon, vu que dans les vitesses supérieures, il s'agit d'une fente qui se déplace devant le capteur, nous n'aurions qu'une partie de l'image exposée. Certains flashs peuvent travailler avec les hautes vitesses en envoyant des petits éclairs stroboscopiques, mais leur puissance est limitée.

Le déclenchement des flashs isolés. Pour que le flash se déclenche quand il est séparé du boîtier, il existe plusieurs possibilités, dont l'emploi d'un câble dit TTL qui conserve les différentes fonctions automatiques. Ces câbles sont de plus en plus remplacés par des liaisons infrarouges. Un transmetteur est alors placé sur le boîtier dans la griffe du flash.

Une cellule photoélectrique fixée sur le sabot du flash fera le contact dès qu'un autre éclair sera déclenché, mais dans ce cas vous perdez tous les automatismes et l'éclair se déclenchera en pleine puissance. Attention, même si le deuxième flash se déclenche avec la cellule, il n'est pas toujours synchro avec celui du boîtier, surtout si celui-ci est resté en automatisme TTL (à vérifier selon les boîtiers et avant d'acheter une cellule).

En gardant toujours le même rapport de grandissement, voici différentes techniques pour doser votre éclairage avec un flash non automatique utilisé en manuel :

- varier la distance flash-sujet,
- atténuer la lumière grâce à des diffuseurs,
- diminuer la puissance des flashs selon les modèles de 1/2 à 1/256e de puissance,
- jouer sur les diaphragmes (pas trop, pensez à la profondeur de champ et à la diffraction),
- modifier la sensibilité.

Les flashs intégrés aux boîtiers peuvent être utilisés à condition de ne pas travailler trop près du sujet qui risque d'être à l'ombre de l'objectif. Prenez un objectif d'au moins 100 mm afin de vous éloigner et procédez à des essais.

Faites varier ces facteurs un par un et contrôlez le résultat sur votre écran. Une fois le bon dosage trouvé, fixez vos flashs sur un support afin de conserver la même distance. Vous ne changerez ces rapports par la suite que si votre sujet est foncé ou clair.

Les problèmes liés au flash : les brillances

Employé d'une manière trop directe et proche de l'objectif, le flash génère des brillances, des yeux rouges et des ombres trop marquées. Si l'éclat renvoyé par la surface plane de l'eau ou d'une vitre peut être atténué en employant un filtre polarisant, pas question de l'utiliser avec un animal au corps bombé comme un coléoptère ou un amphibien. Voici différentes techniques pour y remédier et adoucir la lumière :

- utiliser plusieurs flashs ou des modèles plus puissants ;
- travailler en éclairage indirect et diriger l'éclair vers une surface blanche (mur, plaque de polystyrène, carton...) ;

- monter différents accessoires sur la tête du flash : casquette Lumiquest qui renvoie l'éclair de manière indirecte, diffuseur gonflable, pliable translucide qui s'enfile comme un manchon sur l'objectif ou petites boîtes à lumière de type Lastolite.

Minimiser la présence de l'arrière-plan

Il existe plusieurs méthodes pour faire ressortir le sujet sur le fond :

- rechercher le cadrage qui offrira un fond de couleur différente du sujet (ciel, verdure, coin d'ombre...);
- ouvrir le diaphragme pour diminuer la profondeur de champ, ceci bien sûr quand le rapport est faible (moins de 0,5);
- utiliser un téléobjectif plutôt qu'un grand-angle et éviter l'usage d'un boîtier compact.

La puissance du flash étant limitée, les éléments qui se trouvent derrière le sujet s'assombrissent rapidement et ceci même en plein soleil.

Si le sujet présente un certain volume, une profondeur de champ importante est nécessaire pour avoir tout net et l'utilisation d'un fond artificiel devient vite nécessaire.

Les fonds permettent d'éviter les arrière-plans obscurs peu naturels provoqués par le flash, même quand la photo est réalisée en pleine nature. Si vous optez pour un fond noir afin de mettre en valeur une fleur claire, un contre-jour délimitera son contour avec une frange claire et apportera une certaine transparence dans les éléments les plus fins. Les cartons colorés apporteront plus de gaieté à l'ensemble, mais si vous employez un fond bleu pour imiter le ciel, veillez à bien l'éclairer. Une ombre sur le ciel serait très malvenue. Si vous utilisez des fonds transparents en calque ou plexiglas dépoli, placez derrière une lampe d'appoint.

Selon l'intensité de leur éclairement, les fonds deviennent plus ou moins sombres et une lampe éclairant uniquement le fond n'est pas à négliger. Placée sur un des côtés du fond, elle créera un effet de dégradé.

Fabriquer ses fonds

Grâce à des bombes de peinture, on peut aussi fabriquer des fonds comportant différents dégradés de couleurs.

Photographiez un paysage rendu flou par le bougé ou la mise au point de l'objectif. Cette photo sera ensuite tirée sur papier mat sur imprimante au format maximum. Les encres pigmentaires résistant à l'eau sont les bienvenues. Pour ceux qui ne disposent pas d'une imprimante grand format, faites réaliser le tirage par un labo en 50 x 70 mat. Si le mat n'est pas disponible, collez un autocollant mat sur le tirage pour éviter les reflets.

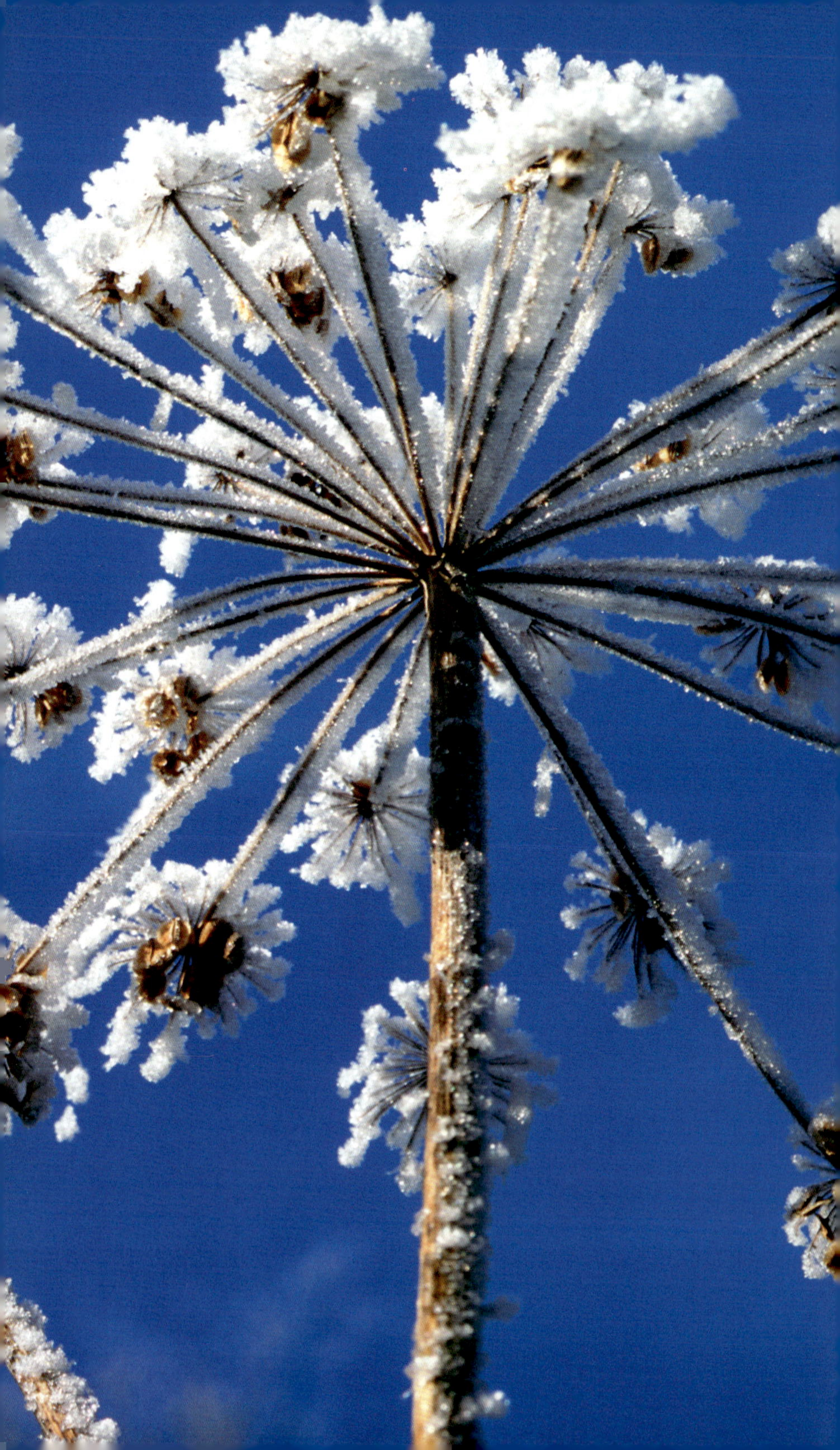

2

Janvier

Les sujets immobiles

L'un des principaux avantages offerts par la macrophotographie, c'est la disponibilité des sujets en toute saison. Certes, il est moins agréable de s'allonger sur la terre gelée plutôt que dans une prairie printanière, mais il est toujours possible de rapporter chez soi quelques-uns des petits sujets rencontrés. Ces sujets étant immobiles, il sera facile de les photographier en pose à l'aide d'un pied stable et de peaufiner ses éclairages au chaud dans son studio.

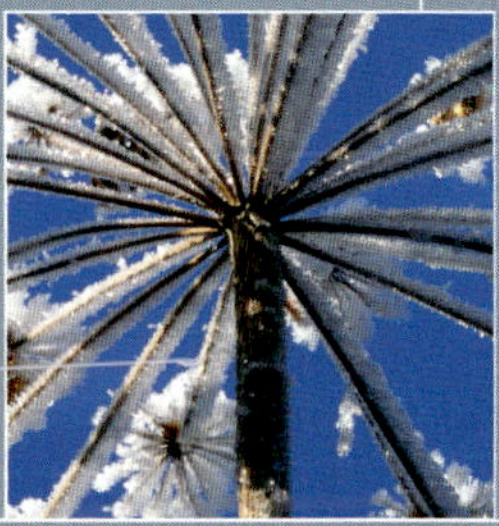

Berce givrée, saisie par un beau matin d'hiver avant que le soleil ne fasse fondre les délicats cristaux de glace. 100 ISO, lumière naturelle, zoom 24-105 mm, 1/60 s à f/11.

Le froid et la nuit : saisir l'éphémère

Des figures de glace fantastiques naissent et disparaissent au gré de la température, et seule la photo permet de conserver la trace de ces fragiles formations de givre.

Si vous souhaitez prendre en photo les petites gelées blanches du matin, levez-vous de bonne heure, car le premier rayon de soleil les fera disparaître rapidement. En revanche, si le thermomètre oscille entre - 5 et - 10 °C, pas de danger, vous pouvez attendre l'arrivée du soleil et jouer avec sa lumière chaude afin de faire ressortir les détails des cristaux de glace, qui prennent à cet instant des couleurs dorées. En général, l'automatisme

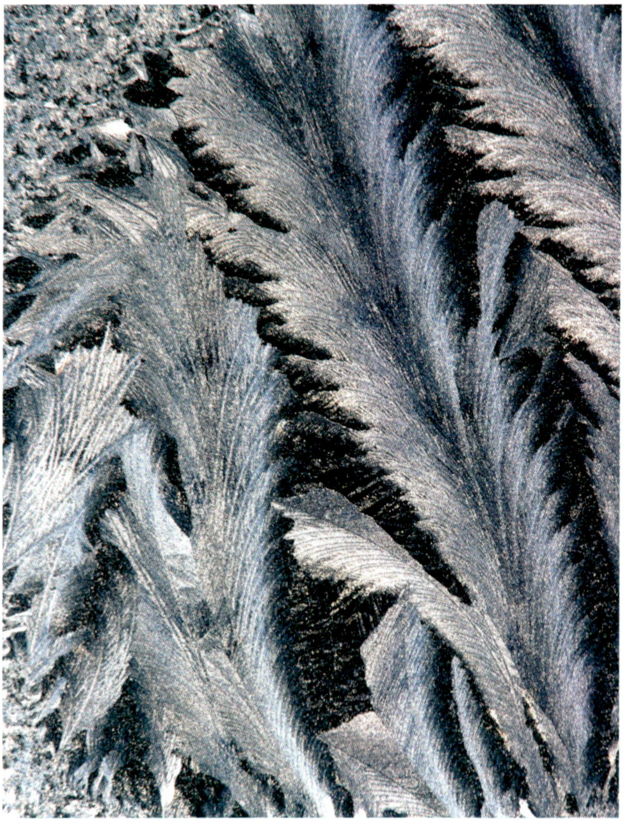

Givre sur vitre. Le froid vif de la nuit a formé de belles arabesques sur les vitres d'une pièce chargée en humidité. 100 ISO, 100 mm macro, 1/60 s à f/16 avec flashs latéraux.

de l'appareil gère les dominantes de couleurs dues à l'ombre ou au soleil. Si vous n'êtes pas satisfait, choisissez les positions ombre ou soleil selon le cas ou bien effectuez un réglage manuel.

La recette du « bon givre »

Si, par une température descendue au-delà de - 5 °C, vous envisagez une séance de prise de vue de cristaux de glace, sachez qu'il est tout à fait possible de provoquer la formation de givre sur une vitre. La première étape consiste à choisir un endroit non chauffé – serre froide, buanderie, débarras, atelier... – avec des vitres facilement accessibles et propres. Un autocuiseur vous permettra de « fabriquer » la vapeur indispensable à la réalisation de ces images.
Si on laisse bien fuser la vapeur (une fois ôtée la soupape tournante du couvercle), la pièce va se charger en humidité. La nuit et le froid feront le reste. L'effet obtenu diffère selon la température et le degré d'humidité de l'air et les formes varient à l'infini.

Sur le terrain : conseils pratiques

Le givre se forme également sur les vitres des voitures, mais il est difficile de poser un pied stable sur une banquette ou un tableau de bord ! On peut alors ouvrir une portière, orienter le véhicule par rapport au soleil ou utiliser un miroir pour renvoyer la lumière. L'emploi d'un pied offre de nombreux avantages, notamment celui de composer avec plus de précision les images et de travailler en mode Priorité diaphragme. Pour obtenir un maximum de netteté sur l'ensemble de l'image, restez bien parallèle à la vitre.
Une ouverture de f/8 à f/11 rendra possible une utilisation optimale de l'objectif, et permettra de rattraper l'éventuel défaut de profondeur de champ, visible si on n'est pas parfaitement parallèle à la vitre. L'objectif 100 mm macro est plus adapté que le 50 mm à ce type de prise de vue,

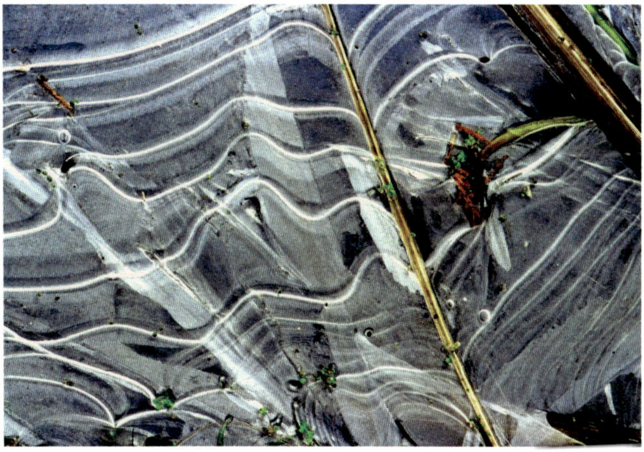

Mare gelée. Sont visibles les différents niveaux d'une flaque d'eau qui s'abaissait la journée et regelait la nuit. 100 ISO, zoom 24-105 mm, 1/30 s à f/11 sur pied.

car on peut se tenir un peu plus éloigné du sujet et il rend la situation plus confortable. Par la distance objectif-sujet qu'il procure, le 100 mm permet en outre d'éclairer au flash plus facilement.

Si l'objectif n'est pas macro, on peut ajouter une bonnette à l'extrémité ou une bague allonge entre le boîtier et l'objectif (voir chapitre 1, page 13). Un autre accessoire facilite l'approche du sujet en macro : le chariot de mise au point placé sous le boîtier. Grâce à sa vis, il affine la mise au point, évitant ainsi d'avoir à déplacer le pied. On peut bien sûr tourner la bague de mise au point mais, dans ce cas, le rapport de reproduction varie.

Quel éclairage ?

La lumière du jour s'impose le plus souvent : elle permet de mieux visualiser le rendu définitif de l'image. Par temps gris, les tonalités obtenues sont douces et froides, ce qui convient bien à ce type d'images.

Les lampes tungstène, si elles apportent plus de lumière, sont trop chaudes, donc à éviter, car elles risquent de faire fondre trop rapidement votre sujet, la glace. En revanche, les lampes à led vous procureront, sans chauffer, un complément de lumière de type spot.

Pour obtenir davantage de contraste et un fond noir, l'usage du flash est conseillé. Il faut utiliser un flash séparé, relié au boîtier par un câble ou par infrarouge. Positionnez-le latéralement, à 45° par rapport à l'axe du boîtier, afin d'éviter les reflets (peu importe la distance si le flash

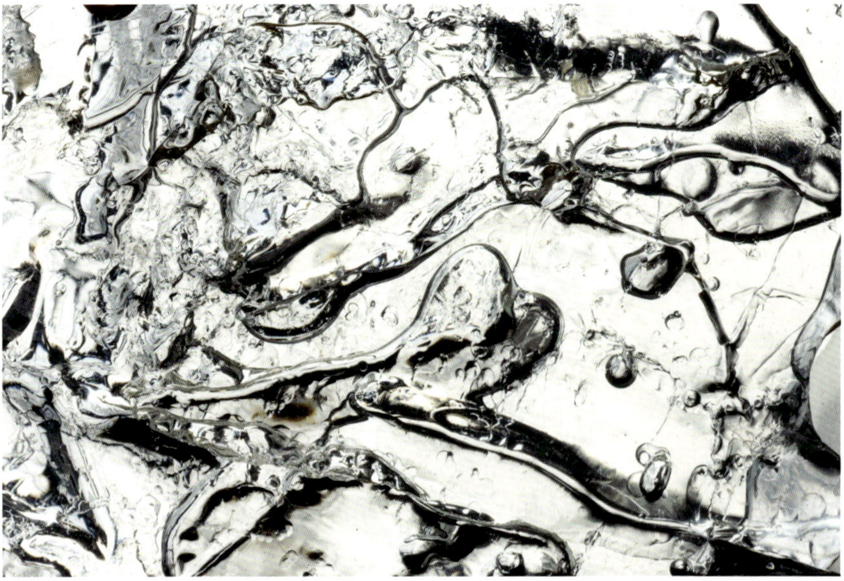

Bulles d'air prises dans la glace en lumière ambiante avec, en éclairage d'appoint, 2 spots à led munis de filtres rouge et vert. 200 ISO, 100 mm macro, 1/8 s à f/32.

est automatique). Ne placez surtout pas l'éclairage face au sujet, car vous auriez de mauvais reflets. Vérifiez sur l'écran que tout est correct, assurez-vous, en particulier, qu'il n'y a pas de zones surexposées ; si c'est le cas, abaissez la valeur d'exposition de 0,4 à 1 IL.
Des filtres colorés positionnés sur la tête du flash produiront une grande variété d'effets. Vous pouvez éventuellement utiliser 2 flashs dont un avec une couleur de filtre différente pour obtenir d'autres nuances.

Idées insolites

Dans la nature, les bords des ruisseaux et des flaques d'eau sont de belles sources d'inspiration : les bulles d'air et les feuilles mortes emprisonnées sous la glace offrent des petits paysages étonnants.
Dans un jardin potager, les légumes gelés présentent des transparences inhabituelles. Le plastique des serres tunnels se couvre également de givre, mais son manque de planéité et la présence du vent rendent les photos plus difficiles à réaliser. La prise de vue en lumière naturelle nous obligera à augmenter la sensibilité afin d'acquérir une vitesse et un diaphragme suffisants.
Le brouillard givrant offre de nombreuses possibilités d'interprétations en enrobant de glace tous les éléments de la nature. C'est un moment extraordinaire dont le photographe doit savoir profiter. Alors, prêts pour le grand frisson ?

Les champignons d'hiver

L'automne est, semble-t-il, la meilleure saison pour partir à la cueillette des champignons. Mais, si le froid ne vous rebute pas, l'hiver aussi offre aux personnes attentives son lot de découvertes. C'est le moment de partir en quête d'espèces aux formes étranges poussant principalement sur le bois. Vous pourrez ainsi profiter de la belle lumière de janvier et de ses ombres allongées propices aux effets de relief.

Les champignons de bois divers

Il existe différents guides pour apprendre a reconnaître les variétés de champignons :

- *Champignons d'Europe occidentale* de Marcel Bon (éditions Arthaud),
- *Guide Vigot des champignons* de Ewald Gerhardt (éditions Vigot),

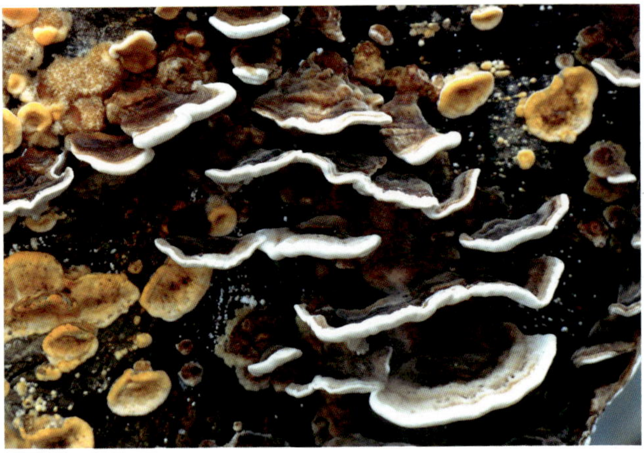

Trametes versicolor. *Les champignons des bois morts forment souvent de jolis effets graphiques. 100 ISO, 100 mm macro, fill-in sur pied, 1/30 s à f/16.*

- *Guide des champignons de France et d'Europe* de Régis Courtecuisse et Bernard Duhem (éditions Delachaux et Niestlé).

Mais le mieux est d'accompagner des mycologues sur le terrain. Des sociétés sont présentes un peu partout en France ; vous pouvez contacter la SMF (Société mycologique de France) qui vous indiquera quels sont les clubs présents dans votre région : 20, rue Rottembourg 75012 Paris (www.mycofrance.org).

Voici une liste d'espèces caractéristiques, dont les langues de bœuf ou polypores, qui poussent sur les troncs et les souches, et forment le groupe de champignons le plus important :

- polypore du bouleau,
- amadouvier,
- *Trametes rubescens* (ou tramètes rougissantes),
- *Trametes gibbosa* versicolore,
- lenzite du chêne (retournez-le, ses pores forment un réseau très graphique),
- stérée hirsute (un des plus communs, parfois rassemblé en masse sur les troncs),
- stérée remarquable (qui pousse sur les vieux hêtres),
- ganoderme luisant (très joli polypore portant un pied excentré),
- xylaire corne de cerf, qui ressemble à un minuscule arbre aux extrémités blanches,
- xylaire polymorphe, en forme de doigts noirs,
- *Nectria cinnabarina*,
- *Coltricia perennis*,
- *Bulgaria inquinans*, cône noir renversé sur les écorces des arbres tombés,
- calocères, petites cornes oranges sur les troncs,

Certaines espèces apparaissent quand le temps se radoucit : les souchettes, que l'on rencontre souvent en grandes colonies sur les souches, ou les oreilles de Judas, oreilles gélatineuses violet foncé que l'on trouve sur les troncs de sureau ou d'érable champêtre.

- daldinie concentrique, en forme de marron brûlé, collé sur les troncs,
- hydne cure-oreille, sur les pommes de pins,
- *Tremella mesenterica*, gelée orangée à traiter en transparence.

Pour faciliter les prises de vue de petits spécimens, profitez de votre sortie pour rapporter quelques branches mortes garnies de champignons au studio. Attention cependant, certaines espèces sont fragiles. Manipulez-les avec précaution et évitez de les toucher avec les doigts. Vos empreintes digitales risquent de s'imprimer sur le dessous de certains champignons plus « sensibles » qu'ils n'en ont l'air. Une façon de signer ses photos dont il vaut mieux s'abstenir...

Ramener des spécimens au studio

Les espèces assez fines, comme l'oreille de Judas, se dessèchent et racornissent facilement sous l'action de la chaleur. Placez-les dans de petits récipients en plastique de type pots de crème dessert; évitez les sacs qui les transforment en bouillie. Conservez-les dehors jusqu'au dernier moment sinon ils risqueraient de cuire sous les spots.

Les champignons plus coriaces peuvent être transportés sans problème dans un panier, veillez simplement à ce qu'ils ne se tachent pas de terre, au besoin isolez-les avec des fougères. La plupart peuvent se sécher par la suite.

Choisir un objectif

Plusieurs objectifs sont possibles, selon le type d'image que vous souhaitez réaliser :

- le 50 ou 100 mm utilisé en prises de vue classiques. Équipé de bagues ou d'un soufflet, il vous permettra d'aller au-delà du rapport 1 et de photographier des lamelles ou des pores en gros plan;
- le spécial macro de Canon (MP-E 65 mm) est également efficace pour les gros plans;
- le grand-angle (18-28 mm) est idéal pour inclure le sujet dans son environnement. On peut aussi utiliser un boîtier compact et profiter de sa grande profondeur de champ.

Question cadrage, évitez de trop centrer le sujet pour apporter plus de dynamisme à l'image.

Disposer d'une bonne profondeur de champ

Choisissez avec soin la partie du sujet sur laquelle effectuer la mise au point en vous souvenant que la plage de netteté s'étend pour les 2/3 environ derrière le plan de mise au point et pour 1/3 environ devant. En macrophotographie, la plage de netteté étant très restreinte, il faut

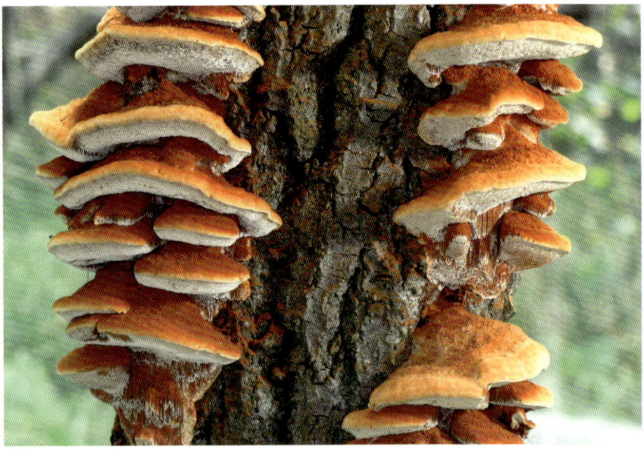

Inonotus radiatus. *Exposition mesurée sur le fond de verdure et emploi du flash annulaire pour éclairer les champignons en fill-in. Appareil sur pied, 50 ISO, 100 mm macro, 1/200 s à f/18.*

travailler à diaphragme fermé pour obtenir le maximum de profondeur de champ. À cette fin, utilisez un pied qui vous permettra de combiner vitesse lente et diaphragme d'au moins f/16.

Si l'arrière-plan n'est pas clair, un champignon de couleur sombre aura du mal à s'en détacher. Faites-le ressortir en renvoyant la lumière vers lui ou utilisez un fond coloré. Il est préférable de rester dans les couleurs sobres de la nature (marron clair, vert...). Les fonds fluorescents seraient de mauvais goût : les champignons hallucinogènes ne poussent pas à cette saison...

Capter la lumière

En forêt, même après la chute des feuilles, la lumière n'est pas toujours disponible. Si le champignon choisi se trouve à l'ombre, orientez la lumière du soleil vers lui grâce à un miroir.

Si la lumière renvoyée est trop forte et les ombres trop dures, placez un réflecteur argenté ou blanc à proximité du sujet, à l'opposé de la source lumineuse, afin d'adoucir l'ombre. Normalement, l'automatisme de l'appareil s'adapte à la qualité de la lumière ambiante en réglant la balance des blancs. Vous pouvez également effectuer une correction en paramétrant manuellement la balance des blancs sur Nuageux. Faites plusieurs essais et conservez le réglage qui vous convient. Si la lumière

En studio

Pour éclairer les champignons en studio, placez deux spots latéralement afin de faire ressortir leurs détails. Contrôlez le résultat sur l'écran arrière.

Un troisième spot, placé derrière, servira à faire ressortir le sujet sur le fond quitte à surexposer légèrement le bord.

reste trop plate, vous pourrez apporter du contraste à l'image lors de la phase de post-traitement à l'ordinateur (voir chapitre 13).
Une fois la scène repérée, installez-vous sans perdre trop de temps car le soleil tourne très vite ! Quand vous aurez posé le miroir – ou le réflecteur – sur pied, puis réglé votre appareil, la lumière aura eu tout le loisir de changer. Le mieux est de vous faire aider par un assistant qui aura pour délicate mission de toujours garder le sujet éclairé sous le bon angle.

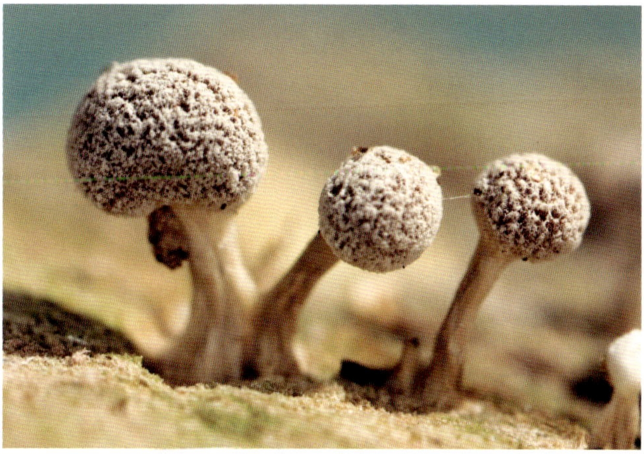

La photo de ces minuscules Myxomycètes de quelques millimètres a nécessité l'emploi du macro Canon de 65 mm au rapport maximum de 5:1. 160 ISO, 1/6 s à f/8. Éclairage d'ambiance Macrolight de Novoflex.

Les bourgeons

En cette saison, la nature semble assoupie. Mais le photographe naturaliste qui se montre attentif saura observer au bout des branches de petites pointes de vie qui n'attendent que le printemps pour éclater. Découvrez-les en avant-première.

À la recherche des bourgeons

Vous pouvez vous promener dans les bois à la recherche des plus beaux spécimens. Mais sachez aussi qu'en ville, dans les parcs et les jardins publics, les travaux d'élagages mettent les bourgeons des grands arbres à votre portée.
En général, les bourgeons terminaux sont les plus gros, mais privilégiez les jeunes rameaux situés à la base des arbres. En effet, en prélevant le bourgeon terminal d'un arbre jeune, vous perturberez sa croissance. Recherchez plutôt les vigoureux rejets qui poussent au pied des grands

Les bourgeons présentent des particularités bien distinctes, dans leurs formes tantôt arrondies, tantôt pointues, leurs textures parfois lisses, parfois duveteuses, ou encore leurs couleurs déclinant des nuances de verts, de bruns... Le guide Delachaux des arbres d'Europe vous aidera à identifier les espèces rencontrées au cours de vos promenades (voir annexes, page 200).

arbres. Un petit sécateur vous permettra d'opérer facilement sans arracher l'écorce. Certaines essences, comme l'aulne, sont couvertes d'une fragile prunosité violette, ou d'autres, comme le marronnier, sont très collantes. Pensez à les protéger en les plaçant dans une boîte rigide avant de les glisser dans votre sac.

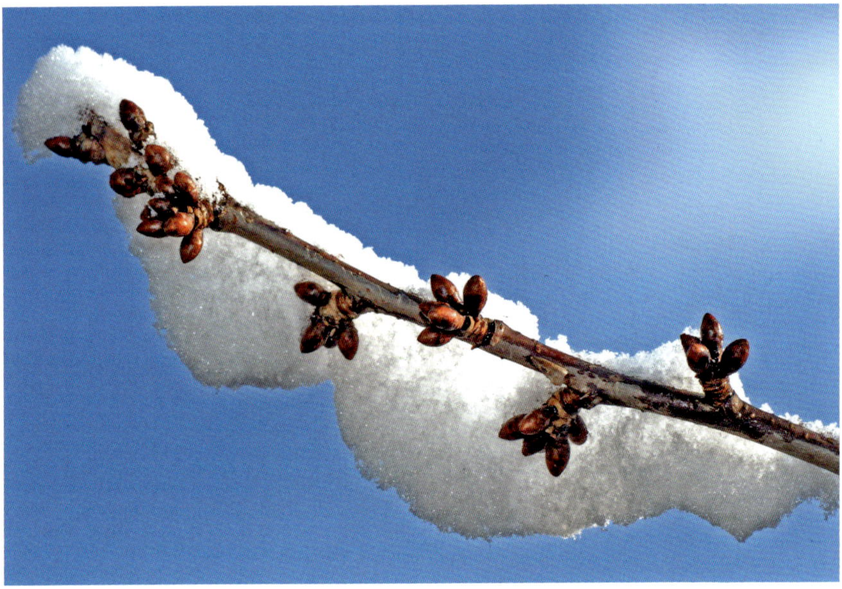

L'arrivée du beau temps après la tempête de neige a permis de photographier ces bourgeons de cerisier en fill-in, afin d'éviter un contre-jour trop marqué. 100 ISO, 100 mm macro et flash annulaire, 1/30 s à f/16.

Technique : un studio improvisé

La macrophotographie de bourgeon nécessite souvent un rapport de grandissement supérieur à 1.

À moins de photographier un groupe de bourgeons à un faible rapport, la photo à main levée est délicate. Elle impose de travailler à pleine ouverture ou avec une sensibilité plus élevée. La faible profondeur de champ et le risque de bougé ne permettent pas une netteté suffisante pour mettre en valeur ces fines structures végétales. En effet, il est important de travailler avec un diaphragme très fermé pour compenser, par la profondeur de champ, le manque de netteté créé par les formes arrondies du bourgeon. Vous devrez donc opter pour une vitesse lente. Et même si vous disposez d'un pied très stable, le moindre souffle de vent risque d'agiter les branches.

En raison de ces inconvénients, on préférera récolter quelques beaux spécimens et réaliser les prises de vue en studio.

Studio macro

Il n'est pas nécessaire d'utiliser un flash. Placez-vous près d'une fenêtre afin de disposer d'une bonne lumière latérale. Un voile de mousseline ou le rideau lui-même filtreront l'éclat trop violent du soleil. Un réflecteur placé du côté opposé à celui dont provient la lumière du jour vous permettra également d'atténuer des ombres trop marquées. Procédez à plusieurs essais avec des réflecteurs blancs, dorés ou argentés. Prenez tout le temps nécessaire à une bonne maîtrise de vos effets en contrôlant sur l'écran de votre boîtier.

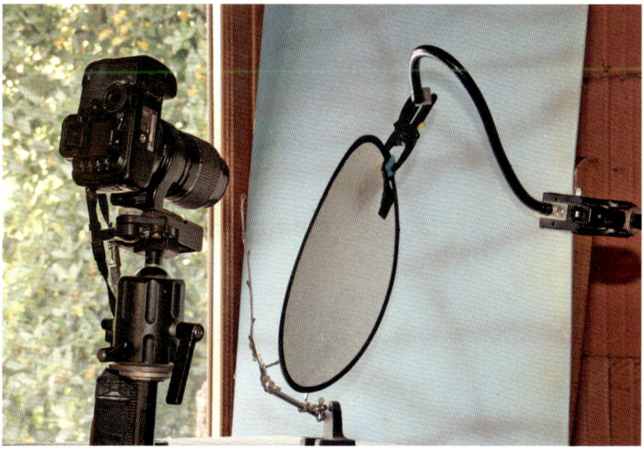

Pour maintenir votre sujet, vous pouvez placer la branche dans une canette remplie d'eau (ce vase improvisé vous permettra également de suivre l'évolution du bourgeon et de photographier l'étape suivante, le débourrage, voir chapitre 4); un tube conique permettra de soutenir la tige pour éviter qu'elle ne tourne dans le goulot. Vous pouvez aussi utiliser un statif macro avec de petites pinces qui tiennent le sujet dans n'importe quelle position. La base de l'ensemble doit être assez lourde de façon à ce que le sujet ne s'écroule pas au moindre frôlement.
Choisissez un fond en guise d'arrière-plan et positionnez-le comme sur la photo : le bleu clair est le plus naturel, il rappelle le ciel ; le noir, lui, présente l'avantage de bien mettre en valeur un bourgeon clair et son contour. Mais vous pouvez tout aussi bien varier les fonds, afin d'apporter une touche d'originalité à vos images. Cartons colorés, fonds dégradés, taches de couleurs modelées à l'aérographe... rien n'est à négliger pour valoriser votre sujet.

La vue en coupe d'un bourgeon, délicatement tranché à l'aide d'une lame de rasoir, offre elle aussi des merveilles. On peut y découvrir la fine structure des futures feuilles ou des fleurs soigneusement pliées sous les écailles et protégées d'une épaisse bourre.

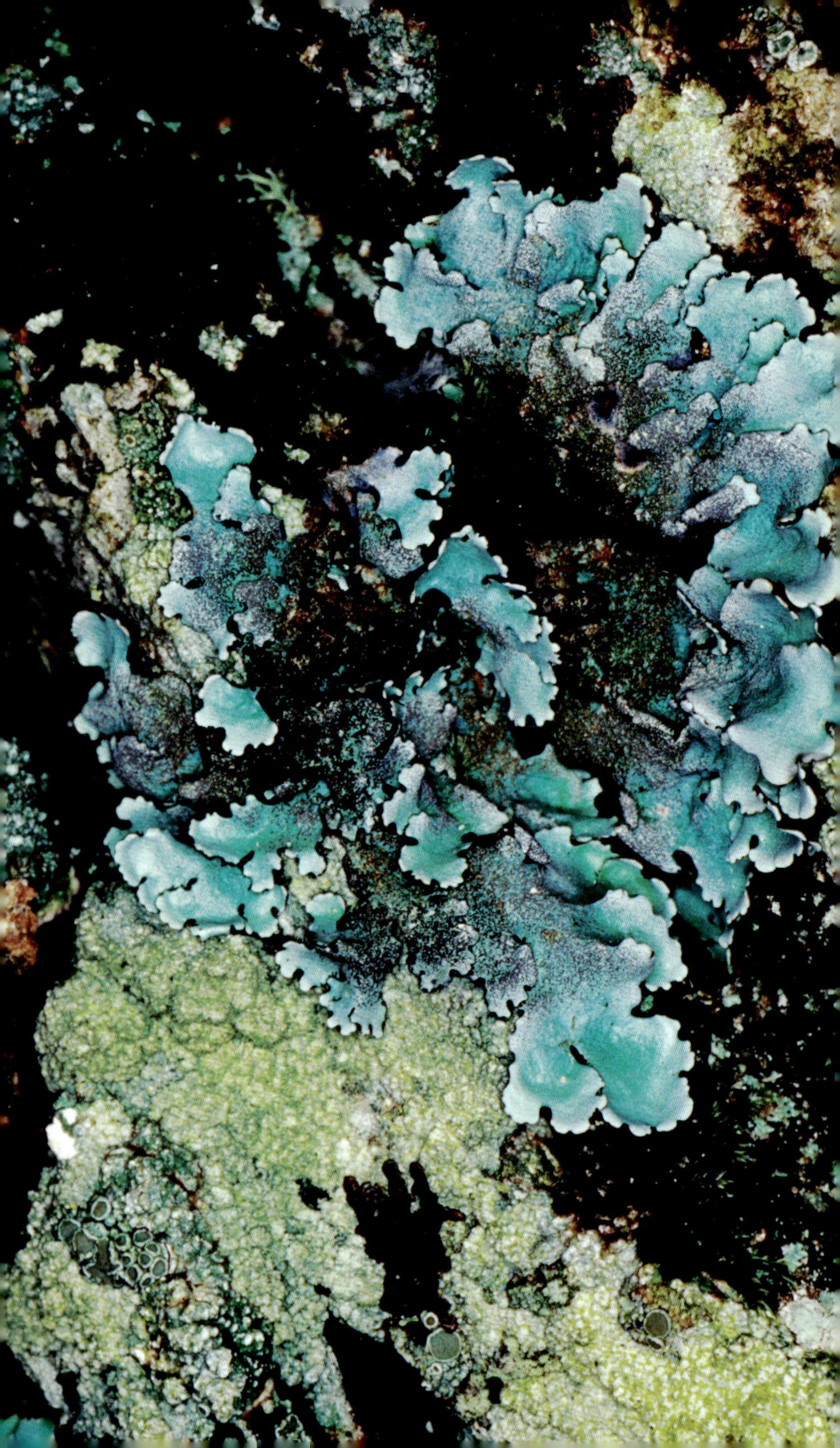

3

Février

Premiers frémissements

L'hiver est encore bien présent dans la campagne, pourtant quelques signes annoncent le printemps. Certains arbres se parent de longs chatons, tandis que les salamandres profitent des périodes de redoux pour confier aux petites mares leur progéniture.

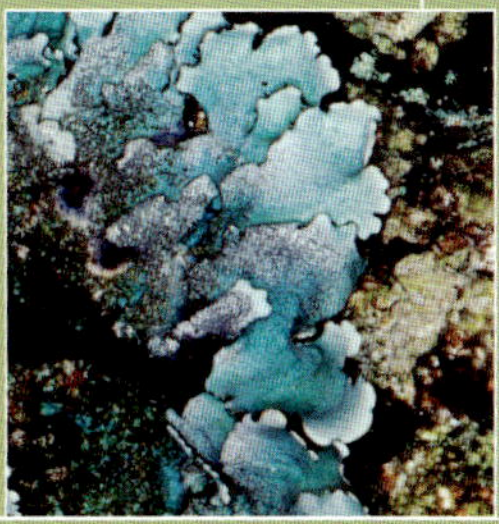

Parmélie du tilleul. L'observation attentive des troncs d'arbres révèle de petits trésors botaniques que la photo valorise. 100 ISO, 100 mm macro, 1/125 s à f/22, flash annulaire.

Les fleurs des arbres

Certains arbres, comme les cerisiers ou les pommiers, se couvrent de fleurs au milieu du printemps. La plupart des arbres forestiers, qui n'ont pas à attirer d'insectes pollinisateurs, se montrent plus discrets. Le vent seul se charge d'entraîner le pollen fertilisant distribué par leurs chatons.

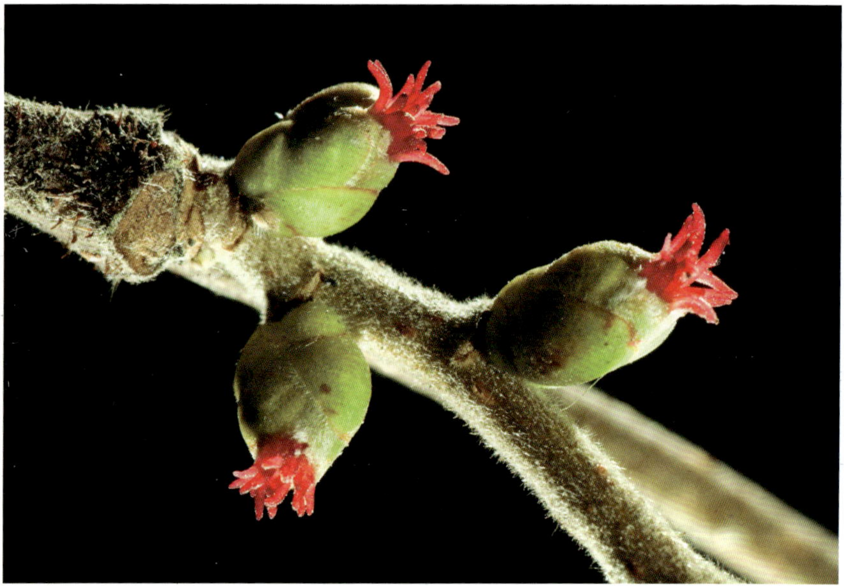

L'éclairage ponctuel des fibres optiques du Macrolight de Novoflex a permis de ciseler la lumière afin de faire ressortir les minuscules fleurs femelles du noisetier. 200 ISO, 100 mm macro, 1,3 s à f/16.

Les arbres à floraison précoce

L'arbre le plus précoce est le noisetier qui fleurit dès le mois de janvier, tandis que les chatons du châtaignier ne s'épanouissent que fin juin-début juillet, alors que ses feuilles sont déjà largement développées. En général, l'ensemble des arbres fleurit vers mars-avril. L'arrivée des nouveaux chatons, qu'il faut apprendre à repérer, annonce le printemps.

Dans les bois encore sombres, un arbuste se couvre de petites fleurs jaunes, c'est le cornouiller mâle. Cherchez-le sur les sols plutôt calcaires.

La haute taille des peupliers rend leurs chatons difficiles à atteindre. Ils ressemblent à de grosses chenilles velues que le vent fait parfois chuter sur le sol. Heureusement, on accède plus facilement aux saules. Ces deux arbres possèdent des pieds mâles et des pieds femelles.

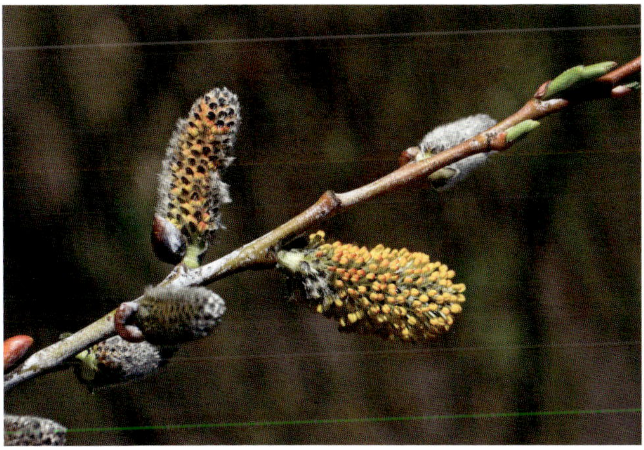

Photo réalisée sur le terrain à l'aide d'un pied solide. Pour limiter le bougé dû au vent, la branche de saule a été tenue avec la main. 100 ISO, 50 mm, 1/200 s à f/13.

Choisissez les chatons mâles ; plus jolis, ils passent du velours argenté au jaune vif.

L'aulne pousse au bord de l'eau et porte sur le même pied des fleurs mâles et des fleurs femelles séparées. Les mâles forment de longs chatons jaunes tirant sur le verdâtre. Plus discrètes, les fleurs femelles se présentent en petits chatons foliacés d'où émergent des filaments rougeâtres.

Les fleurs du bouleau apparaissent en même temps que ses feuilles. Leurs chatons mâles à étamines jaunâtres pendent, tandis que ceux des fleurs femelles se dressent. Ils s'alourdiront par la suite quand les fruits se formeront.

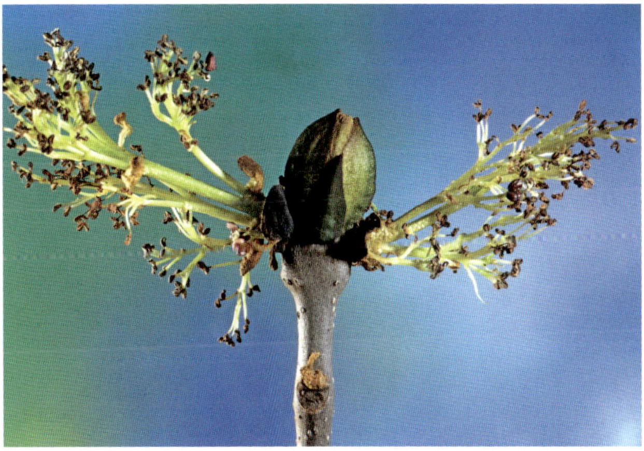

Pour mieux faire ressortir le bourgeon noir de la fleur de frêne, celui-ci a été placé devant un fond clair sur lequel ont été peintes en dégradé des taches colorées. 100 ISO, 100 mm macro et 2 flashs, 1/125 s à f/16.

Les fleurs du frêne se forment assez tardivement. Étamines et pistils jaillissent à partir des écailles latérales, tandis que le bourgeon terminal se destine à la production de bois et de feuilles.
Enfin, les chatons des chênes se remarquent aisément. La fleur femelle, le futur gland, se cache au sein des feuilles naissantes. Surveillez également les conifères car leurs fleurs femelles forment des cônes d'écailles roses du plus bel effet.

Au studio : soigner l'éclairage

Vous pourrez travailler sur place pour les vues d'ensemble, mais le vent souvent vif de cette saison vous interdira les gros plans. Mieux vaut alors procéder avec précaution à une petite récolte pour profiter ensuite du calme du studio et photographier chaque fleur devant un fond approprié.

Nous avons déjà évoqué quelques façons d'éclairer (voir pages 16 et 31). Inutile d'employer des flashs, avec ces sujets immobiles, qui n'imposent pas des vitesses importantes, les lampes fluo compacts permettent de mieux visualiser les effets de lumière. Le mieux étant de disposer de trois lampes : une lampe à côté de l'appareil pour l'éclairage principal, une latérale pour donner du relief, une derrière le sujet pour le décrocher du fond.
Avec ses trois fibres optiques, le Macrolight de Novoflex peut remplacer les 3 lampes, mais son utilisation demande une certaine habitude tant ses éclairages sont précis et découpent le sujet à la manière d'un scalpel. Attention, toutefois, avec la lampe placée à contre-jour, de ne pas éclairer l'objectif : utilisez un pare-soleil, à défaut un morceau de carton ou votre main, pour protéger la lentille frontale des effets d'un «flare» disgracieux. L'utilisation d'un spot à led limitera le problème grâce à son faisceau étroit.

La récolte des rameaux

Pour cueillir les fleurs, procurez-vous un couteau bien affûté ou un sécateur afin d'éviter d'arracher les rameaux. Choissez ceux dont les caractères graphiques et colorés sont susceptibles de fournir la meilleure image. Veillez à ce qu'ils ne soient pas trop avancés car leur maturité doit s'achever au chaud dans un vase afin de conserver la totalité de leur pollen.
Pour figer la pluie de pollen, l'éclair du flash sur fond noir est indispensable. Calez la branche à l'aide d'un petit étau de bricoleur qui se serre sur le bord d'une table. Placez votre appareil sur pied pas trop près, afin d'avoir un peu de champ autour du sujet en cas de sursaut important. Utilisez de préférence deux flashs : le principal orienté vers le chaton, le secondaire placé derrière pour faire ressortir la pluie de pollen. Tapotez d'abord la branche, puis augmentez les chocs, pour finir par le coup de marteau sur la table, en la frappant. Pour synchroniser la frappe de la branche et le déclenchement de l'obturateur, aidez-vous d'un déclencheur souple.

Les salamandres : des amphibiens ovovivipares

Les salamandres, qui s'accouplent et se reproduisent en été, sont de curieux amphibiens, animaux à sang froid, qui «pondent» leurs larves en hiver. Pour cela, elles profitent de légers redoux passagers pour rejoindre les points d'eau.

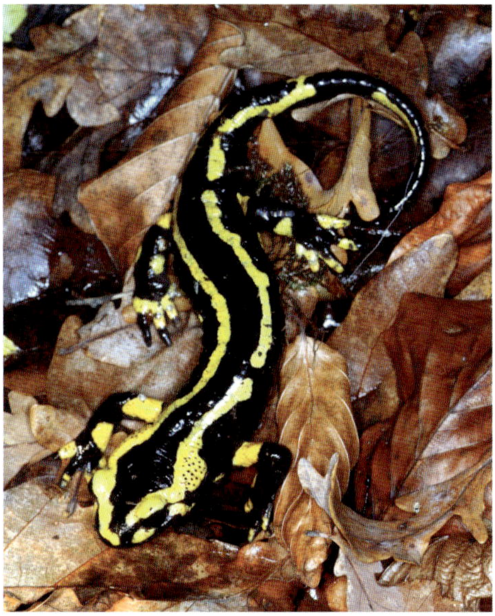

Pour limiter les reflets dus à la peau brillante du batracien, l'éclairage principal a été réalisé à l'aide d'une grosse torche qui permettait de vérifier les éclats. 200 ISO, 100 mm macro, 1/50 s à f/11.

Repérer les salamandres

Pour découvrir ces batraciens nocturnes, il faut parcourir la forêt la nuit, quand il ne gèle pas, éventuellement lorsqu'il pleut. Repérez auparavant, en plein jour, les forêts humides où il existe de nombreuses flaques et de petits ruisseaux calmes et peu profonds. En effet, contrairement aux autres amphibiens, les salamandres sont de piètres nageuses. Les étangs profonds et les cours d'eau ne leur conviennent pas. Parfois, elles se contentent tout juste de tremper l'arrière de l'abdomen pour déposer les larves.
Cherchez les larves dans les flaques, en remuant doucement les feuilles mortes au fond de l'eau avec une brindille pour éviter de troubler l'eau. Si des larves sont présentes, il y a de fortes chances pour que les adultes fréquentent ces lieux. Il vous faudra revenir la nuit pour en acquérir la certitude. Les adultes sont assez nonchalants et ne fuiront pas vraiment à votre approche ; les larves aquatiques, par contre, seront plus vives à se cacher sous les feuilles mortes.

Quel matériel emporter ?

Vêtements chauds, bottes et parapluie sont de rigueur pour des balades nocturnes en forêt. Pour photographier les salamandres adultes, prévoyez comme objectif un 180 mm macro ou un petit téléobjectif de 200 à 300 mm muni d'une bague allonge et d'un flash monté sur le boîtier.

Deux flashs placés à 45° ont été nécessaires pour photographier cette larve de salamandre dans son élément aquatique. 200 ISO, 100 mm macro, 1/200 s à f/22.

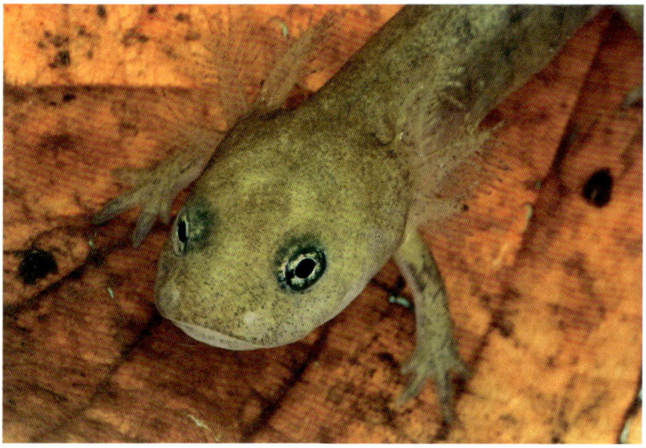

Quel éclairage ?

Les salamandres sont ovovivipares : les œufs éclosent juste avant la ponte dans le corps de la mère ; les jeunes larves évitent ainsi la période difficile de l'incubation en cette saison de frimas.

Les animaux qui flottent à moitié sur l'eau sont source de difficultés photographiques. En effet, leur tête claire, qui dépasse à la surface, est souvent surexposée par rapport à l'ensemble du corps qui reste dans l'eau sombre. Pour tenter d'y remédier, j'ai enfermé un flash en position manuelle déclenché par cellule dans un sac étanche Ewa marine. Lesté d'un plomb, il est fixé à un bâton, ce qui permet de le positionner dans l'eau, derrière l'animal.

La bonne distance n'est pas facile à évaluer. L'eau agit comme un diffuseur plus ou moins important selon son état de turbidité. Vous avez intérêt à contrôler les prises de vue sur votre écran et à vous faire aider d'un complice pour maintenir l'éclairage complémentaire à la bonne place. L'éclairage principal est constitué d'un flash fixé sur la griffe de

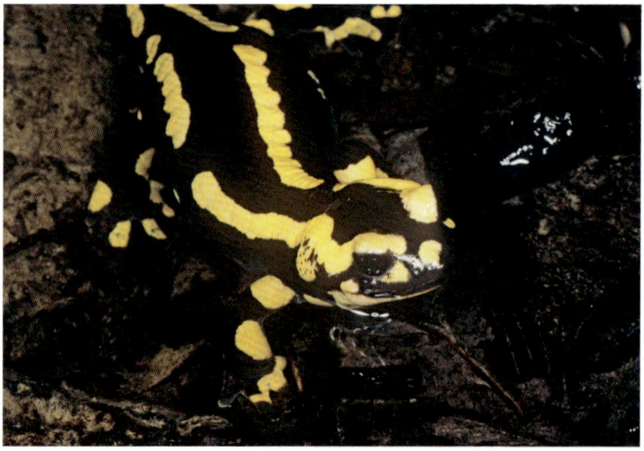

On remarquera ici que la partie arrière de l'animal qui se trouve dans l'eau est exempte de reflets, l'eau agit comme un parfait diffuseur. 100 ISO, 100 mm macro et flash annulaire, 1/125 s à f/16.

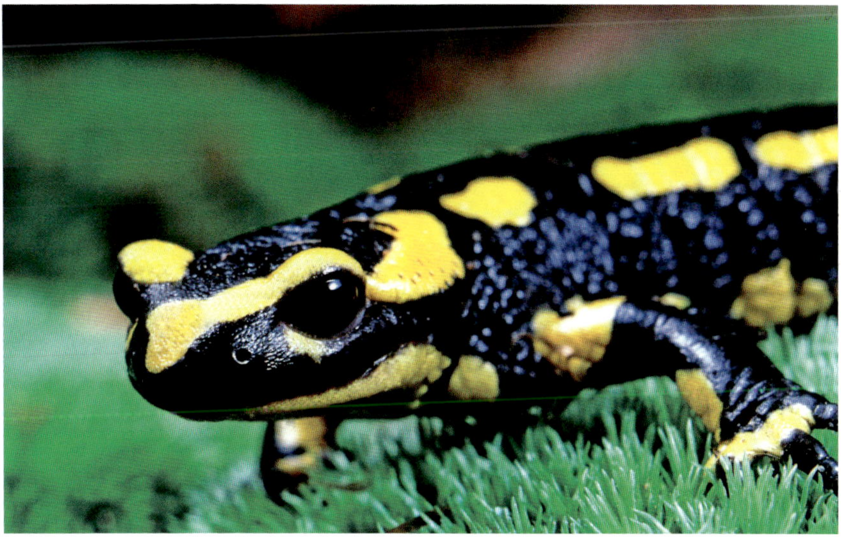

l'appareil. Pour éviter les reflets dus à la surface de l'eau, il suffira de ne pas photographier face à la surface, mais de toujours le faire sous un certain angle (45° à vérifier sur l'écran).

Un diffuseur a été placé au-dessus du batracien en plus des trois flashs utilisés, afin de limiter les reflets. 100 ISO, 100 mm macro, 1/125 s à f/22.

La salamandre est presque plus difficile à photographier sur la terre ferme, car son corps humide renvoie de nombreux reflets. Pour les limiter, j'ai équipé mes flashs Metz de petites boîtes à lumière Lastolite qui apportent plus de douceur aux images. Ces diffuseurs entraînent une perte de lumière, voici pourquoi j'utilise de puissantes torches Metz de 60 de nombre-guide.

L'ensemble pèse évidemment assez lourd ; vous ne regretterez donc pas, le moment venu, d'avoir effectué vos repérages préliminaires de jour et d'économiser ainsi des kilomètres inutiles. Pour la mise au point, une lampe à led de 12 V fixée sur le support des flashs vous rendra de bons services car l'autofocus n'est pas toujours efficace la nuit. Le numérique permet aussi de photographier à l'aide de lampes torches. La couleur jaune de ces lampes est compensée par la balance des blancs de l'appareil, réglée au besoin sur Lumière artificielle. Un puissant projecteur est préférable pour bénéficier d'un diaphragme et d'une vitesse suffisants. Le gros intérêt par rapport au flash est que vous voyez réellement l'effet de la lumière et pouvez apporter les corrections nécessaires si les ombres et les reflets sont trop marqués. Toutefois si ces lampes dégagent de la chaleur, évitez de les approcher trop près de l'animal car, malgré sa réputation, il n'apprécie guère la chaleur. La lumière de ces lampes étant moins puissante que le flash, il est préférable d'utiliser un pied.

La salamandre accepte parfois un petit présent sous forme d'un ver de terre vivant – puisque notre animal ne se nourrit pas de bêtes mortes.

Les retouches sur les feuilles mortes étant très lourdes en post-traitement, vérifiez bien vos réglages lors de la prise de vue.

Mousses et lichens

Le meilleur moment pour être opérationnel sur le terrain se situe entre 10 h et 15 h. Même à midi, les lumières sont belles car le soleil reste plus bas qu'en été ; il apporte des ombres filées qui donnent du contraste aux images.

Février... Le soleil commence à se lever plus tôt et à se coucher plus tard, mais les journées restent courtes. Tandis que ses premiers rayons vous invitent à vous allonger sur la mousse au fond des bois, prenez le temps d'admirer les structures de ces végétaux sans fleur venus d'un autre âge.

Observez les lichens, curieuses plantes que cette association d'une algue et d'un champignon qui colonise les supports divers. Plante pionnière, elle facilitera ensuite l'installation de végétaux plus importants. Très résistants, les lichens s'adaptent à de nombreuses situations et on en trouve aussi bien dans les endroits les plus chauds que les plus froids du globe. Heureusement, il n'est pas nécessaire de vous rendre dans des contrées extrêmes pour rencontrer les premiers lichens et les photographier.

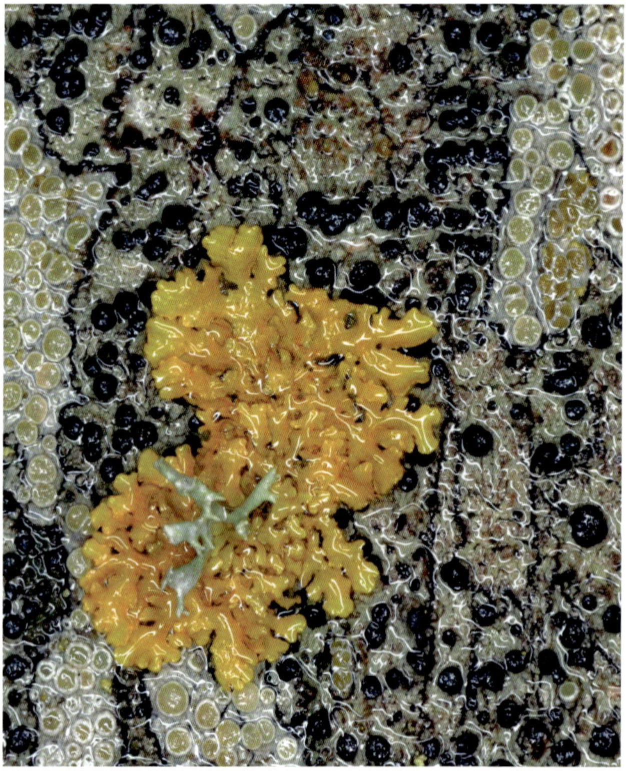

Pour une fois, nous avons utilisé la brillance de l'eau pour mieux faire ressortir cet ensemble de lichens qui poussait sur le tronc d'un frêne mouillé par la pluie. 100 ISO, 100 mm macro et flash annulaire, 1/125 s à f/16.

Où trouver les lichens ?

Les lichens poussent sur des supports parfois très curieux, en général peu propices au développement des plantes. Les principaux se rencontrent sur les écorces et les rochers, mais certains s'implantent même sur les vieilles structures métalliques et les pierres des monuments.

La structure de ces supports montre que ces plantes ne se nourrissent pas de leur substrat mais surtout de l'humidité de l'air, à condition qu'il soit peu pollué. Voilà pourquoi il y a peu de lichens en ville : ils ne supportent pas les gaz d'échappement des voitures. Les plus belles espèces se trouvent à la campagne et en montagne. Les usnées, qui ornent de grandes barbes les branches des sapins, sont les plus spectaculaires.

On distingue trois types de lichens :

- les crustacés, croûtes incrustées sur leurs supports ;
- les foliacés, qui possèdent de nombreuses petites écailles en forme de feuilles et qui sont collés sur un support d'où ils peuvent être partiellement détachés avec un couteau ;
- les fruticuleux, qui forment des buissons miniatures, touffes dressées sur le sol ou pendantes sur les arbres.

Les lichens accrochés à de hautes branches ne sont pas toujours accessibles mais, en cas de gros temps, certains tombent sur le sol. Vous aurez le loisir de photographier en studio, avec des lampes, ceux que vous ramasserez. Il vous sera ainsi plus facile de contrôler vos différents effets de lumière, de la même manière que pour les fleurs des arbres décrites en début de chapitre.

Il existe de nombreuses espèces de lichens. Comme pour les champignons, leur détermination est difficile et il est préférable de s'adresser à une société savante de naturalistes pour apprendre à les connaître (voir en annexe, page 199).

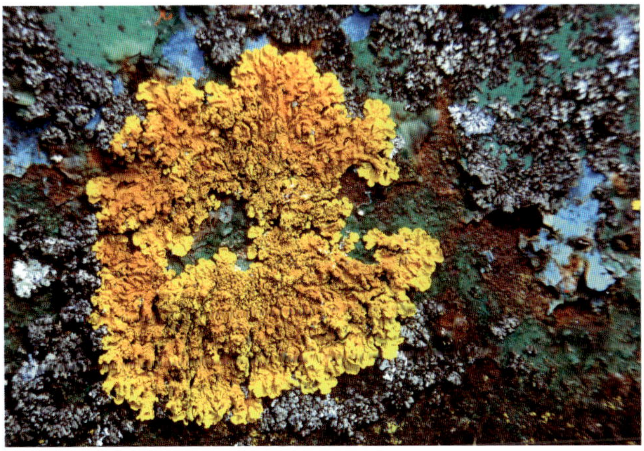

Candelaria concolor. *Ce magnifique lichen a poussé sur une ferraille rouillée sur laquelle quelques taches de peinture bleue sont encore visibles. 100 ISO, 100 mm macro et flash annulaire, 1/125 s à f/22.*

Savoir choisir et utiliser le bon objectif

Plante primitive, le lichen ne produit pas de fleurs mais un organe, parfois en forme de trompette, sur lequel se développent les spores. Certaines de ces fructifications sont minuscules. Pour vous rapprocher et photographier à des rapports supérieurs à 1:1, utilisez un 50 mm avec plusieurs bagues ou un soufflet. Avec un fort tirage, vous arrivez si près du sujet qu'il est parfois difficile d'éclairer. Aussi pour une meilleure qualité d'image, il est parfois conseillé de retourner l'objectif si votre matériel le permet (voir chapitre 1, page 14).

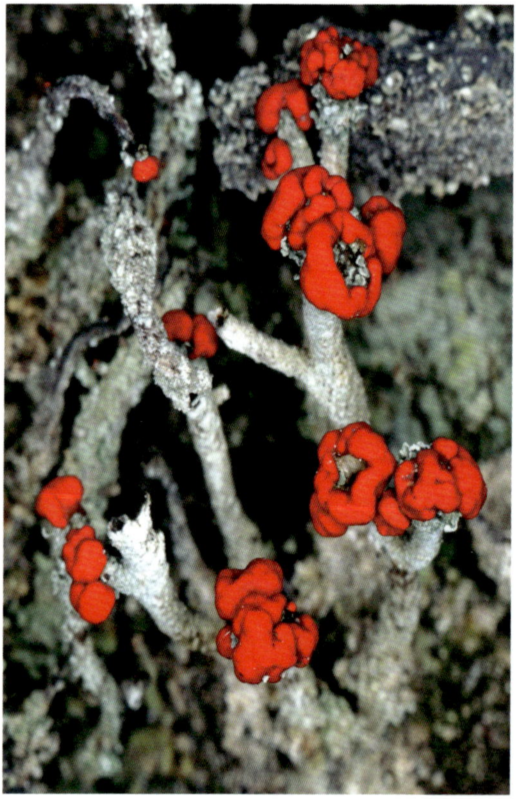

La loupe est souvent nécessaire pour découvrir les minuscules fructifications de cette cladonie. 100 ISO, 65 mm macro et flash annulaire, 1/125 s à f/14.

Technique au flash sur le terrain

Les lichens incrustés sur un support fixe doivent être photographiés sur place. Si le support est stable, avec un éclairage favorable, vous pouvez travailler au pied en lumière naturelle avec un diaphragme fermé en ajoutant éventuellement un réflecteur. Si le rapport est supérieur à 1:1, deux flashs s'imposent, placés latéralement au ras du sujet, ils permettront de mieux faire ressortir le relief de ces plantes bizarres. Car plus la lumière rase le sujet, plus le relief de ce dernier est accentué.
En revanche, si la source de lumière est placée à côté de l'objectif, elle a tendance à écraser le sujet. Variez les angles de vos flashs et contrôlez les effets sur votre écran arrière. Enfin, si vous ne disposez que d'un seul flash, placez un réflecteur de l'autre côté du sujet pour atténuer les ombres.
Si la distance flash/sujet se révèle peu importante en raison de l'automatisme de la cellule qui dose le flux de lumière, vous devrez, cependant, être plus vigilant quant à la distance sujet/réflecteur, car ce dernier renverra plus ou moins de lumière et contribuera ainsi à une bonne gestion des ombres.

Les mousses : à la limite de la micro

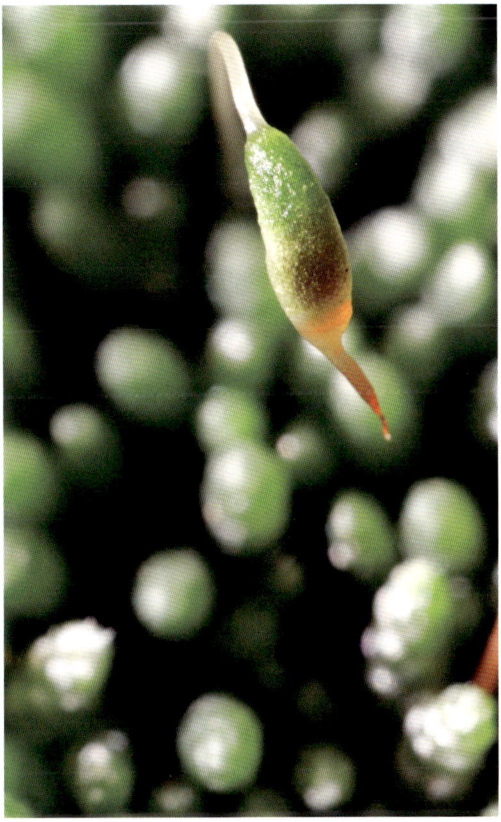

La faible profondeur de champ permet de faire ressortir la coiffe de la mousse sur le reste de la plante. 100 ISO, 50 mm monté à l'envers sur soufflet, 1/60 s à f/16, 2 flashs situés de part et d'autre.

Pour fructifier, les mousses développent de petites tiges au bout desquelles se forme une urne qui contient les spores reproductrices. Elles portent sur le sommet une coiffe qui rappelle parfois les chapeaux pointus de lutins. Les photographier demande un gros rapport de grandissement. Pour plus de stabilité, je vous recommande d'utiliser un petit statif de reproduction et de travailler au flash dont la rapidité de l'éclair évitera les vibrations.

Quand le grandissement est important, l'objectif est très près du sujet ce qui rend son éclairage plus difficile. Avec son faible encombrement, le flash annulaire est donc tout indiqué comme moyen d'éclairage. Au besoin, on ajoutera un flash secondaire sur le côté pour donner plus de relief à l'image en évitant d'envoyer l'éclair sur la lentille frontale de l'objectif. Si le flash annulaire comporte plusieurs tubes réglables, on peut aussi faire varier leur puissance. Comme objectif, le Canon 65 MP dédié à la macro est tout indiqué. En couvrant du rapport 1 au rapport 5, il représente l'objectif idéal et dispense de l'usage de l'encombrant soufflet. De plus, quand il est utilisé avec un boîtier comportant un capteur de taille APS-C possédant un facteur de conversion de 1,5, on obtient un rapport de 7,5 qu'on peut encore augmenter en ajoutant une petite bague allonge. Si vous n'avez pas les moyens d'acquérir ce précieux joujou, essayez le retournement d'objectif (voir chapitre 1, page 14).

À un tel rapport, le maniement du matériel n'est pas des plus aisé, aussi si vous hésitez avant de vous lancer dans l'achat d'un objectif ou d'une bague, à usage uniquement photomacrographique, essayez-les en magasin ou dans un club lors d'un stage.

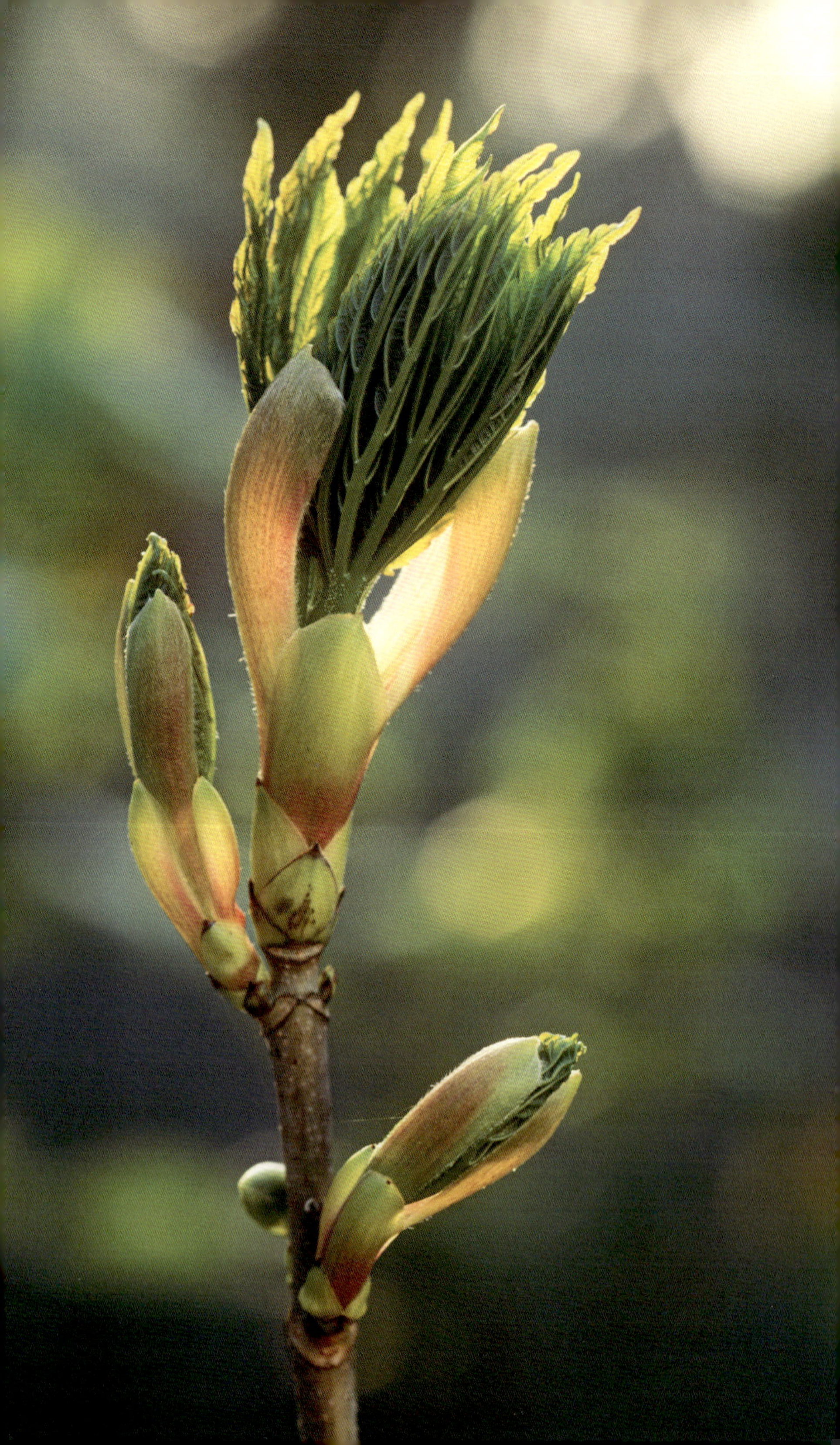

4
Mars
Le réveil de la nature

Après le long repos hivernal, la vie animale et végétale s'active. Sous la pression de la sève nouvelle, les bourgeons éclatent, laissant apparaître des pousses vert tendre, tandis qu'une agitation nouvelle secoue l'eau des mares. Le cycle de la vie reprend son cours, offrant au photographe impatient le spectacle de son renouveau.

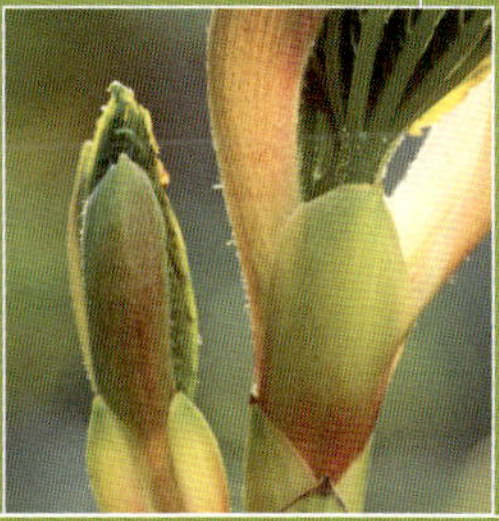

Le contre-jour matinal souligne bien la fraîcheur de ces nouvelles feuilles d'érable sycomore, tandis que l'éclair retenu du flash illumine les écailles du bourgeon. Éclairages subtils dont il faut respecter l'équilibre. 100 ISO, 100 mm macro et flash annulaire. 1/125 s à f/11.

Pousses printanières

En forêt, les feuilles mortes ont offert un abri aux graines des arbres et les ont maintenues au chaud durant tout l'hiver, favorisant ainsi leur croissance. Les premières pousses font maintenant leur apparition à l'approche du printemps. Il suffit pour les découvrir de racler délicatement les feuilles... et d'un peu de chance.
Sous l'action d'une température plus douce et de l'humidité, les germes des graines s'activent, gonflent et font éclater sous leur pression l'enveloppe du fruit – il faut développer une force de plus de 40 kg pour écraser un noyau de prune ! De minuscules germes, qui puisent leurs forces dans les réserves alimentaires de la graine, réalisent chaque printemps cette prouesse. Ils développent une première feuille et une racine. Ces nouveaux organes permettent à la plante de devenir autonome et de s'alimenter directement.

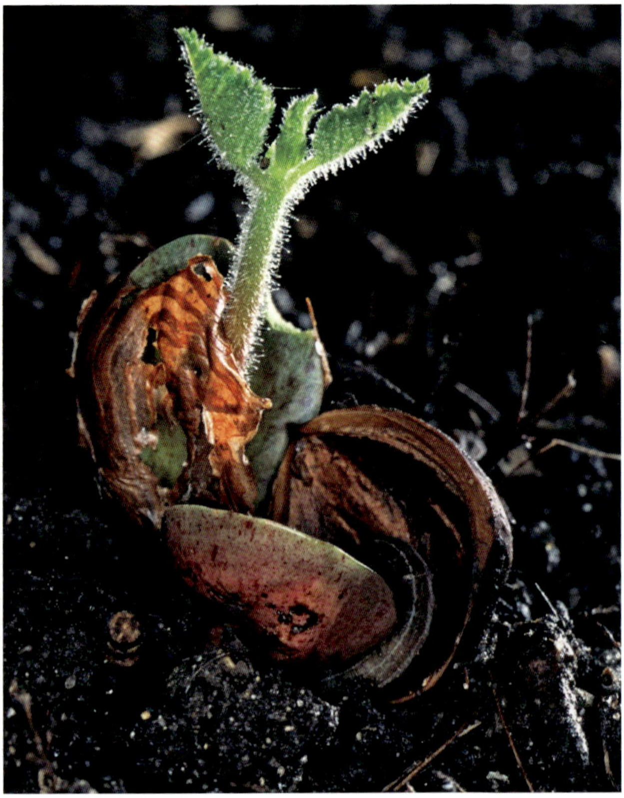

Il est toujours aussi étonnant de constater comment une frêle plantule a pu briser la coque aussi dure d'une noisette. 100 ISO, 100 mm macro avec flash annulaire et deuxième flash en décrochage derrière le sujet, 1/125 s à f/22.

Se mettre au niveau du sujet

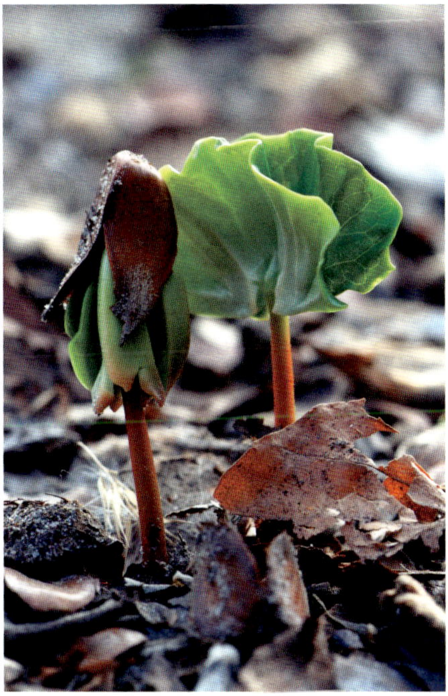

Il ne faut pas hésiter à se mettre à plat ventre pour donner à ces jeunes plantules de hêtre toute l'importance que méritent ces futurs géants du monde végétal. 200 ISO, 100 mm macro, 1/25 s à f/11.

Photographier les plantules avec un 50 mm implique de travailler à la même hauteur afin d'éviter les prises de vue en plongée qui ont tendance à écraser le sujet. Vu la petite taille des pousses, on se trouvera dans l'impossibilité d'utiliser un trépied même si ses pieds s'écartent au ras du sol. L'appareil reposera donc à terre ou sera fixé par une vis sur une petite planchette de bois qui l'isolera du sol afin d'éviter de le salir ou de le mouiller, et lui donnera une assise plus stable. Une ou deux cales de bois en forme de coin effilé permettront éventuellement de maintenir l'ensemble à l'horizontal, à moins d'utiliser un boîtier à écran orientable. Pour ce genre de photographie, le viseur d'angle s'impose car il est difficile de placer son œil au ras du sol. L'autre solution est l'emploi d'un objectif de focale importante, 180 ou 200 mm, qui permettra d'installer le boîtier à une plus grande distance du sujet et d'éviter l'effet de plongée. Il sera alors plus facile d'employer un trépied, même en prise de vue verticale. En cas d'éclairage naturel insuffisant, utilisez des flashs. Placez le premier à côté du boîtier et le deuxième diamétralement opposé au sujet, ce qui aura comme effet d'atténuer l'ombre marquée, de décrocher le sujet du fond et d'apporter une certaine transparence à la plantule. Protégez la lentille avec un bon pare-soleil ou un carton pour éviter un flare.

Pour élargir le cadrage, afin de prendre en compte dans votre image une partie de l'environnement et obtenir ainsi une meilleure ambiance, tout en conservant un gros plan du sujet, opérez en fill-in avec un grand-angle (20 ou 28 mm) ou utilisez un boîtier compact.

Si vous travaillez à main levée et que votre cadrage nécessite que vous soyez agenouillé, un petit tapis de mousse vous apportera plus de confort.

Positionner le flash

Une tringle de fer pointue avec une extrémité coudée et percée au diamètre du pas de vis photo vous permettra de fixer le flash, puis de piquer l'ensemble dans la terre (voir page 53). Si vous souhaitez le rendre encore plus orientable, ajoutez une petite rotule au système.

Les sujets à domicile

Semez des graines d'espèces assez grosses dans votre studio ; vous pourrez ainsi les observer tout au long de leur croissance. Aux classiques haricots, vous pouvez ajouter courges et potirons, ainsi que tournesol.

L'intervallomètre (voir chapitre 1, page 14) est très utile pour éviter les attentes fastidieuses car il vous permet de programmer vos déclenchements à intervalles réguliers. Surveillez néanmoins attentivement les prises de vue car la croissance des graines n'est pas régulière. En effet, il faudra un certain temps avant que le germe ne sorte, mais une fois le processus entamé, tout s'accélère. À ce stade, vous devrez à nouveau régler l'appareil et programmer des séquences de prise de vue plus courtes (toutes les heures par exemple).

Enfin, pour l'éclairage, utilisez des lampes néon basse consommation de type lumière du jour. Allumées en permanence, elles faciliteront la pousse des plantes et permettront les photographies.

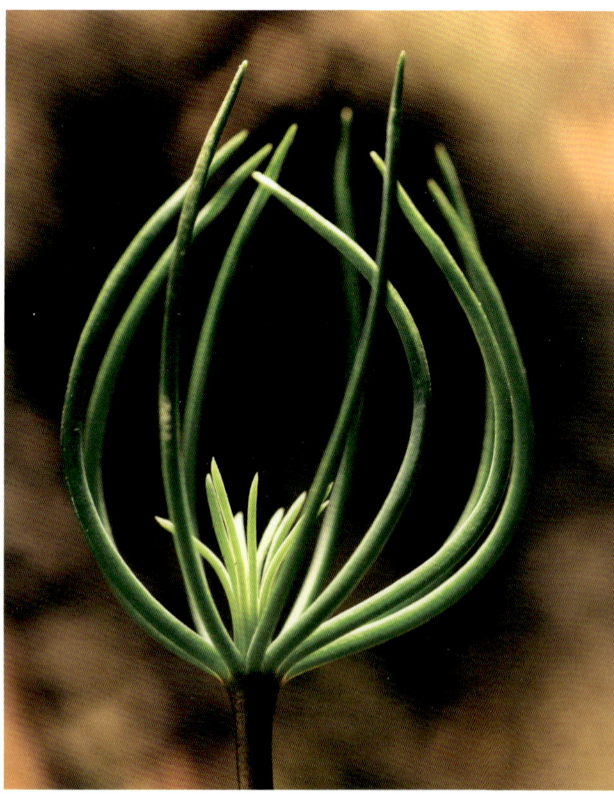

Cette plantule de cèdre du Liban a été photographiée en studio à l'aide de fibres optiques. Pour éviter la surexposition de ces fines feuilles sur le fond sombre, nous avons sous-exposé de deux divisions (IL). 400 ISO, 100 mm macro, 1/20 s à f/8.

Quelques plantules spectaculaires

Les premières feuilles de nombre de graines sont différentes de celles de l'arbre adulte, ce qui ne facilite pas la reconnaissance. Par exemple, le fruit du chêne présente souvent une couleur rouge lorsqu'il éclate sous la pression du germe. Contrairement à celles des autres essences, sa feuille possède tout de suite son dessin définitif.

Cherchez également les jeunes plantules du hêtre, du charme, du frêne, de l'érable sycomore ou plane. Citons aussi le potiron, avec sa graine impressionnante qu'il est facile de faire germer; il se cultivera avantageusement à la maison.

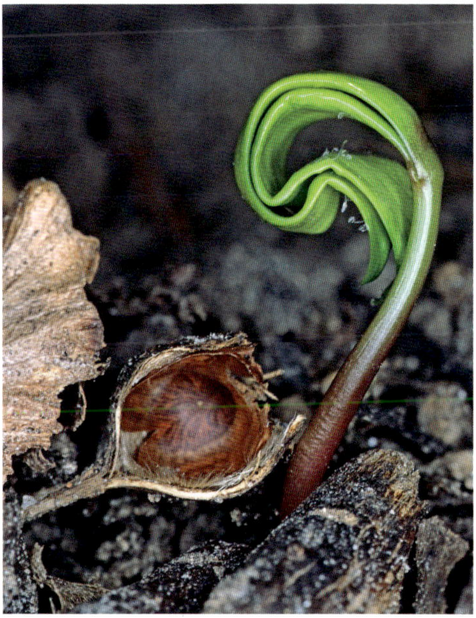

L'érable est l'un des arbres les plus communs des parcs; au printemps, il est très facile de trouver et d'identifier ses jeunes pousses. 200 ISO, 100 mm macro et flash annulaire, 1/200 s à f/11.

Feuilles nouvelles

Dans les arbres, la lumière et le redoux printanier provoquent une montée de sève; les écailles des bourgeons éclatent : c'est le débourrage. Des feuilles toutes fraîches d'un beau vert tendre apparaissent au bout des branches.

Le temps instable de la saison, la petite taille et la situation des sujets rendent difficile le travail en extérieur. Dans votre recherche des feuilles naissantes, il sera plus facile de couper les branches, en vous équipant d'un sécateur pour ne pas blesser les arbres. Évitez de couper les pousses terminales des jeunes sujets afin de ne pas perturber leur croissance en hauteur. Certaines feuilles fraîches se fanent rapidement, vous disposerez donc de peu de temps pour les photographier en studio.

Principaux sujets

Toutes les feuilles n'arrivent pas en même temps. Vous avez le temps de surveiller leur apparition de mars à mai.

L'érable sycomore offre de belles pousses qui ressemblent un peu au début à des asperges avant de laisser paraître les jeunes feuilles toutes fripées.

Les peupliers noirs présentent des jeunes feuilles dorées.

La viorne lantane offre des formes géométriques très duveteuses.

Les fougères font jaillir leurs crosses de terre et les déroulent progressivement comme une queue de scorpion.

Chênes, frênes et robiniers sont les plus tardifs.

Si le bourgeon n'est pas encore complètement épanoui, placez-le dans une bouteille d'eau où il continuera à pousser, ce qui vous permettra d'assister en avant-première au débourrage printanier. Vous pourrez compléter vos prises de vue au fur et à mesure de son évolution, jusqu'à l'apparition de la nouvelle feuille. La bouteille permet également d'avancer ou de reculer le sujet pour trouver la bonne orientation sans avoir à déplacer l'ensemble de votre matériel (pied et boîtier).

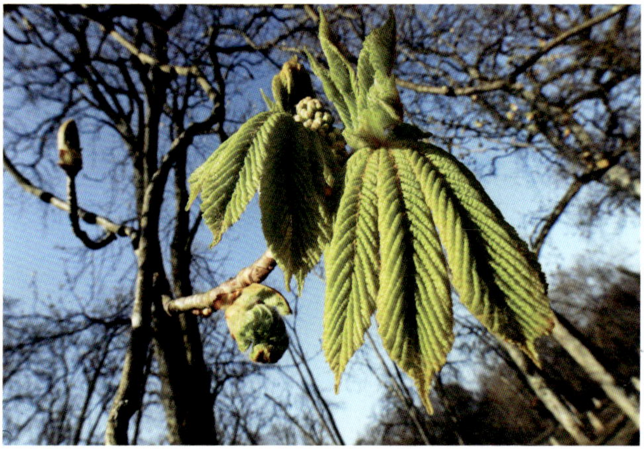

L'utilisation d'un grand-angulaire a permis de donner une dimension nouvelle au débourrage de cette jeune feuille de marronnier. 200 ISO, 14 mm, 1/100 s à f/18.

En matière d'optique, le 100 mm reste le bon compromis. Si vous souhaitez saisir un détail particulier, vous pouvez lui adjoindre un soufflet ou des bagues, le tout, bien sûr, fixé sur un pied solide.

L'éclatement des bourgeons est d'abord provoqué par la lumière et l'ensoleillement plus long du printemps. Pour mettre l'accent sur cette luminosité ambiante et faire ressortir la transparence du jeune feuillage, placez une source de lumière derrière celui-ci. Pour mettre en valeur l'aspect duveteux et les plis encore tout frais de votre sujet, utilisez le contre-jour ou un éclairage frisant. Une seule source placée derrière et au-dessus apportera la douce transparence qui convient à ces jeunes feuilles d'un vert tendre et doré.

Évitez les éclairages de face qui ôtent tout relief au sujet. Le Macrolight de Novoflex, outre la finesse de ses réglages, permet d'éclairer fortement les sujets fragiles sans émettre une chaleur qui fanerait les plantes et énerverait les animaux.

Si le contraste vous semble trop important, utilisez un réflecteur. Les petits modèles ronds et pliables, légers et peu encombrants, sont très pratiques. Ils possèdent une face blanche et une face argentée. Vous utiliserez l'une ou l'autre selon l'intensité lumineuse que vous souhaitez renvoyer. Certains modèles sont dotés d'une face dorée afin de réchauffer la lumière. Vous pouvez également en fabriquer un à vos mesures (celles de votre fourre-tout, par exemple) en collant sur un carton un plastique blanc ou du papier aluminium.

Amours d'anoures

Aux premiers beaux jours, grenouilles et crapauds reviennent vers les lieux qui les ont vus naître pour perpétuer à leur tour le cycle infini de la vie. Ces rassemblements commencent vers la mi-mars et durent à peine une semaine. Dès maintenant, il est conseillé de visiter régulièrement les sites de pontes pour ne pas laisser passer ce moment fugace.
Pour la prise de vue, deux choix s'offrent à vous : soit vous optez pour le travail sur le terrain et le reportage sur le vif (l'inconvénient de cette solution est que vous devrez composer avec des éléments parasites et des conditions d'éclairage difficiles à maîtriser), soit vous choisissez le travail en aquarium qui permet de mieux doser les éclairages. Mais ce n'est pas pour cela que les animaux sont plus faciles à photographier, d'autant qu'ils bougent sans arrêt.
Les amphibiens comme les grenouilles et les crapauds sont strictement protégés par la loi. Il est interdit de les chasser, de les sortir de leur milieu naturel et, bien sûr, de les maltraiter. C'est pourquoi nous avons opéré sur le terrain, même pour les photos en aquarium.

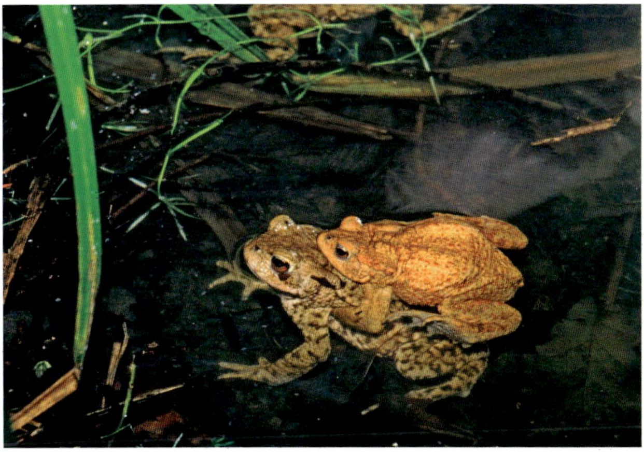

La position du boîtier n'étant pas au-dessus de la surface de l'eau, mais de profil, nous avons pu conserver un flash sur le boîtier sans avoir de reflets gênants. 100 ISO, zoom 100-300 mm, équipé d'une bague allonge et d'un flash cobra, 1/125 s à f/11.

La vie des amphibiens

La grenouille rousse passe souvent l'hiver enfouie sous la vase. Elle peut vivre jusqu'à six ans, parfois davantage. Le crapaud commun quant à lui est un solitaire. Il vit de sept à dix ans. Mais un record de trente-six ans a été une fois observé ! Pour ce qui est de la grenouille agile, elle est bien moins féconde que ses petites camarades. Les amphibiens retournent toujours à la mare qui les a vus naître.

Le matériel : l'objectif et les flashs

Contrairement au crapaud commun, le calamite possède un sac vocal visible, mais il faut attendre le mois de mai pour l'entendre chanter. 100 ISO, zoom 100-300 mm et flash cobra, 1/125 s à f/11.

Outre le matériel photographique, des bottes, voire des cuissardes, sont vivement recommandées, ainsi que des vêtements chauds. N'oubliez pas qu'il est souvent nécessaire de se mettre au niveau du sujet, au ras du sol, et même à plat ventre. Un petit tapis en mousse compacte rendra ces postures moins inconfortables.

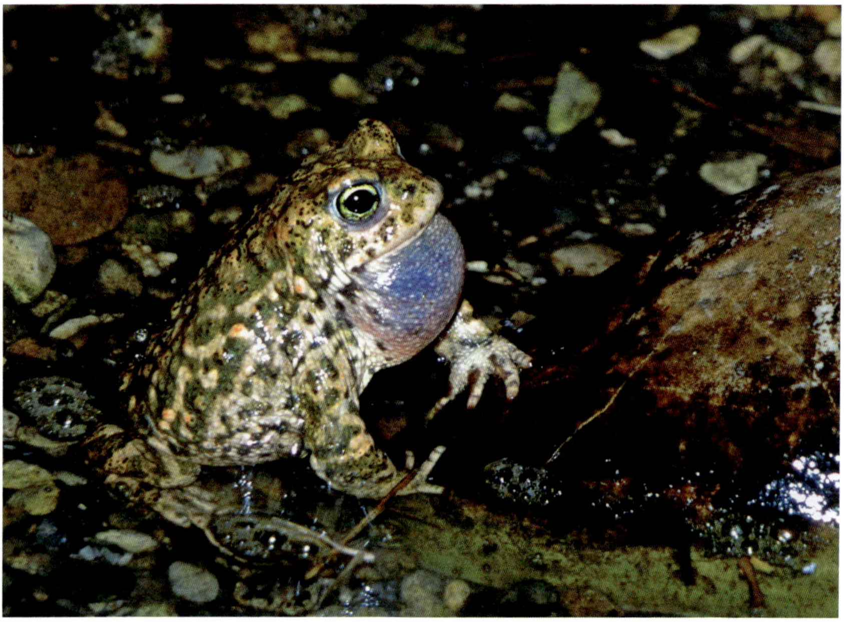

Le plus pratique est d'utiliser un 100 mm macro : il permet d'obtenir des plans rapprochés tout en travaillant à une certaine distance des sujets. Un jeu de bagues ou un soufflet rendront votre approche plus aisée pour réaliser, par exemple, des gros plans des yeux, particulièrement magnifiques chez les amphibiens. Enfin, si vous rechignez à vous mettre à l'eau, un 200 ou 300 mm vous aidera à saisir les ébats aquatiques des amphibiens en restant éloigné du bord.
Les scènes les plus dynamiques se déroulant la nuit, il est nécessaire de travailler au flash, avec tous les problèmes que cela entraîne. Le mieux consiste à monter deux flashs sur un support pour garder les mains libres. Une petite lampe pilote fixée sur le statif des flashs permettra d'effectuer plus facilement la mise au point (voir chapitre 1, page 16). Les leds blanches ont l'avantage d'être très économes en énergie et de ne pas chauffer. Il est préférable si possible de débrayer l'autofocus – et donc de faire le point en manuel – car le boîtier risque d'avoir des

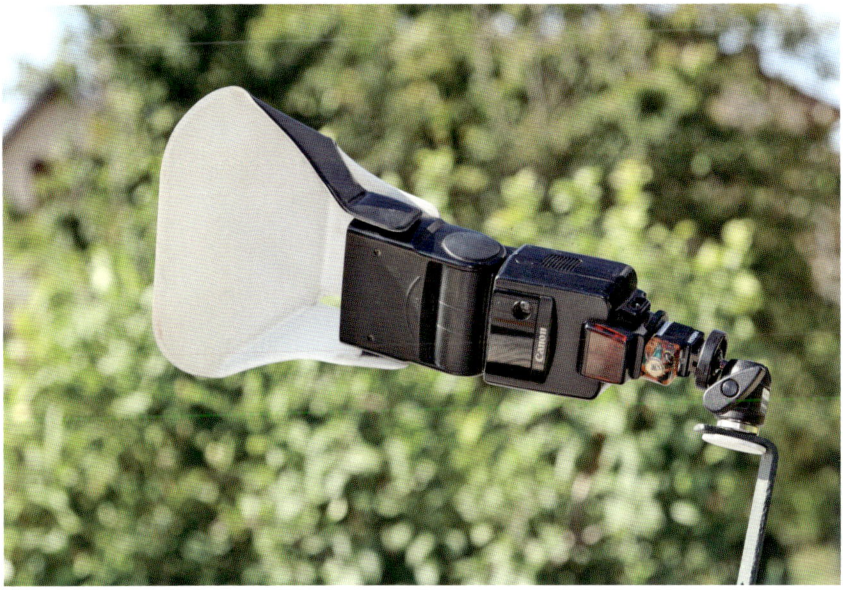

Flash cobra équipé d'une casquette de diffusion, declenché par une cellule photoélectrique, elle-même montée sur une rotule et vissée sur un support coudé.

difficultés au niveau des parties peu contrastées ou sombres, même avec une mise au point infrarouge.
Couverte de mucus, la peau des amphibiens brille. Pas question pour autant de les poudrer ! Il faut donc diffuser les éclairages, ce qui n'est pas si facile sur le terrain. L'utilisation de flashs indirects ou de petites boîtes diffusantes permet de limiter cet inconvénient (voir chapitre 1, page 18), mais la perte de lumière étant importante, il reste nécessaire d'utiliser deux flashs assez puissants. Si vous en avez la possibilité, un assistant pourra maintenir un troisième flash afin de « déboucher » l'arrière-plan. Il sera déclenché par cellule et comportera lui aussi un système pour adoucir la lumière, de type casquette « lumiquest » ou diffuseur gonflable (voir chapitre 1, page 19). Livrez-vous à des essais avec et sans pour varier vos effets de lumière.
Pendant la journée, les amphibiens sont plus calmes et la femelle peut continuer à pondre. Le mâle continuellement sur son dos, elle enroule ses rubans d'œufs autour des plantes aquatiques. Pour saisir ces scènes, placez-vous de façon à éviter les reflets du ciel dans l'eau. Si le sujet ne bouge pas, vous pouvez utiliser un filtre polarisant qui, en évitant la brillance de la surface, vous permettra de distinguer les pontes situées au fond de l'eau. Le gros inconvénient est la perte de deux diaphragmes qui oblige à opter pour une vitesse lente, d'où la nécessité de choisir des sujets calmes et de travailler avec un pied ou un réglage de sensibilité plus élevé.

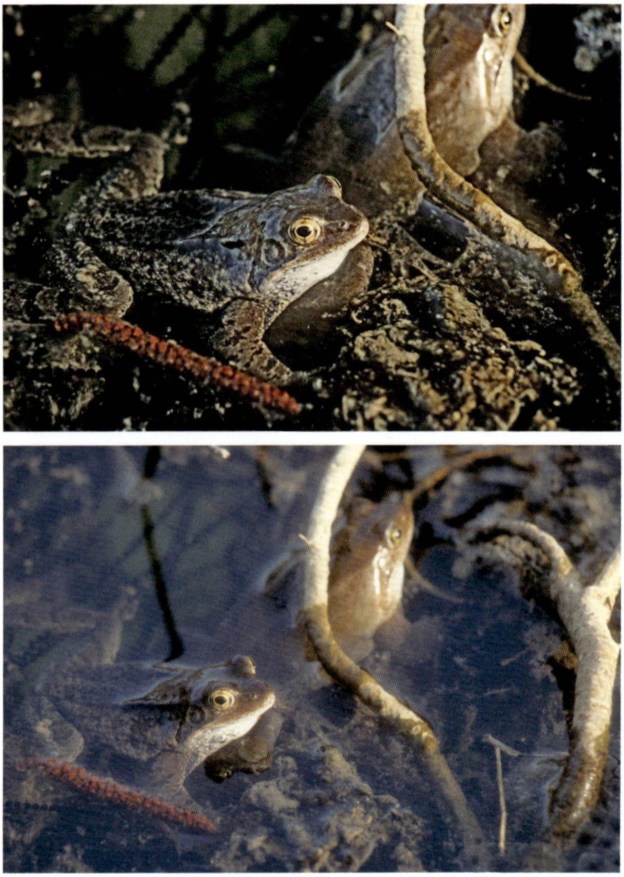

Quand on a la chance d'avoir un sujet immobile comme ces grenouilles rousses, on tente le filtre polarisant qui supprime les reflets des surfaces planes, mais fait perdre deux diaphragmes. La photo du haut a été prise avec le filtre ; celle du bas sans. 100 ISO, zoom 100-300 mm et bague, 1/60 s à f/11.

La photo en aquarium

Même déguisé en homme-grenouille, il est difficile de surprendre l'intimité des crapauds dans le fond de la mare. Leur milieu naturel devient vite trouble, ce qui rend toute photo impossible. À proximité, nous avons donc installé un aquarium de 40 litres d'eau claire, avec un fond sur l'arrière. Nous n'avons pas utilisé de décor car il s'agissait de réaliser des gros plans d'un groupe de crapauds difficiles à distinguer les uns des autres. Ils ont été prélevés de la mare le temps de la photo et remis en place ensuite.

Un des grands avantages de l'aquarium est que l'eau agit comme un diffuseur et supprime les multiples reflets que la peau des crapauds provoque. La vitre de l'aquarium doit être parfaitement propre. Placez les flashs à 45° par rapport à l'axe optique de l'objectif (voir encadré ci-après), la lumière ainsi réfléchie à 90° ne frappera pas la lentille de l'objectif et vous aurez surmonté l'épineux problème des reflets.

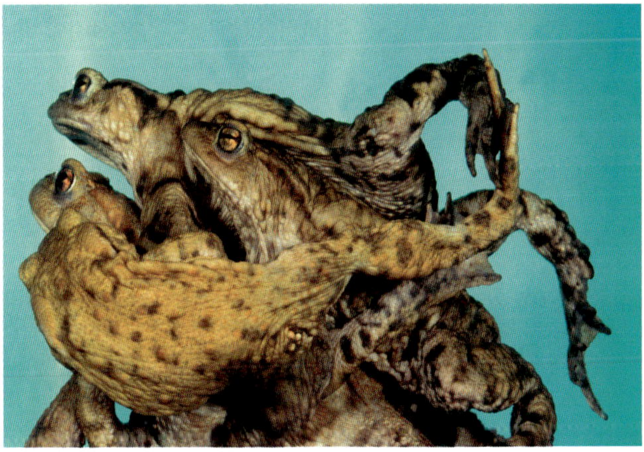

Groupe de crapauds communs accrochés autour d'une femelle et attendant la sortie des œufs pour pouvoir les féconder. 100 ISO, 100 mm macro et 2 flashs, 1/125 s à f/16.

Sur le terrain

Pour surprendre l'apparition des œufs de crapaud, j'ai installé au bord de l'eau un aquarium sur tréteaux. J'y ai placé un couple dont la femelle commençait à pondre. Fermement accroché à la femelle, le mâle attend la sortie des œufs pour les féconder de son liquide séminal (il n'y a pas de pénétration chez les amphibiens). Couché sur le dos sous l'aquarium, j'ai pu assister à la sortie des deux cordons d'œufs. Deux petits flashs placés à 45° éclairaient la scène. Cette position me permettait de travailler en fill-in sur fond de ciel. Je ne pouvais guère bouger, aussi ai-je employé un zoom 35-105 mm avec une petite bague allonge de 13 mm pour faciliter les prises de vue. Il faut ensuite attendre que les animaux soient bien au centre pour éviter de photographier les montants de l'aquarium. Cette leçon de patience montre que le travail en studio avec des animaux vivants n'est pas aussi simple que l'on croit.

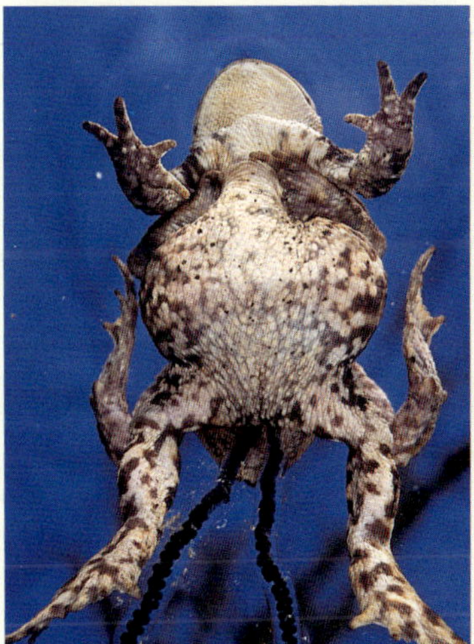

La patience a été l'élément indispensable pour enregistrer, dans des conditions techniques difficiles, cet instant fugace (photo réalisée avec l'équipement décrit dans cet encadré).

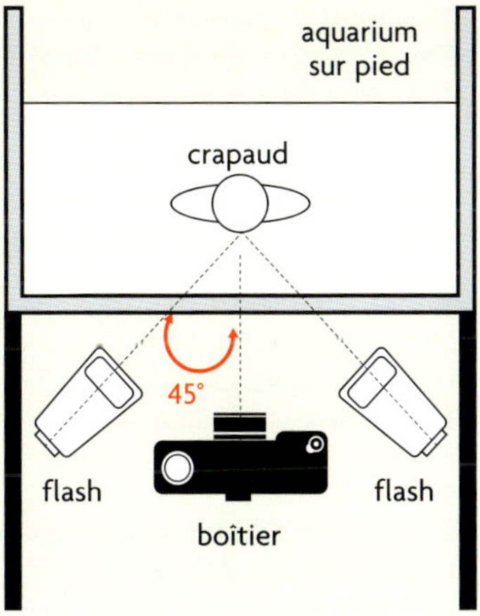

Les grenouilles

Autour des mares règne une agitation fébrile : les grenouilles rousses et agiles sont assez précoces ; pour les vertes, il faudra attendre avril-mai, quand l'eau sera plus chaude pour les surprendre en train de chanter.

Un peu de patience pour apercevoir à nouveau la tête de la grenouille rieuse qui a plongé suite à notre approche. 200 ISO, 180 mm macro, 1/160 s à f/13.

Notre arrivée au bord de l'étang déclenche une farandole de plongeons. Effrayées par notre approche, les grenouilles sautent à l'eau. Elles nagent un moment, s'immobilisent, puis remontent un peu plus loin : les poumons de ces charmants batraciens, réputés aquatiques, les obligent à respirer régulièrement.

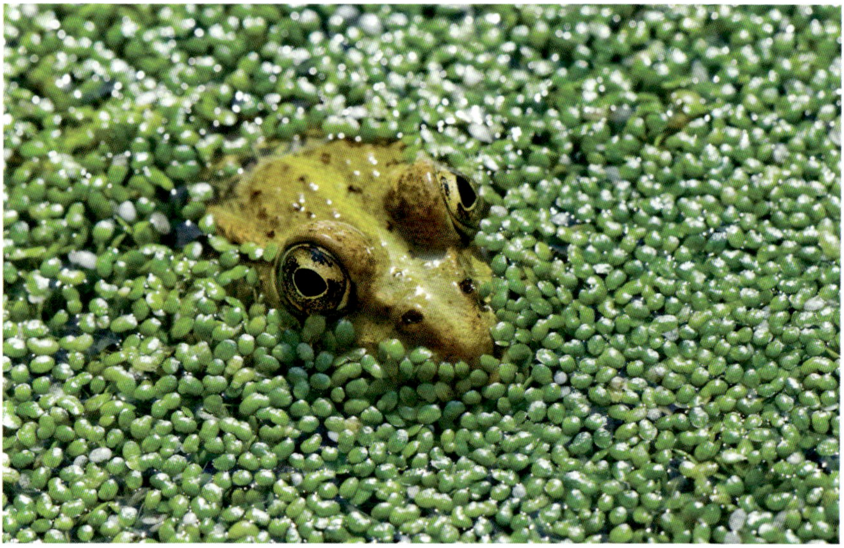

Technique photo

De même que pour les crapauds, photographier les grenouilles demande de la patience, vertu qui revient comme un leitmotiv au fil de nos recommandations. Prenez sagement place au bord de l'eau et attendez leur retour. D'abord, seuls leurs yeux apparaissent à la surface de l'eau. Si vous restez immobile, elles s'enhardissent et reviennent se poster sur la berge ou sur une feuille de nénuphar. Pour les approcher, déplacez-vous avec lenteur, vêtu de sombre, de cuissardes et équipé d'appareils non chromés.

La grenouille verte est la plus spectaculaire à photographier car cette espèce, contrairement aux autres, dispose de sacs vocaux bien visibles situés de chaque côté du cou. Les mâles se stimulent les uns les autres ; plus ils sont nombreux, plus ils chantent.

Sur le terrain

Le 300 mm s'impose le plus souvent car les grenouilles se tiennent loin de la berge et cessent de chanter en cas de présence importune. Prenez appui sur un bâton si vous ne souhaitez pas tremper votre « super monopode » dans l'eau.

En extérieur, vous pouvez vous passer de flash. Les périodes de soleil voilé limitent la formation de reflets sur la peau luisante des animaux. Dans ce cas, il est conseillé d'augmenter la sensibilité de l'appareil.

Si les grenouilles sont trop sauvages, tendez une toile de couleur discrète entre 2 piquets en ne laissant passer que votre objectif, elles reprendront alors plus facilement confiance.

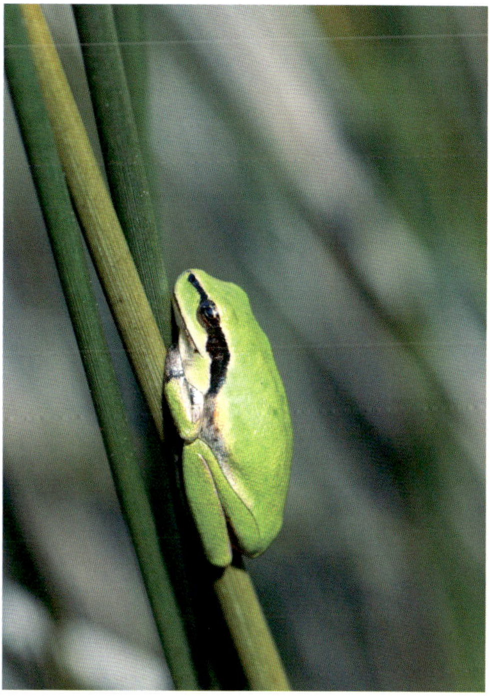

Il faudra attendre que la température se réchauffe pour photographier les rainettes qui se signalent par leur chant puissant. 200 ISO, 100 mm macro, 1/250 s à f/8.

Le saut

Même après des heures de guet, surprendre un saut de grenouille dans son milieu et en réaliser une bonne photo relève de l'utopie. Mais rien n'est perdu grâce à la technique, l'animal déclenchera lui-même le contact en prenant son appel pour sauter.

La grenouille est déposée sur un contacteur qui doit être assez rigide pour tolérer le poids du batracien sans se déclencher. Si vous n'êtes pas sûr, installez un interrupteur et coupez le courant, le temps de poser la grenouille et remettez le contact quand elle est installée. En prenant son appui pour sauter, elle déclenchera elle-même l'appareil. Pour éviter qu'elle ne saute sur le côté, placez 2 planchettes sur les côtés ou fabriquez un petit couloir.

N'espérez pas réaliser d'emblée un beau plan serré, cadrez d'abord large. Vous pourrez ensuite affiner vos réglages. Placez l'appareil sur un pied, au-dessus ou sur le côté, selon que vous souhaitez saisir l'ani-

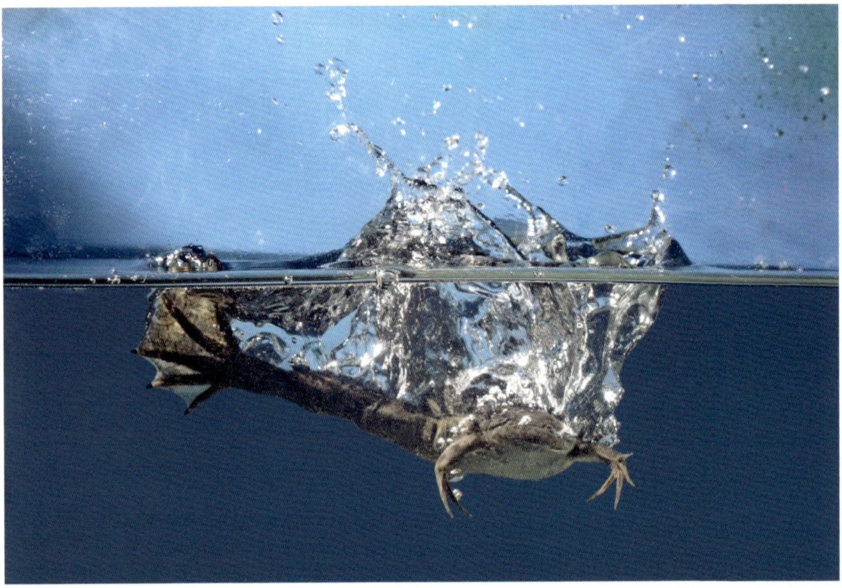

Avec la possibilité de «shooter» des clichés sans compter, le numérique permet parfois de se libérer de la technique. Cette photo de xénope a été réalisée sans accessoire de déclenchement. Il suffit d'une main de tenir un seau dans lequel l'animal est prêt à bondir et de l'autre de déclencher au moment où il touche l'eau. 50 ISO, 50 mm macro, 2 flashs Metz 60 CT4 et un Canon, tous en manuel au ¼ de puissance, 1/200 s à f/22.

mal de dos ou de profil. Après son saut, la grenouille s'échappe dans la mare. Cela ne pose pas de problème dans les endroits où elles abondent; il suffit d'en repêcher d'autres.

Photographier sur le terrain présente l'avantage de disposer d'un décor tout prêt. Par ailleurs, les animaux s'y montrent plus vifs que ceux que

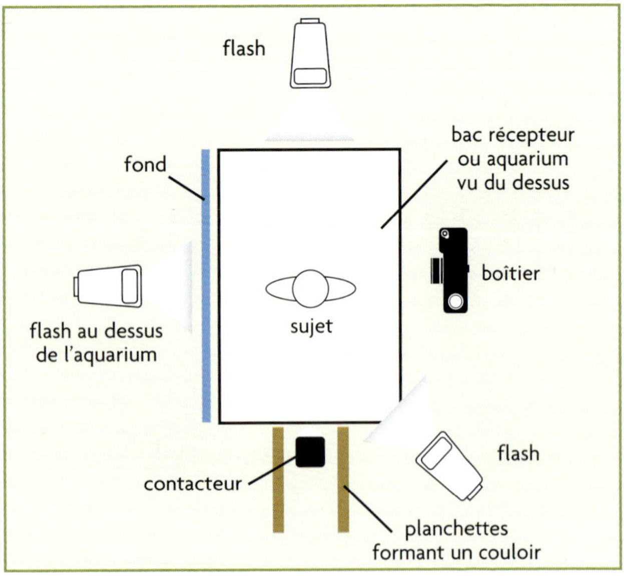

l'on tient en captivité. Difficile, bien entendu, de réussir ses images au premier essai. Le numérique permet cependant de shooter sans retenue des photos en rafales, à condition de posséder un boîtier avec un moteur à cadence rapide donc plus coûteux. Si vous n'avez qu'une grenouille à disposition, il vaut mieux opérer en studio, mais veillez à ne pas épuiser votre modèle en lui faisant faire des sauts à répétition.

Employez si possible des flashs cobra automatiques assez puissants. Prévoyez des piles rechargeables de rechange et veillez à ce que vos témoins de charges soient bien tous sous tension. Si les flashs sont placés assez près du sujet, la cellule TTL coupe rapidement l'éclair, ce qui permet d'atteindre des vitesses importantes qui figeront le mouvement du sujet.

Quelle vitesse utiliser ?

En éclairage naturel, la bonne vitesse se situe autour de 1/4 000e de seconde, d'où la nécessité d'utiliser une sensibilité très élevée, 1600 ISO par exemple ; le diaphragme devrait alors approcher f/8 en plein soleil. Le numérique permet d'augmenter la sensibilité pour gagner de la vitesse, mais cela augmente aussi le bruit des images surtout sur les petits capteurs. Il faut donc l'ajuster avec modération si on veut conserver une qualité d'image satisfaisante. Par ailleurs, en numérique, tous les boîtiers ne sont pas égaux à cette sensibilité-là et certains donneront des images très bruitées. Il faut alors recourir aux flashs dont l'éclair électronique est très rapide.

Le plongeon

Pour pouvoir photographier le plongeon (voir photo page ci-contre), l'aquarium est obligatoire. Placez vos cellules photoélectriques au ras de l'eau ; avec le petit retard dû au déclenchement du relais, la grenouille sera photographiée dans l'eau environnée de bulles. Pour éclairer cette scène, placez un premier flash à côté du boîtier en respectant un angle de 45° par rapport à la vitre pour éviter les reflets. Un deuxième flash sera maintenu sur le côté, face à une des vitres latérales. Ce dernier fera ressortir en contre-jour l'éclat des bulles dans l'eau.

Pour certaines photos, j'ai utilisé des xénopes, grenouilles africaines élevées dans les laboratoires. Elles ne sont pas protégées, bien au contraire, car une population s'est échappée dans les Deux-Sèvres et son expansion menace la faune indigène. Pour les prendre en action, j'ai eu recours à un faux ver rouge vendu dans les magasins d'article de pêche. Le seul problème c'est qu'il est nécessaire de faire bouger l'appât afin que la grenouille s'y intéresse.

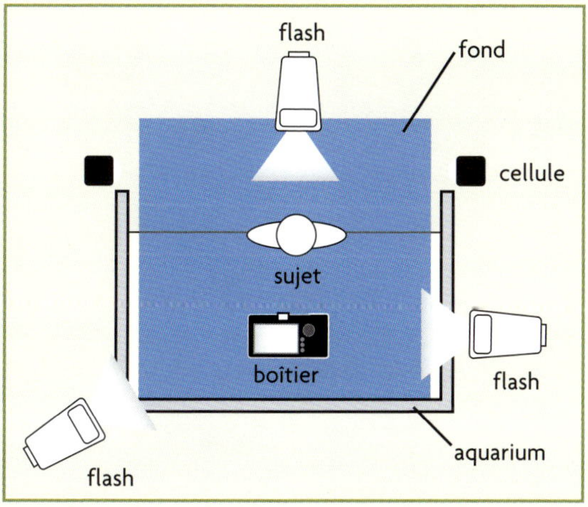

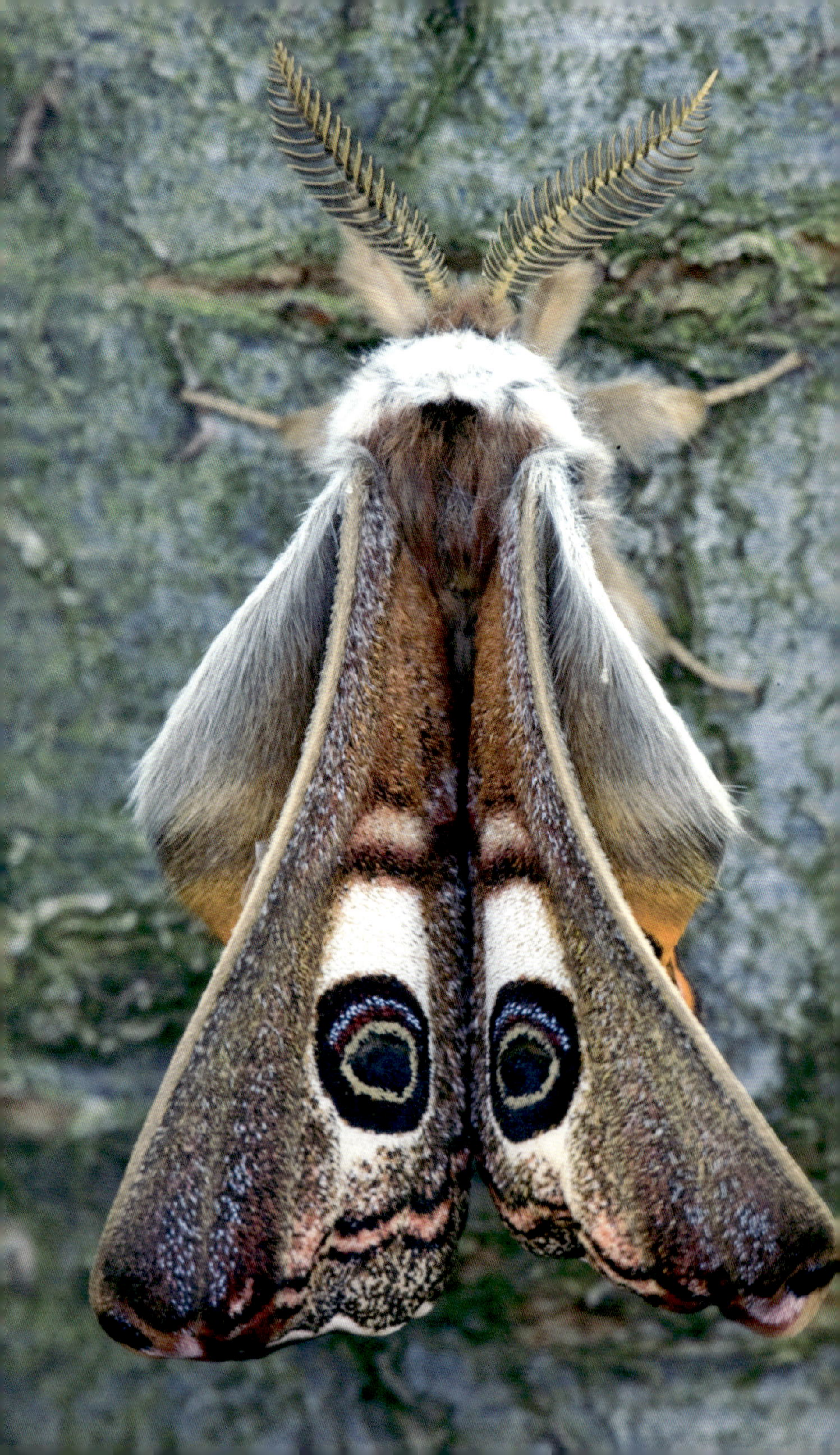

5
Avril
Les insectes printaniers

Animaux à sang froid, les insectes ont besoin d'une certaine chaleur pour se lancer dans leur ronde d'activités. Au début du printemps, il faut les rechercher dans les endroits les plus ensoleillés. Les talus sableux bien exposés au sud offrent des conditions idéales pour rencontrer les plus actifs.

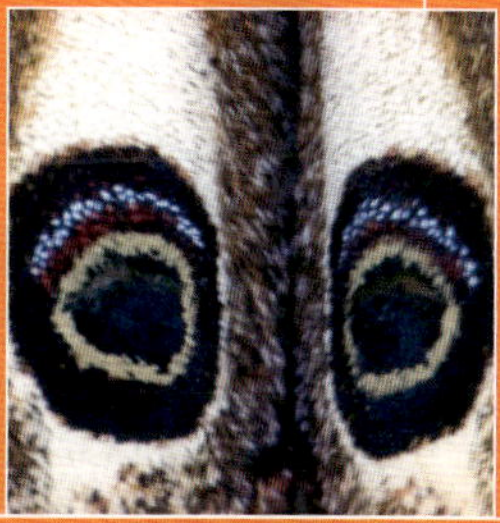

Petit paon de nuit mâle développant ses ailes. Le sujet étant peu mobile, il est relativement facile de l'approcher et de le photographier en lumière ambiante. 100 ISO, 180 mm macro et flash annulaire en fill-in, 1/3 s sur pied à f/20.

Abeilles, guêpes et autres insectes

Trop actifs ! Serait-ce le principal défaut des insectes ? Même à l'affût, on ne peut être certain d'arriver à les intercepter. Et pourtant, les gros plans restent intéressants à réaliser, sans oublier que plus le rapport est important, plus la profondeur de champ diminue. Autre difficulté majeure : sombres pour la plupart, ces invertébrés ne ressortent pas toujours très bien sur un arrière-plan constitué de terre ou de feuilles mortes.

Je recommande d'opérer le matin, juste avant que le soleil ne vienne frapper le talus, quand les insectes commencent à se réveiller... ils sont moins vifs. Ensuite, vous devrez vous armer de patience et de vigilance pour obtenir de bons résultats.

Les abeilles solitaires

Les insectes pollinisateurs comme les abeilles mellifères se réveillent à peine, mais les petites abeilles solitaires débordent déjà d'activité. Ces abeilles particulières qui ont pour noms « osmies », andrènes, mégachiles et dasypodes, sont appelées solitaires car elles ne vivent pas en communauté. Chaque couple édifie son nid dans des galeries, dans le sol et parfois même dans des coquilles d'escargots délaissées par leur propriétaire. L'abeille dépose du pollen et des œufs à l'intérieur et laisse ensuite les jeunes se débrouiller seuls jusqu'au printemps prochain où ils sortiront sous forme d'adulte. C'est la seule période de l'année où nous pourrons voir en particulier les osmies car, ensuite, la plupart meurent rapidement après avoir fermés leurs nids de bouchons de terre. Ces abeilles n'ont pas de territoire à défendre, bien qu'elles possèdent un dard, elles ne sont pas agressives et le photographe peut opérer sans crainte.

Où les trouver ?

Les osmies sont fréquentes autour des fenêtres en bois car elles ont l'habitude de remplir de terre les trous d'écoulement de l'eau. Sur les vieux arbres, elles colonisent les cavités de sortie des insectes du bois, tandis que d'autres creusent directement des galeries sur le sol des chemins.

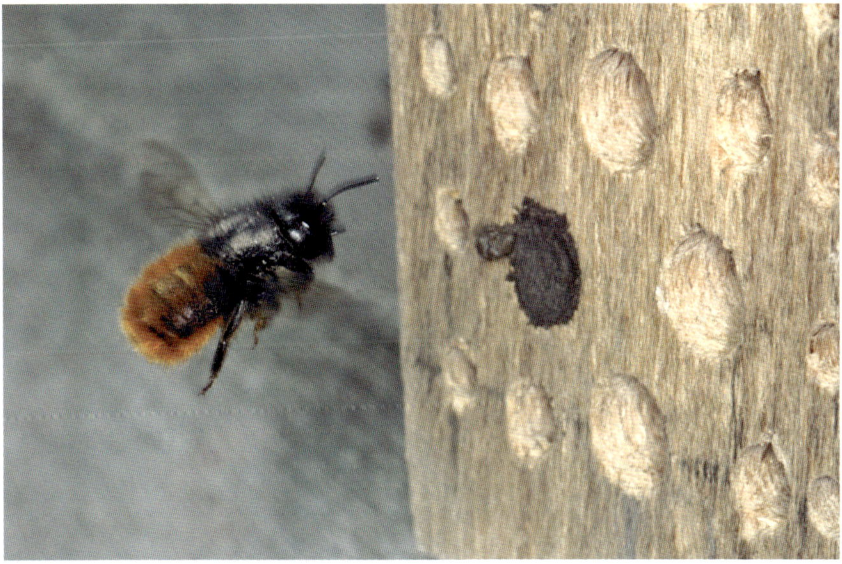

L'osmie cornue accepte facilement les nichoirs, mais elle n'est visible qu'au début du printemps. 200 ISO, 100 mm macro et flashs, 1/100 s à f/22.

Pour être certain de les rencontrer et mettre toutes les chances de votre côté, construisez des nichoirs. Il suffit de percer des trous de différents diamètres (2 à 8 mm) dans une bûche de bois. Les insectes y accumuleront bientôt des boulettes de pollen avant de pondre un œuf sur chacune d'elles. Vous pouvez également disposer des petits fagots de bois creux comme le bambou, le sureau ou différentes tiges sèches ou même de la paille. Mais la meilleure astuce pour observer leur manège consiste à insérer un tube de verre, genre tubes à essais de 8 mm de diamètre environ dans ces orifices. Les osmies y installeront leur progéniture. Il vous suffira ensuite de retirer le tube pour observer les différentes étapes de la croissance des larves.

Les guêpes fouisseuses

En plus des osmies, vous rencontrerez peut-être des guêpes chasseresses du groupe des sphégiens qui, au lieu de remplir les cavités de pollen, y placent différents insectes tels que des mouches, des chenilles, des cicadelles et même des araignées... chaque espèce (ammophile, sphex, crabros, pompiles) ayant sa spécialité. Pour éviter que leurs proies ne pourrissent, ils en piquent les centres vitaux pour les paralyser le temps que les larves s'en nourrissent, c'est-à-dire une dizaine de jours, durée variable selon la température ambiante. Comme les abeilles solitaires, elles ne vivent pas en communauté et n'ont pas de comportement agressif, contrairement aux guêpes communes à l'approche de leur nid.

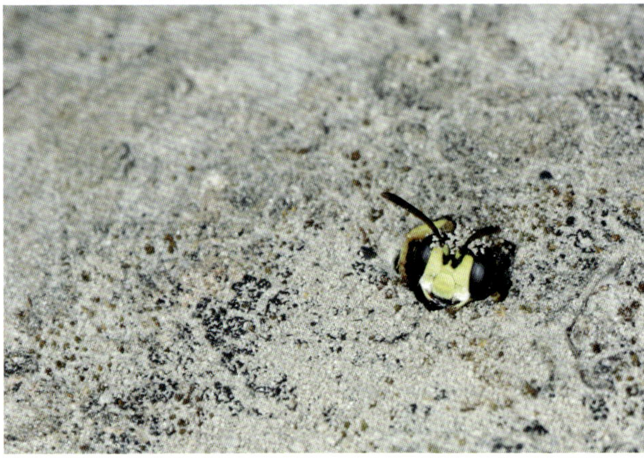

Le cerceris cohabite parfois avec ses proies constituées d'abeilles fouisseuses, le voici à l'entrée de son nid. 100 ISO, 100 mm macro, 1/125 s à f/20.

La chryside ou guêpe coucou arbore des couleurs mordorées remarquables, un rêve pour le photographe. Parasite des abeilles solitaires, elle rôde autour de leurs nids pour y pondre. Quand la maîtresse des lieux la découvre, elle la jette dehors, mais ne peut la tuer de son dard car sa carapace est trop dure ! Pour se nourrir, elle butine aussi les fleurs. Compte tenu de sa taille d'à peine 1 cm, le 50 mm s'impose au bout d'un soufflet ou de bagues, le rapport 2 à 3 est conseillé ainsi que l'éclairage au flash.

La récolte du pollen

Les osmies butinent les premières fleurs du printemps pour garnir leur nid. Contrairement aux abeilles, elles portent le pollen sur le ventre et non pas sur les pattes. Toutes ne récoltent pas que du pollen. Avant de garnir leur nid de pollen, certaines osmies en revêtent les parois de pétales de coquelicot ; malheureusement, je n'ai jamais pu assister à ce spectacle.

D'autres, comme les mégachiles, tapissent leur cavité de feuilles diverses, principalement de rosier, qu'elles découpent en rond. Ainsi il n'est pas rare d'en rencontrer autour des pots de fleurs. Elles creusent une galerie dans la terre meuble, en recouvrent les parois de feuilles, puis la remplissent de boulettes de pollen et pondent un œuf sur chaque.

Prises de vue à l'extérieur et à l'intérieur du nid

L'insecte ne rentre pas toujours de suite dans son nid, il se pose parfois au bord, ce qui laisse le temps de le photographier. Un 100 mm avec deux flashs constitue un matériel minimum car ces animaux sont remuants. Vous pouvez opérer sur pied pour éviter les attentes fastidieuses et fixer les flashs de chaque côté des nids à l'aide de pinces ou sur des petits trépieds. Si vous ratez son entrée, guettez-le à la sortie. Au début de la saison, les mâles, qui sortent les premiers, passent un petit moment à la fenêtre : c'est l'occasion de les prendre, surtout qu'ils sont sympathiques avec leurs petites barbiches blanches et leurs grandes antennes.

En fixant les flashs sur des supports munis de petites rotules, on peut orienter la lumière de manière latérale et obtenir une belle lumière rasante.

Photographier les osmies à l'intérieur du nid

À moins de fendre la bûche où il se trouve, il est difficile de photographier l'insecte à l'intérieur du nid. Aussi le meilleur moyen est-il de le faire à travers le verre des petits nichoirs que vous avez préparés (à condition de trouver des nids où le verre n'a pas été trop sali par l'abeille lors de la constitution de la boulette de pollen). Faites attention aux reflets ; il est préférable de travailler en lumière ambiante, sans flash, pour mieux les visualiser.
Après la séance, replacez les tubes à l'obscurité dans leur logement. Quelques semaines seront nécessaires au développement de la larve, ensuite elle tissera son cocon pour n'en sortir que l'année suivante.

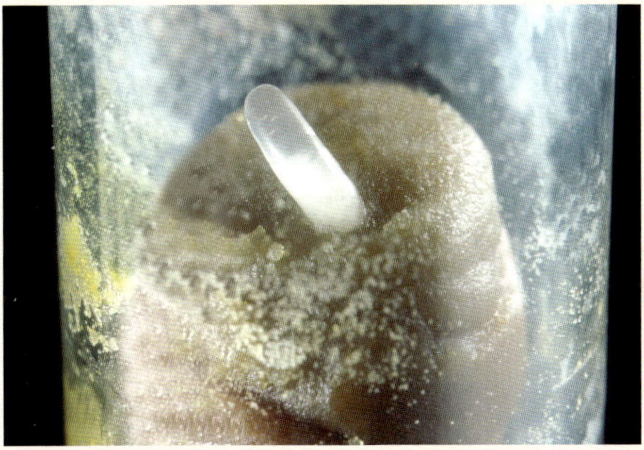

L'utilisation d'un petit tube de verre comme nichoir a permis de découvrir l'œuf que l'osmie cornue vient de déposer sur sa boulette de pollen. 100 ISO, 50 mm macro et flashs, 1/60 s à f/22.

Équipé d'un 100 mm et de flashs montés sur support, suivez les osmies dans leur course au pollen. Travailler à main levée est assez sportif, surtout qu'elles ne restent pas longtemps sur la même fleur. L'autre solution consiste alors à s'installer à l'affût devant une fleur et à attendre une éventuelle visite. Attention, si la fleur est claire, il sera certainement nécessaire de surexposer d'un demi à un diaphragme ; faites plusieurs essais.
Modifiez vos réglages et recommencez la photo jusqu'à être satisfait du résultat. Toutefois si l'écart de luminosité est trop important entre la fleur et l'insecte, il pourra être réduit en post-traitement sur l'ordinateur.

Larves à l'affût

Lorsque l'on photographie des insectes, en règle générale, il est préférable d'opérer à main levée pour être plus mobile. Pour travailler au ras du sol, prenez appui sur les coudes. Des protège-coudes de rollers vous apporteront plus de confort.

Au lieu de se fatiguer à courir après leurs proies, certains insectes prédateurs choisissent le piège pour assouvir leur faim. Par définition, ils sont très discrets, tentons de déjouer leurs ruses pour les surprendre en pleine activité.

La larve de fourmilion

Si le milieu que vous prospectez comporte une zone de sable sec abrité sous une souche, vous avez des chances de rencontrer des larves de fourmilion. Ce véritable petit fauve creuse un entonnoir dans le sable, s'y loge au fond pinces ouvertes et attend qu'un insecte passe. Le sable s'éboule et la proie, en général une fourmi, tombe entre les pinces du prédateur.

Approchez doucement, sans souffler sur le piège : si le simple passage d'une fourmi est susceptible de faire s'ébouler le sable, un faux mouvement du photographe déclenchera un véritable tremblement de terre et la larve s'enlisera à nouveau.

Pour photographier ce piège de sable de couleur unie, opérez plutôt à la lumière du jour, de préférence le matin. En effet, quand le soleil n'est pas encore très haut, les ombres font ressortir les creux et les bosses.

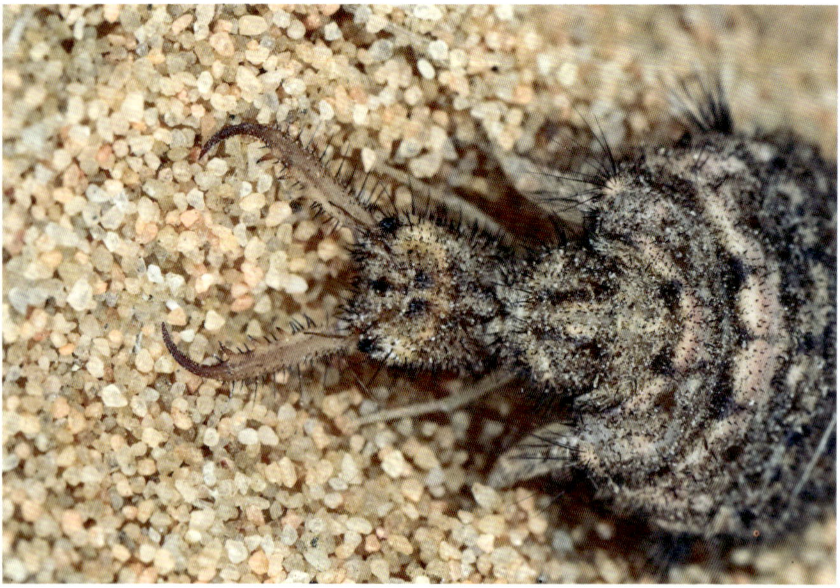

Détail de la larve de fourmilion au moment où elle s'enfouit dans le sable, ensuite on ne distinguera plus que l'extrémité de ses pinces. 200 ISO, 65 mm macro et flash annulaire, 1/200 s à f/13.

Quant à la larve, «offrez-lui» une fourmi et utilisez le 50mm avec le soufflet pour surprendre son festin en gros plan. Pour éclairer le fond du piège, le flash annulaire est tout indiqué, et si vous trouvez que la scène manque de relief, ajoutez un deuxième flash dont le déclenchement se fera par câble ou mieux infrarouge. Si la larve s'est enfouie, rien ne vaut une cuillère et un petit tamis pour la récupérer. Posez-la ensuite sur le sable afin d'observer comment elle s'enterre à reculons. Dans le Sud de la France, il existe des pièges similaires, mais ceux-ci n'abritent pas des larves de fourmilion, mais des vers lions. Il s'agit de petites mouches jaune et noire appartenant à la famille des Rhagionidés. Leurs larves, malgré leur forme d'asticot allongé, parviennent, tout comme celle du fourmilion, à creuser et à capturer des fourmis en les entourant de l'avant de leur corps, remarquable adaptation aux milieux sableux.

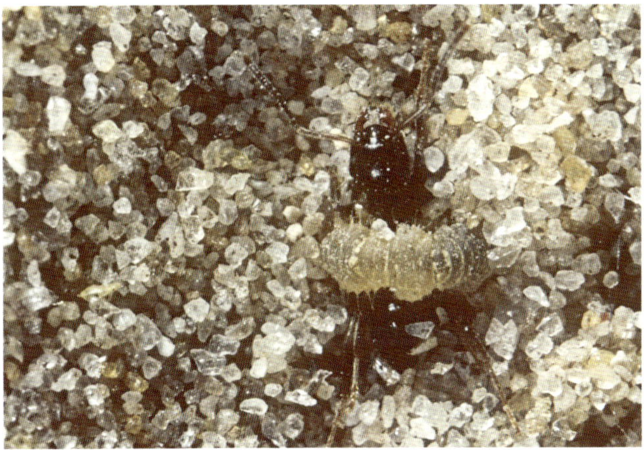

Au fond de son piège de sable, la larve du ver lion vient de s'enrouler autour d'une fourmi. 100 ISO, 50mm retourné au bout d'un soufflet, 2 flashs manuels, 1/60 s à f/16.

Quelques suggestions...

Pour obtenir un contraste entre les insectes et le sable clair, et contrer la mesure de votre cellule, surexposez de 0,5 à 1 diaphragme. Le manque de profondeur de champ et la perte de lumière, due au rapport important, rendent les flashs indispensables. De plus, la vitesse de l'éclair fige la plupart des mouvements. Vous pourrez donc travailler à main levée. Réglez d'abord le rapport de reproduction en comparant la taille du sujet avec celle de votre doigt. Si, en visant votre ongle, le rapport vous semble correct, ne touchez plus au tirage. Sinon, modifiez-le en ajoutant ou en retirant des bagues. Pensez à débrayer l'autofocus, en appui sur les coudes, la mise au point se fera en avançant ou en reculant par rapport au sujet.

La cicindèle

Pas facile de faire ressortir l'aspect difforme et inhabituel de la tête de la larve de cicindèle. 100 ISO, 50 mm macro et bague de 50 mm, 1/125 s à f/22.

Difficile à trouver, la larve de cicindèle vit dans un trou qu'elle creuse dans la terre nue et tassée, souvent le long d'un sentier. Elle le bouche avec sa tête plate si bien que nous passons souvent à côté sans la voir, Ses mandibules relevées vers le haut lui permettent de capturer les insectes qui passent à sa portée et rendent le photographe perplexe tant il est difficile de trouver le bon angle pour lui tirer le portrait.

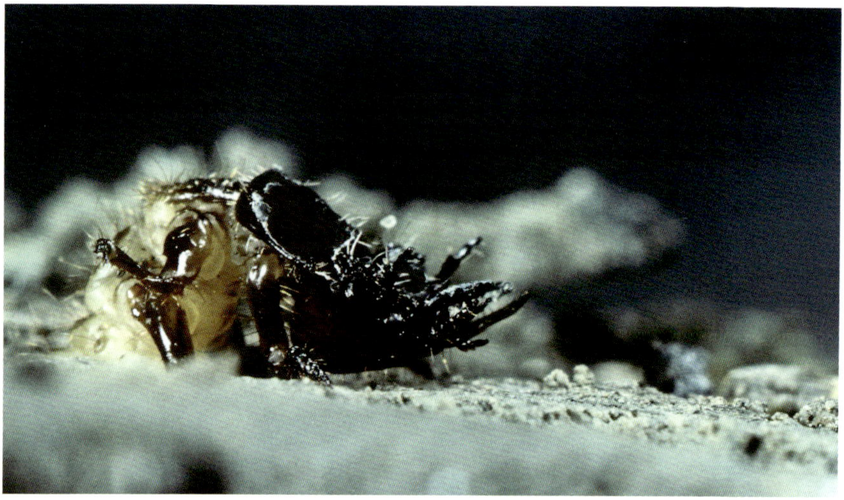

L'adulte, qui vit dans le même milieu, est un beau coléoptère aux élytres verts ponctués de blanc. Par temps chaud, c'est plutôt un éclair vert que nous apercevons tant l'insecte est rapide. Il court, vole et saute sans cesse. Une seule solution s'offre à vous : la ruse. En effet, la larve de cicindèle tire son énergie des rayons du soleil : profitez donc

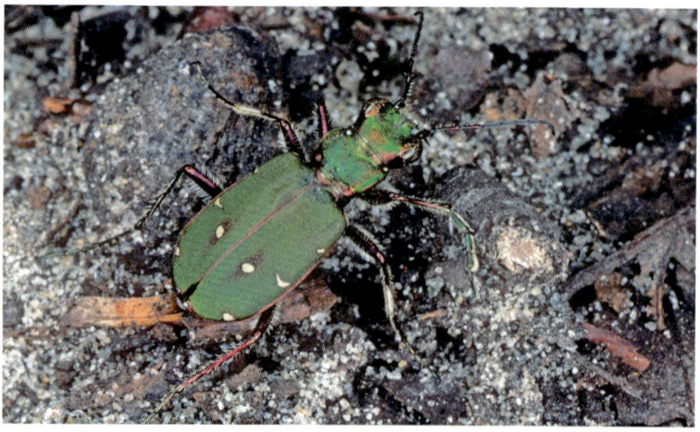

Peu encombrant, le 100 mm macro équipé d'un flash annulaire constitue le matériel idéal pour suivre la cicindèle champêtre très remuante. 100 ISO, 1/125 s à f/22.

d'un nuage qui passe ou d'un temps matinal plus frais pour avancer doucement vers elle sans mouvement brusque. Pour une fois, il est recommandé de lui faire de l'ombre pour ralentir son ardeur.

Réadapter le matériel

Les premiers beaux jours ouvrent de nouvelles perspectives à l'amateur de macrophotographie. Voici la liste de ce qui nous paraît constituer l'équipement de base. Il vous suivra tout au long de la saison.

- Un 100 mm macro pour travailler à une certaine distance des sujets, tout en autorisant des plans plus serrés grâce à une bague supplémentaire.
- Un 50 mm monté sur un soufflet pour les gros plans.
- Deux flashs TTL, de puissance différente, reliés au boîtier par leurs câbles ou mieux par infrarouge, pour donner du relief à l'image. L'ensemble est monté sur un support de façon à pouvoir être tenu en main.
- Le Macro-stand de Manfrotto est bien conçu mais il faut en vérifier régulièrement les serrages. En effet, le bras gauche a tendance à se dévisser lors des déplacements.
- Un pied n'est pas nécessaire et n'est pas approprié face à l'extrême mobilité des insectes ; vous travaillerez généralement à main levée. Toutefois, sans fixer totalement le boîtier dessus, il peut vous servir d'appui et s'avérer utile si vous restez à l'affût.

Les papillons printaniers

L'apparition des papillons est souvent le premier signe du printemps. Il faut savoir les découvrir car leur nombre est encore restreint et quelques espèces du Sud de la France n'apparaissent qu'à cette saison.

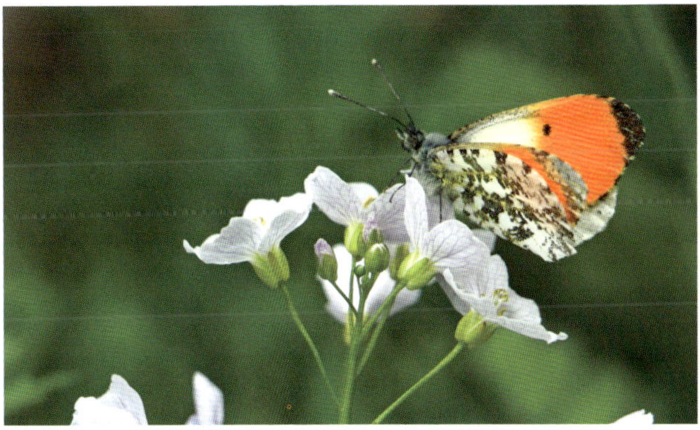

Piéride aurore mâle sur la plante nourricière de sa chenille, la cardamine. 200 ISO, zoom de 100-300 mm et bague, 1/125 s à f/9.

La plupart des papillons arrivés à l'état adulte ont passé l'hiver à l'abri, dans une cave, une grotte ou un arbre creux. Les premières journées ensoleillées en réveillent quelques-uns. Ils commencent à parcourir la campagne et, avec un peu de chance, vous rencontrerez des vanesses comme le paon de jour, la petite tortue, le vulcain, la carte géographique, l'aurore et le citron, de la famille des piérides. Dans le Sud de la France, les zerynthias ou les thaïs, comme la diane et l'aurore de Provence, volent d'avril à juin en une seule génération. Vous pourrez les approcher lorsqu'ils se reposent et se réchauffent au soleil, en prenant d'infinies précautions et en évitant de leur faire de l'ombre.
Prunelliers, lilas, pissenlits, géraniums sauvages, primevères, entre autres, les attirent et vous fourniront de bons points de repères pour commencer vos observations.

Espèces protégées

En France, on connaît aujourd'hui environ 257 papillons diurnes et 5 200 espèces de papillons de nuit. La loi française du 22 juillet 1993 protège 26 espèces de papillons. Des directives européenne et internationale ont également pour objet la conservation des habitats naturels, et la protection de la faune et de la flore sauvages.
La destruction des habitats est l'une des causes principales de disparition des papillons. Face à la généralisation de l'agriculture intensive, avide de pesticides, herbicides et de tout autres produits en « cide », pour un meilleur rendement, les paysages se banalisent, les haies sont coupées, les fleurs sauvages disparaissent laissant peu de place aux insectes et les lois de protection de la nature semblent bien vaines. La montagne abriterait encore quelques espaces sauvages, mais là c'est le contraire, les exploitations traditionnelles étant peu rentables, la forêt regagne du terrain, les paysages se ferment au détriment de la biodiversité animale et végétale.
Si vous avez un jardin, plantez des espèces qui attirent les papillons et n'oubliez pas de garder un coin sauvage pour les chenilles (un espace où les herbes pousseront librement et que l'on ne nettoiera, légèrement, qu'une fois par an, en octobre). Vous trouverez en annexe une liste des principales plantes sur lesquelles vivent les insectes (voir page 192).
Si vous désespérez de trouver assez de spécimens à photographier dans votre région, allez visiter une serre à papillons (voir liste en annexe, page 198). Certes il y a quelque chose d'artificiel dans cette démarche, car les papillons présentés sont des espèces exotiques et non pas locales, mais leurs couleurs sont tellement belles que l'on a du mal à résister à leurs attraits.
La lumière n'est pas toujours très forte à l'intérieur, aussi le flash est-il conseillé. Attention avant de rentrer, maintenez votre boîtier au chaud dans votre voiture car s'il est froid, la chaleur moite qui règne dans ces serres ne tardera pas à couvrir votre matériel de buée et vous en serez quitte pour attendre une bonne demi-heure, le temps que l'appareil se mette à la température ambiante.

La séance sur le terrain

Un petit téléobjectif est nécessaire pour photographier les papillons. Un 200 mm classique dont la distance minimale de mise au point descend à 1,80 m ne suffira pas cependant. Il conviendra d'y ajouter un jeu de bagues ou un petit soufflet léger pour pouvoir s'approcher davantage du sujet. L'idéal reste donc un objectif macro qui permet de réduire la

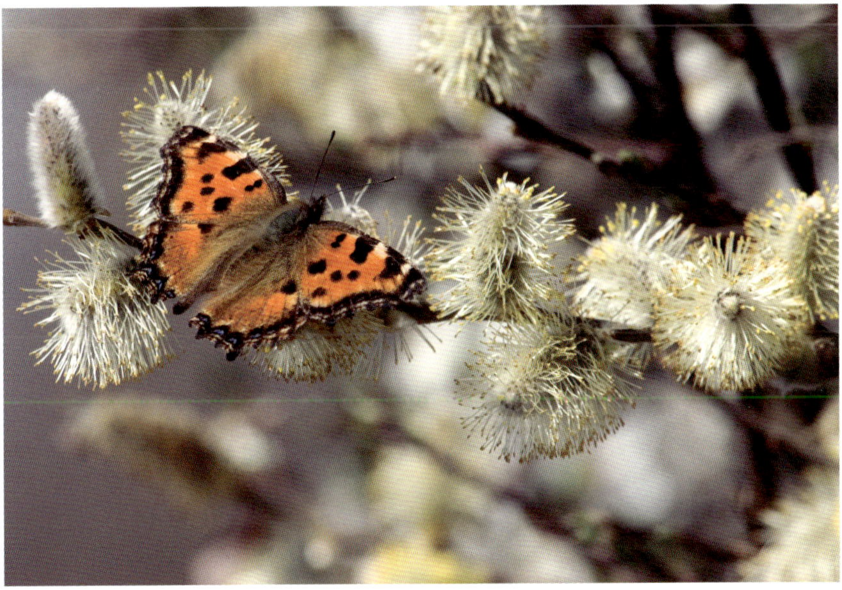

Vanesse grande tortue, photographiée à l'aide d'un 300 mm doublé et augmenté (par le coefficient du capteur 1,3×) ce qui correspond, par rapport au 24 × 36, à un 780 mm. Parti pour photographier des oiseaux, c'est l'opportunité du passage de cette vanesse assez rare qui m'a conduit à prendre cette image. Toutefois, je ne conseille pas ce type de matériel lourd pour photographier les papillons, même si dans ce cas, le problème de distance de fuite est résolu. 400 ISO, flash en fill-in, 1/250 s à f/11.

distance minimale de mise au point pour atteindre le rapport 1:1, soit 1 mm réel reproduit à 1 mm sur le capteur sans ajout d'accessoire.

Mesurez les possibilités de votre matériel comme expliqué dans le chapitre 1 (voir page 9), afin de choisir le bon objectif en fonction de la taille du sujet que vous convoitez. Vous pourrez ainsi prérégler votre boîtier sans avoir à tâtonner une fois sur le terrain.

À condition d'être situé à la bonne distance du sujet et d'avoir entre les mains un téléobjectif, il est possible d'utiliser un seul flash fixé sur le boîtier. L'ombre portée sur l'arrière de l'animal s'apparente alors à la lumière naturelle. En revanche, si le flash se trouve placé sur le côté, il est préférable d'ajouter un réflecteur ou un deuxième flash pour éviter une ombre trop marquée.

Cependant, avec les possibilités qu'offre le numérique, essayez de faire un maximum de photos en lumière naturelle et ne recourez au flash qu'en cas extrême ou en fill-in.

La séance en studio

Bien entendu, dans leur environnement naturel, le vulcain ou l'aurore de Provence restent fantasques et ne se soucient guère de coopérer avec le photographe. Ils se montreront plus raisonnables en studio. Afin d'éviter les problèmes de flou de bougé, l'éclairage sera assuré par 3 flashs et les photos seront prises à main levée, avec éventuellement un léger appui sur le pied ce qui permettra d'être plus dynamique.

Capturer les papillons

Le bien nommé filet à papillons s'impose pour capturer délicatement l'insecte. Il s'agit de modèles spéciaux en soie ou en étamine très fine, que l'on se procure dans les boutiques de sciences naturelles et qui permettent d'attraper l'animal sans le blesser ni abîmer les écailles de ses ailes. Placez-le avec précaution dans un carton le temps du transport. L'obscurité le rassurera et lui ôtera l'envie de se débattre.

Maintenez le papillon dans la zone qui vous intéresse en l'attirant avec quelques gouttes d'eau miellée.

À l'arrivée au studio, un petit séjour dans un endroit frais et sombre tel que la cave calmera ses ardeurs et lui permettra de se montrer beaucoup plus docile au moment où il se réchauffera à la source lumineuse que vous lui offrirez.

Deux possibilités d'éclairage conviendront selon ce que vous attendez de la séance : la lampe tungstène qui réchauffera le papillon au risque que celui-ci s'envole plus rapidement et le spot à led dont l'éclairage ponctuel ne chauffe pas et consomme peu d'énergie. En proposant au papillon une lampe qui ne chauffe pas, on assiste souvent à un comportement rare ; en effet, celui-ci croyant avoir affaire à un éclairage classique ouvre ses ailes pour s'y chauffer. Comme il n'y a pas de chaleur, il les déploie de plus en plus, offrant au photographe une série d'images exceptionnelles.

Éteignez la lumière dans la pièce où vous travaillez ; tout doit être dans le noir à l'exception du support, fleur ou rocher, sur lequel vous poserez le papillon.

Photo faite en studio au moment où le papillon, Carte géographique, fraîchement éclos prend son premier repas. 100 ISO, 100 mm macro et flashs, 1/125 s à f/22.

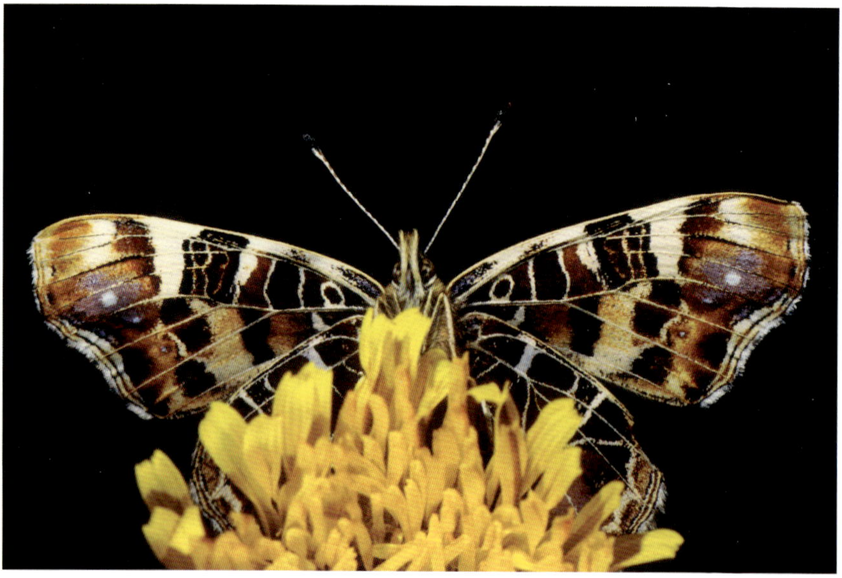

Si vous choisissez de photographier le papillon sur une plante, placez sa tige dans un goulot de bouteille de bière, cela vous permettra de déplacer votre modèle et son support pour changer d'angle sans avoir à bouger pied, ni boîtier. Certains papillons se montrent sensibles à la moindre vibration. Pour éviter de les effaroucher en les déplaçant, j'ai installé la bouteille sur le plateau d'un vieux tourne-disque. Je peux ainsi ajuster mon cadrage en tournant l'ensemble doucement sans aucune secousse.

Une fois la séance de pose terminée, n'oubliez pas d'ouvrir la fenêtre pour rendre sa liberté à votre modèle...

La famille des paons

En quête perpétuelle d'amour, les paons, dont certaines espèces sont rares, constituent une famille de papillons nocturnes. Ils ne mangent ni ne boivent malgré leur grande taille (sept à douze centimètres). De fait, leur apparition dans la nature est très brève, et si vous savez pister les exceptionnels paons qui volent de jour, ils vous offriront un merveilleux sujet photographique.

La rencontre avec le grand paon de nuit, le plus grand papillon d'Europe, est toujours impressionnante. 50 ISO, 180 mm macro et flash annulaire en fill-in, 1/160 s à f/13.

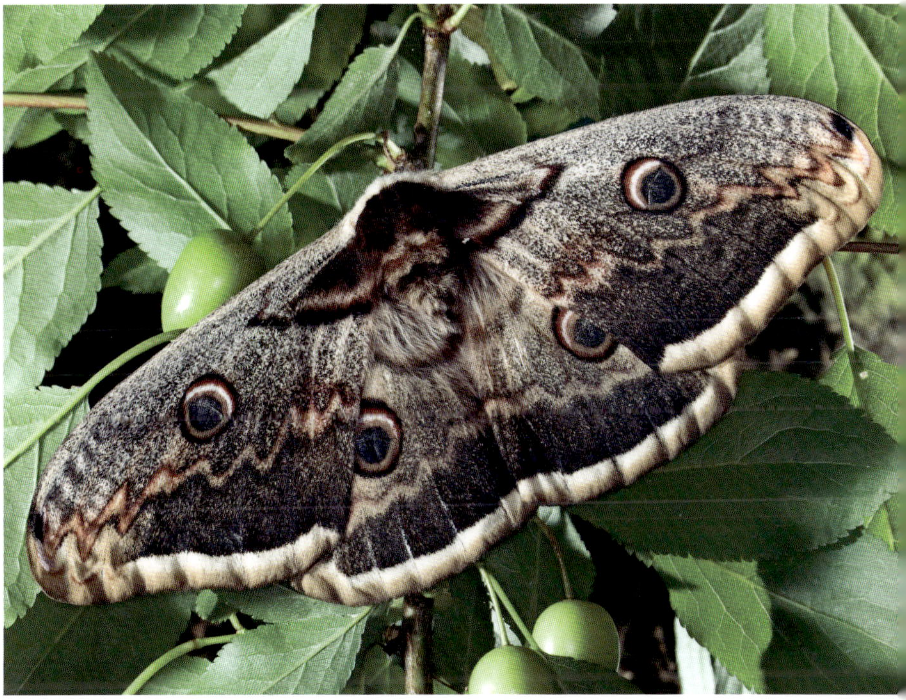

Encore appelés saturnides ou attacides, ces papillons fréquentent de nombreux milieux : jardins, forêts, montagnes et même parfois la ville. La femelle pond une centaine d'œufs sur sa plante nourricière. Les chenilles éclosent et vivent plusieurs semaines pendant lesquelles elles se gorgent de nourriture, puis elles se transforment en chrysalides. Le papillon émergera un, deux ou, plus rarement, trois ans plus tard.
Dans la mesure où ils ne se nourrissent pas, ces papillons vivent peu de temps. Aussi pour les rencontrer, il faut bien suivre leurs périodes d'apparition dans le calendrier.

Nom	Période d'apparition	Plante nourricière
Versicolore	Mars-avril	Bouleau
Petit paon de nuit	Mars-mai	Ronce, prunier
Hachette	Avril-mai	Hêtre, charme
Grand paon de nuit	Mai-juin (Paris)	Prunier, pommier
Isabelle	Mai (Briançonnais)	Pin sylvestre
Bombyx de l'ailante	Du 15 juin au 15 juillet	Ailante
Brune du pissenlit	Octobre-novembre	Pissenlit, laitue

La folle recherche de l'âme sœur

Avec un peu de chance, on peut trouver un de ces magnifiques insectes endormi au pied d'un mur ou d'un arbre. Si les mâles évoluent en pleine journée, c'est à une vitesse telle qu'il est très difficile de les reconnaître. Cette course folle ne sera stoppée que par la rencontre d'une femelle encore non fécondée.

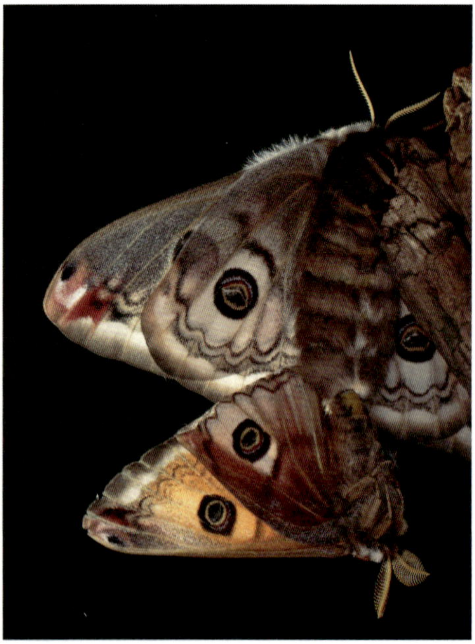

Les mâles, avec leurs antennes radars, repèrent la femelle à son odeur. Le célèbre entomologiste Jean-Henri Fabre (1823-1915), qui a testé l'odorat de ces insectes, a pu attirer des mâles paons de nuit jusqu'à douze kilomètres !
Le mieux est de disposer soi-même de femelles non fécondées. Certains organismes proposent des cocons dont il faudra prendre soin jusqu'à leur éclosion (voir encadré). Achetez-les en hiver pour le printemps suivant.

L'utilisation d'un deuxième flash en contre-jour a permis de faire ressortir la transparence des ailes de ce couple de petits paons de nuit et d'éviter un éclairage trop plat. 50 ISO, 50 mm macro et flash annulaire, 1/100 s à f/22.

Protéger les cocons du soleil

Pour obtenir des cocons, renseignez-vous bien au préalable car ils ne sont pas disponibles toute l'année, en raison des périodes d'élevage.
Contactez l'Office pour les insectes et leur environnement (OPIE) :
Domaine de l'INRA
La Minière – BP30
78041 Guyancourt Cedex
Tél. : 01 30 44 13 43.
Dès que vous recevez les cocons, placez-les dans une cage (genre garde-manger, il en existe des pliables à l'OPIE) à l'extérieur au nord, pour éviter qu'un coup de soleil ne les surchauffe ou qu'ils éclosent prématurément.
Il est important de garnir l'intérieur de quelques écorces et de morceaux de bois verticaux sur lesquels les insectes s'accrocheront pour développer leurs ailes.
Les femelles se reconnaissent à leurs petites antennes, alors que celles du mâle sont largement pectinées.

Sinon, sachez que la chenille du bombyx de l'ailante enroule son cocon dans une foliole de l'arbre. Attachés par un fil de soie, en hiver, les cocons pendent aux branches des ailantes. Vers novembre, si vous repérez ces arbres à grandes feuilles, principalement en région parisienne, détachez les cocons de la branche nourricière avec une canne à pêche munie d'un cutter.

L'éclairage ponctuel des fibres optiques du Macrolight de Novoflex a permis de mettre en évidence la silhouette de la chenille du petit paon de nuit, qui termine la fabrication de son cocon. 100 ISO, 100 mm macro, 1/8 s à f/22.

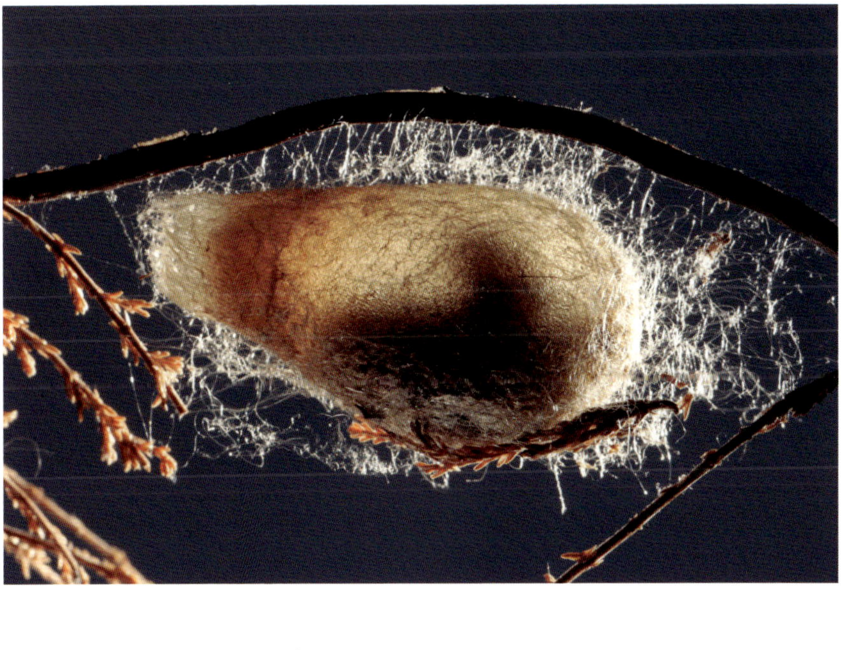

Des femelles très calmes

Une fois éclose, la femelle se suspend à une branche, elle reste immobile et sort une glande odoriférante afin d'attirer les mâles. Peu active, elle se laisse manipuler sans problèmes. Certains mâles sont de sortie dès 11 h du matin. Ces papillons sont assez grands et un 50 mm macro suffit. Leurs ailes n'ayant pas la brillance des coléoptères, l'éclairage artificiel ne provoque pas de mauvais reflets. En effet, placés latéralement, les flashs mettront en valeur le velouté des ailes et l'éclairage rasant fera ressortir les moindres détails des écailles. En attente du mâle, la femelle reste statique, ce qui est idéal pour la prise de vue sans flash. Si vous utilisez un diaphragme assez ouvert, placez-vous parallèlement aux ailes pour obtenir un maximum de netteté car la profondeur de champ reste limitée.

Méfiez-vous des gourmands

Dans la nature, placez la femelle sur un arbre qui corresponde à la nourriture de la chenille. Avec un tronc coupé, vous pourrez plus facilement orienter l'ensemble par rapport à la lumière ambiante. Mais attention aux prédateurs car vous ne serez pas seul à vous intéresser aux papillons Pour attirer des mâles et réaliser une prise de vue, j'ai placé une fois une femelle de hachette en forêt ; et les mâles tardaient à venir. J'ai toutefois remarqué une sittelle qui revenait régulièrement à son nid et je me suis alors aperçu que mes papillons n'étaient pas perdus pour tout le monde : la capture des mâles servait de nourriture aux oisillons.

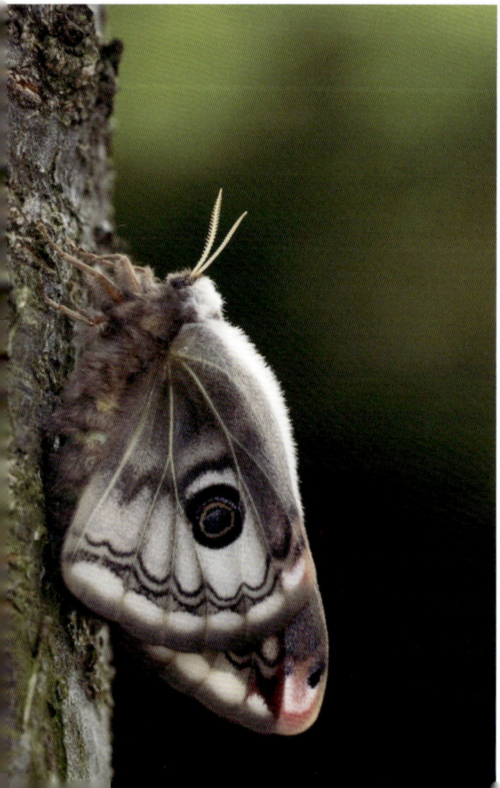

Quelques bagues ajoutées au 50 mm vous permettront d'atteindre un rapport plus important et de réaliser des gros plans sur les antennes des mâles. Pendant l'accouplement, il disparaît sous la femelle, ce qui rend l'opération difficile à photographier. Celle-ci interrompt à ce moment ses signaux odorants et les autres mâles, se sachant ainsi éconduits, repartent aussitôt en quête d'une nouvelle bonne fortune.

Lors de l'utilisation du flash en fill-in, il est important de réduire sa puissance afin de conserver à la scène son ambiance naturelle, comme ici lors de l'éclosion de cette femelle de petit paon de nuit. 100 ISO, 180 mm macro et flash annulaire en fill-in.

Pour mettre en évidence la transparence des ailes d'une femelle de petit paon de nuit, j'ai utilisé le soleil en contre-jour direct, avec une exposition en priorité diaphragme à f/16, à une vitesse de 1/60 s. Afin de bien vous positionner par rapport au soleil, tenez le papillon d'une main et le boîtier muni d'un 50 mm de l'autre. Prenez garde toutefois dans ce genre de photo à ne pas regarder le soleil à travers l'objectif.

L'éclosion des papillons diurnes

La métamorphose de la chenille en papillon est un spectacle captivant. Il ne faut cependant pas trop compter y assister dans la nature, à moins de bénéficier d'un coup de chance exceptionnel. Pour en admirer le déroulement intégral, une solution : l'élevage de chenilles...

Si vous vous trouvez en présence d'un nid de jeunes chenilles, ne les prélevez pas toutes. Une dizaine suffira : une fois grandes, elles se montreront très gourmandes et vous aurez plus de mal à leur fournir la nourriture nécessaire. Par ailleurs, il est important d'en laisser beaucoup sur place afin de maintenir les effectifs de papillons qui, malheureusement, régressent d'année en année.

Quelles espèces élever ?

Les papillons de jour se développent assez rapidement. Leur chrysalide ne s'enferme pas dans un cocon, ce qui permet de suivre plus facilement l'éclosion de l'insecte. Le machaon est l'un des plus beaux, mais on rencontre plus facilement les vanesses. Recherchez ensuite, sur les touffes d'orties, les chenilles qui sont grégaires pendant leurs premiers stades de développement.

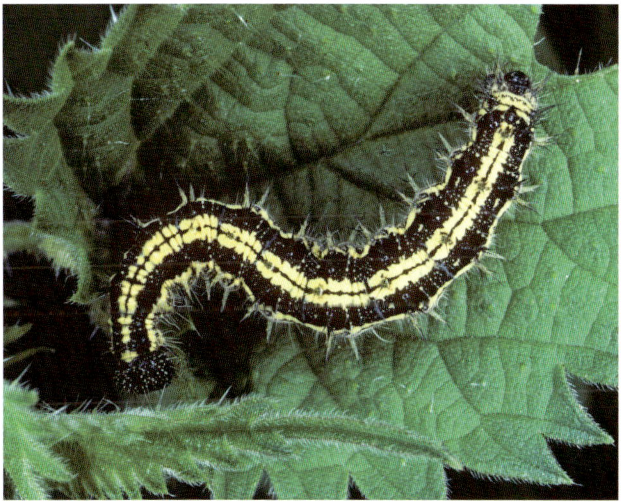

Parvenue à ce stade de maturité, la chenille de petite tortue va bientôt chercher un endroit pour se suspendre tête en bas et se transformer en chrysalide. 100 ISO, 50 mm macro et 2 flashs, 1/125 s à f/22.

Pour élever les chenilles, utilisez une cage, style garde-manger, dans laquelle vous disposez, en guise de vase, une bouteille dont le goulot étroit empêchera les chenilles de chuter dans l'eau. Placez dedans la plante nourricière (ortie pour les vanesses, carotte pour le machaon) et déposez délicatement les chenilles dessus. Nettoyez régulièrement les crottes pour éviter les moisissures et changez le feuillage dès qu'il se fane ou qu'il a été mangé. Les chenilles doivent toujours disposer de nourriture fraîche.

Quand la chenille a atteint son développement maximal, elle cesse de se nourrir et parcourt la cage à la recherche d'un lieu pour se transformer en chrysalide. Les vanesses se suspendent la tête en bas; au bout de quelques jours, l'enveloppe se fend, puis glisse, et une chrysalide verdâtre apparaît. D'abord toute molle, elle ne tarde pas à se durcir et prend bientôt une couleur plus grise, parfois dorée, qui, en général, s'intègre bien dans son milieu naturel.

Environ deux semaines plus tard, la peau devient légèrement transparente au niveau des ailes, tandis que l'ensemble de la chrysalide s'assombrit. On commence à distinguer les couleurs des futures ailes à travers l'enveloppe.

L'éclosion est alors proche, mais il faudra encore attendre un ou deux jours pour y assister. Malheureusement, on arrive souvent trop tard : imperceptiblement, le papillon est sorti et le développement, qui dure environ une demi-heure, est déjà fortement avancé. Quand l'éclosion approche, il ne faut donc pratiquement pas quitter la chrysalide des yeux et, surtout, bien préparer son matériel à l'avance pour ne pas se laisser surprendre.

Une naissance qui s'annonce

Le paon du jour possède une chrysalide assez claire. Lorsqu'elle s'assombrit, ne croyez pas qu'il soit soudain tombé malade. Les couleurs du papillon commencent en fait à devenir visibles à travers la fine enveloppe; l'éclosion approche. Le moment où la chrysalide se fend est difficile à saisir. Voilà pourquoi vous en avez élevé plusieurs. Si vous ratez l'éclosion de l'une d'elles, vous pouvez tenter de vous rattraper avec les suivantes.

Saisir l'instant magique de l'éclosion

Il est préférable d'utiliser des flashs assez puissants et pensez, si possible, à déclencher manuellement un éclair de temps en temps pour le soulager.

Pour saisir avec certitude le moment crucial de l'éclosion, j'ai utilisé une barrière photo laser en positionnant le pointeur rouge précisément là où devait s'ouvrir la chrysalide, c'est-à-dire au niveau des antennes et de la trompe. C'est ainsi que le papillon de ces pages a déclenché lui-même le reportage de sa naissance.

Le mieux est de préparer votre studio à l'avance en vous équipant d'un fond et de deux ou trois flashs. Si ceux-ci ne possèdent qu'une position avec mise en veille non débrayable, faites réaliser par un électronicien tel que Jama (voir coordonnées en annexe, page 198) un petit système qui donne une impulsion toutes les 90 secondes afin de maintenir le flash sous tension. Attention cependant, car s'il est chargé en permanence, le condensateur risque de lâcher.

Pour résoudre les problèmes d'alimentation des cellules et des flashs, j'ai pour ma part fait réaliser une boîte de *dispatching* qui, à partir d'une batterie de voiture de 12 volts, émet du 6 volts pour les flashs et du 9 ou 12 volts pour les cellules. Ceci en attendant de disposer de batteries indépendantes assez puissantes pour tenir plusieurs jours...

En ce qui concerne le mode de prise de vue, avec les flashs, le mode Vue par vue a ma préférence. En bougeant, le papillon laisse passer le rayon lumineux, l'appareil se réarme pour déclencher à nouveau au passage suivant. La première photo, la plus importante, aura ainsi plus de chances d'être réussie. Le mode Rafale ne pourra être utilisé que si la scène est constamment éclairée par des lampes néons compact ou des leds qui ne chauffent pas. Mais la puissance lumineuse étant plus faible que celle des flashs, un certain nombre de lampes est nécessaire même en montant la sensibilité. Pour une bonne qualité d'image, il est souhaitable de faire des photos au 1/250e avec un diaphragme de 16.

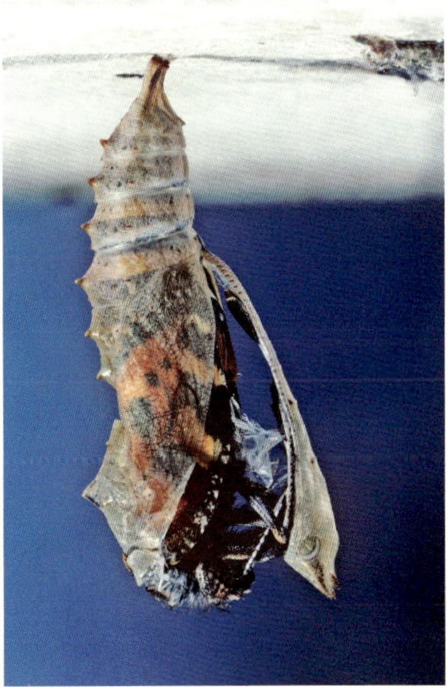

En soulevant la partie avant de la chrysalide, le papillon a déclenché lui-même l'obturateur du boîtier relié à une cellule. 100 ISO, 100 mm macro et flashs, 1/125 s à f/22.

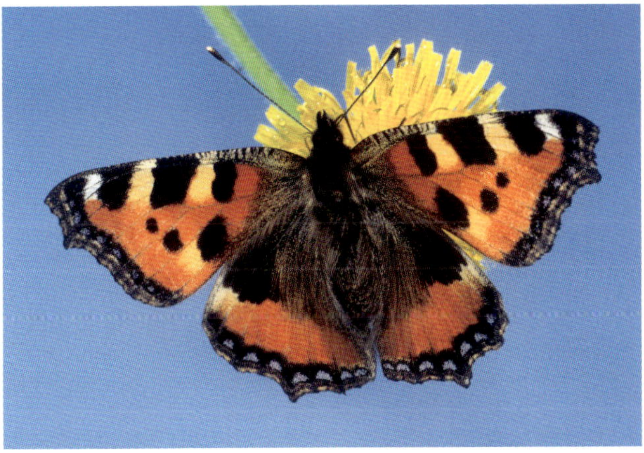

L'émergence de la petite tortue a réussi ; voici une photo de son premier repas avant de relâcher l'animal dans la nature... 100 ISO, 100 mm macro et flash, 1/125 s à f/16.

Si vous ne pouvez pas laisser tout votre matériel installé dans l'attente de l'événement, vous apprécierez le flash annulaire. Peu encombrant, il peut rester monté en permanence sur votre boîtier, prêt à servir à la moindre occasion. Le flash annulaire donne un éclairage un peu plat, mais il augmente considérablement votre rapidité d'action.

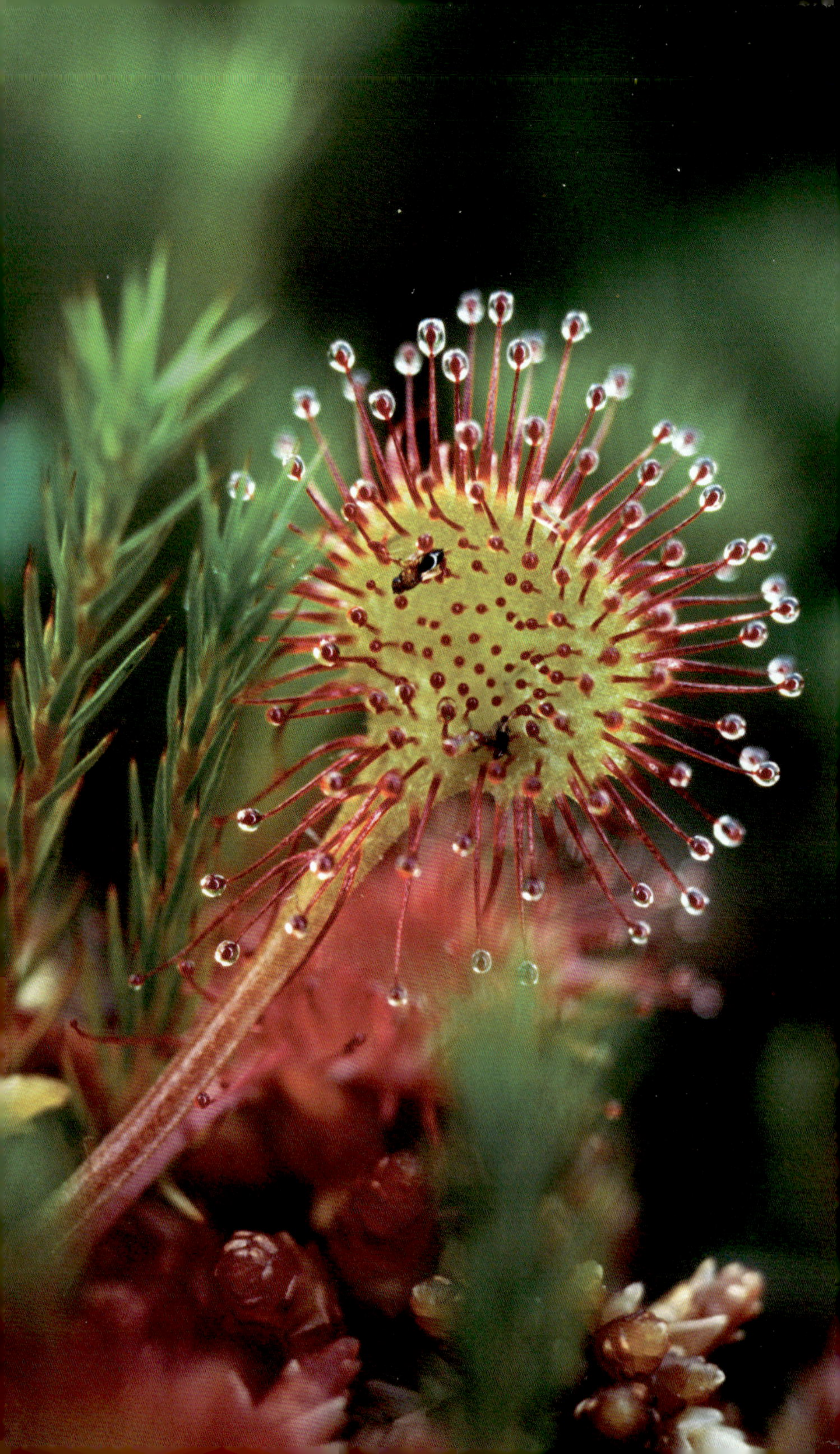

6
Mai
Dans l'intimité du monde végétal

Avec son immobilisme, le monde végétal semble offrir au photographe des sujets faciles, mais dans cet univers aux formes et aux couleurs variées, les plantes cachent bien leur jeu et présentent parfois des mouvements inattendus, voici quelques pistes pour les saisir.

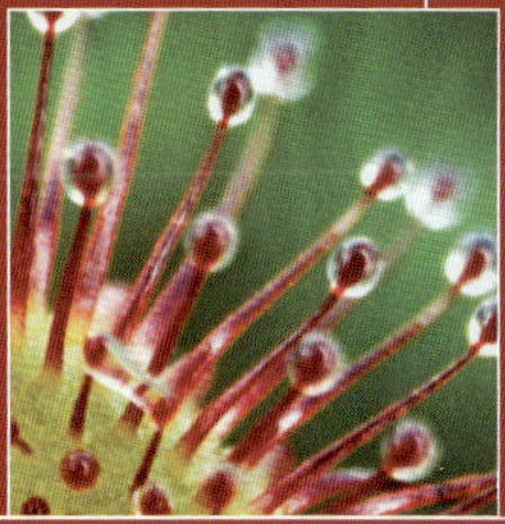

Parées de leurs plus belles gouttelettes, les rossolis à feuilles rondes nous invitent à pénétrer dans leur monde féerique. 100 ISO, 100 mm macro, 1/15 s à f/16.

Les orchidées : fleurs extraordinaires

Les orchidées sont souvent considérées comme les reines des fleurs. Elles sont très abondantes dans les jungles des pays tropicaux, mais vous pourrez également en trouver de nombreuses espèces en Europe. Discrètes, il faudra souvent s'agenouiller humblement devant elles afin d'en admirer les détails. Les orchidées européennes sont en général de taille plus modeste que leurs cousines exotiques, même si la hampe florale de certaines espèces peut avoisiner le mètre !

La forme extraordinaire de leurs fleurs en fait des sujets remarquables pour la macrophotographie. Certaines ressemblent à des petits bonhommes suspendus, d'autres, comme les ophrys, miment des insectes et diffusent l'odeur de la femelle pour mieux attirer le mâle qui viendra les polliniser. La plupart des orchidées se développent sur les coteaux calcaires où, vu la pauvreté du sol, la compétition avec les autres plantes est moins importante, mais on en trouve également dans les bois et les prairies humides.

Par respect pour ces fleurs sauvages dont certaines sont protégées, il n'est pas question de les cueillir pour les installer en studio, il faut opérer sur place. Vous devrez donc isoler la plante du fouillis végétal

L'emploi d'un grand-angulaire ou d'un compact est utile quand on veut situer les fleurs dans leur milieu, comme ces orchis pyramidales dans une prairie de l'Aubrac. 100 ISO, 14 mm, 1/15 s à f/16.

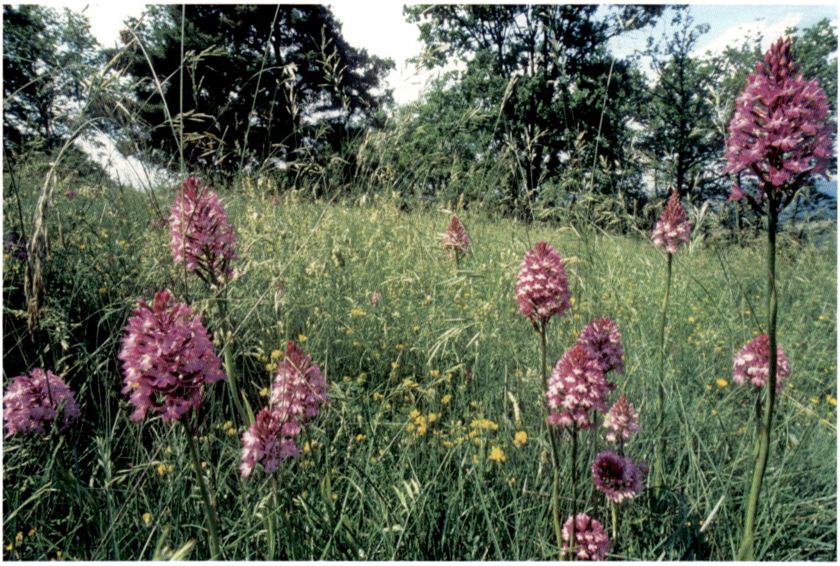

qui l'entoure et éviter l'éventuel flou de bougé causé par le vent. En dégageant avec précaution la végétation environnante, veillez tout de même à conserver un aspect naturel au décor.
Parmi les trois possibilités de réglages envisageables, chacun choisira, en fonction de son sens artistique et du matériel dont il dispose, la méthode qui lui conviendra le mieux.

Le matériel est assez classique :
- *un 100 mm macro avec quelques bagues pour les gros plans,*
- *un flash normal et un flash annulaire,*
- *un petit pied,*
- *un ou plusieurs fonds, avec des piquets,*
- *une petite pince pour maintenir les tiges,*
- *une paire de ciseaux,*
- *un réflecteur.*

L'éclairage naturel

Du fait que l'on peut visualiser l'effet de la lumière directement dans le viseur, l'éclairage naturel est le plus agréable à travailler. Il permet de transcrire sur image l'émotion ressentie lors de la découverte d'une lumière particulière sur une plante, comme par exemple un contre-jour matinal. Chose que l'éclair instantané du flash ne permet pas. Réglez l'appareil en Priorité diaphragme et tournez si possible autour de la plante pour visualiser l'angle qui donnera le meilleur éclairage, privilégiez le contre-jour afin de bien faire ressortir les transparences. Un réflecteur placé sur le côté opposé au soleil permettra de rééquilibrer la puissance de la lumière si le sujet présente des ombres trop marquées. La présence d'un assistant vous sera précieuse pour orienter le réflecteur pendant que vous en contrôlerez l'effet dans le viseur.
En l'absence de vent, l'appareil est fixé sur pied et vous pouvez choisir une vitesse lente ainsi qu'un diaphragme fermé. Utilisez un tripode dont les pieds s'écartent largement pour pouvoir travailler le plus près possible du sol. Il est important que l'appareil soit au même niveau que la plante afin d'éviter une vue en plongée qui aurait tendance à écraser le sujet.

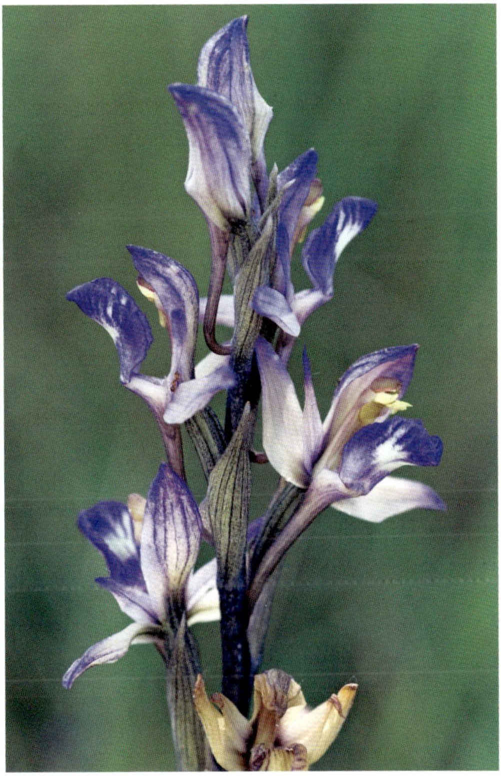

La photographie des fleurs par temps couvert apporte plus de douceur aux images comme avec ce limodore à feuilles avortées. 500 ISO, 100 mm macro, 1/125 s à f/6,3.

Veillez à l'équilibre entre la vitesse et le diaphragme : d'une part, il ne faut pas trop fermer le diaphragme afin de faire ressortir la plante de son environnement végétal et, d'autre part, il est important de disposer d'assez de profondeur de champ pour obtenir le maximum de fleurs nettes, surtout si elles ne se situent pas sur le même plan. Pour trouver le bon compromis, réglez votre boîtier en mode Priorité diaphragme et essayez différentes ouvertures en actionnant à chaque fois la touche de profondeur de champ pour vous rendre compte de la zone de netteté. Placez-vous toujours bien parallèle au sujet.

Menus détails

Attention aux petites herbes situées près de l'objectif : elles n'apparaissent pas quand vous réglez la mise au point à pleine ouverture, mais provoquent un flou plus ou moins important quand le diaphragme se ferme pendant l'exposition, flou encore aggravé par l'utilisation du flash. Aussi, pensez à vous munir d'une petite paire de ciseaux.

Avec la balance des blancs du numérique, on peut faire des photos à n'importe quelle heure et même sous la pluie, mais quand le vent est très violent, c'est pratiquement impossible. On peut monter la sensibilité pour obtenir des vitesses rapides qui bloquent les mouvements, mais la profondeur de champ est tellement limitée que le sujet devient vite flou et sort du cadre.

Quand le vent n'est pas trop fort, il est possible de limiter le mouvement des plantes (surtout celles à longue tige) à l'aide d'une petite pince souple, vissée sur un pied, qui maintient la tige délicatement sans la serrer (voir chapitre 2, page 31).

Une autre possibilité consiste à utiliser des plaques translucides qui bloquent le vent mais pas la lumière. Elles seront maintenues en place grâce à des cordes et des piquets. Mais le transport et l'installation des plaques demandent tellement de temps qu'il est parfois préférable d'attendre que le vent se calme.

Photographier des fleurs blanches sur fond sombre pose également des problèmes. En effet, si vous utilisez la mesure Spot de votre appareil pour ne tenir compte que de la lumière réfléchie par la fleur, cette dernière risque d'être un peu grise car la cellule, calée sur un gris moyen, aura tendance à la sous-exposer légèrement. Si vous utilisez la mesure Matricielle, au contraire, une partie du fond sombre risque d'être pris en compte et la fleur sera surexposée. Pour plus de sûreté, effectuez une mesure sur un carton gris neutre ou utilisez une cellule à main pour mesurer la lumière incidente et contrôler la lumière réellement reçue par le sujet. Si les mesures effectuées par votre boîtier sont identiques, tant mieux ! Il a su déjouer le piège et vous pouvez lui faire confiance. Sinon, reportez les valeurs données par la cellule sur votre appareil employé cette fois en mode Manuel.

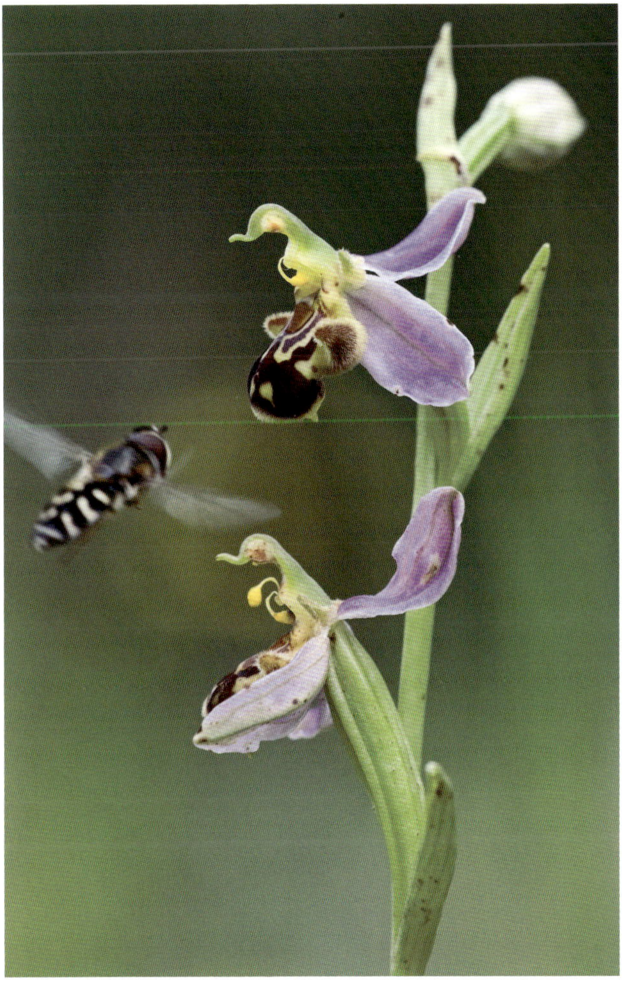

Attirée par les fleurs en forme d'insecte de l'ophrys abeille, cette mouche syrphe est venue tourner autour pendant les prises de vue. 400 ISO, 180 mm macro, 1/200 s à f/10.

Le flash en mode Manuel

Cette technique est surtout utilisée pour les rapports importants, par exemple pour réaliser des gros plans de fleurs. Il est nécessaire de fermer suffisamment le diaphragme, car au rapport 1:1, la profondeur de champ n'est que de 0,27 mm à f/2 ; elle passe à 2,1 mm à f/16.

Réglez votre appareil en mode Manuel, avec une vitesse de 1/125e de seconde et un diaphragme de 16. La lumière du flash étant assez puissante, profitez-en pour descendre au maximum la sensibilité, la qualité de l'image n'en sera que meilleure. Rappelez-vous également qu'avec ce type de réglage (sensibilité faible et diaphragme fermé), la lumière

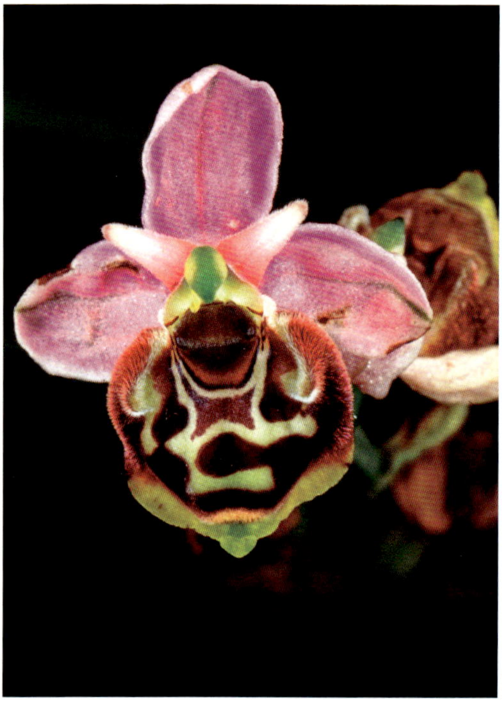

Avec une vitesse de 1/125 s et un diaphragme de f/22, la lumière ambiante n'a pas d'influence sur la photo et la vitesse étant celle de l'éclair, il n'y a pas de risque de flou de bougé d'où un ophrys bourdon parfaitement net. 100 ISO, 100 mm macro.

incidente n'a pas d'influence sur l'image et que la vitesse de prise correspond à la rapidité de l'éclair du flash. Donc inutile de s'occuper cette fois de la position du soleil, préoccupez-vous uniquement des flashs !

Ainsi éclairé le sujet est très net, le seul inconvénient, c'est la présence d'un fond noir qui donne un côté artificiel à la scène. Cependant le sujet ressort parfaitement et certains photographes aiment bien cet aspect. Pour l'améliorer, on utilisera un deuxième flash placé latéralement ou derrière le sujet afin de produire un effet de contre-jour. Enfin, pour limiter le fond noir, l'arrière-plan doit être assez près, mais on peut aussi choisir un fond clair en ajoutant éventuellement un 3e flash, c'est là que nous apprécierons les liaisons sans fils.

Le fill-in

Le fill-in constitue la meilleure solution en matière de gestion de l'éclairage, car il associe le naturel de l'éclairage d'ambiance à la rigueur de la lumière du flash. Le soleil assure la transparence des éléments clairs, tandis que le flash éclaircit ou « remplit » *(fill in)* les parties sombres de la plante. On peut employer n'importe quel flash, mais le flash annulaire, peu encombrant, est pratique pour déboucher les ombres, principalement en contre-jour. Si votre boîtier l'autorise, sous-exposez légèrement l'éclair du flash afin que son action reste à peine perceptible (voir chapitre 1, page 7). Cette méthode présente les mêmes inconvénients que lors de la prise de vue en lumière d'ambiance, en particulier, le manque de profondeur de champ et le risque de bougé dû au vent si on conserve un temps de pose assez long.

Le fond

Lors de prises de vue dans une prairie, il est souvent impossible de faire ressortir le sujet de son contexte d'herbes folles. Un diaphragme ouvert entraîne une profondeur de champ limitée qui isole bien la plante, mais tous ses plans ne sont pas nets. Pour qu'ils soient plus nets, on ferme le diaphragme, ce qui a pour inconvénient de renforcer également la netteté du fond d'herbes ; et la plante se retrouve alors perdue au milieu du fouillis végétal. Si quelques brins herbes peuvent être coupés aux ciseaux pour faciliter la prise de vue, il est inconcevable de faucher tout l'arrière-plan... Le passage du photographe doit rester discret dans la nature.

Aussi la solution consiste-t-elle à utiliser un fond qui sera maintenu derrière le sujet avec des tiges métalliques ou par un assistant. À un fond uni classique, on préfèrera dans ce cas utiliser le tirage d'une photo d'herbes floues afin de rester en harmonie avec ce lieu (voir chapitre 1, page 19).

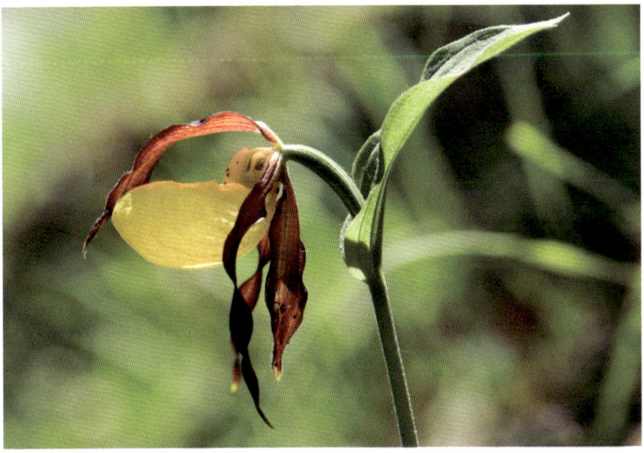

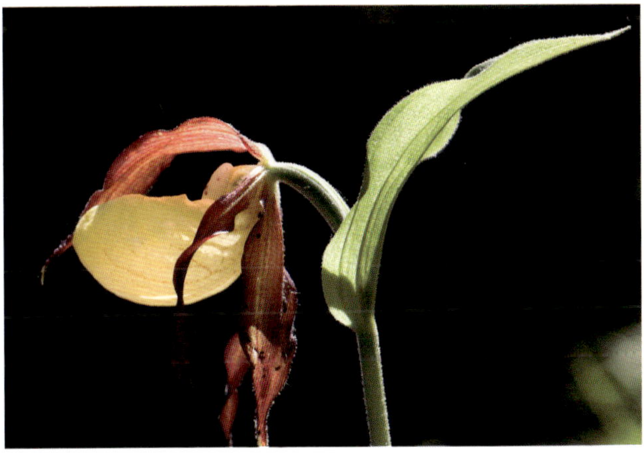

Cypripedium. En changeant l'angle de prise de vue, vous pouvez également obtenir au choix un fond clair ou sombre. Il faut surveiller la cellule pour éviter une surexposition du sabot de Vénus sur le fond noir. En haut : 50 ISO, 100 mm macro, 1/250 s à f/5,6. En bas : 100 ISO, 1/60 s à f/11 avec une retenue de -1 IL. La fleur ressort mieux, mais l'ambiance est moins naturelle.

Plantes en mouvement et plantes carnivores

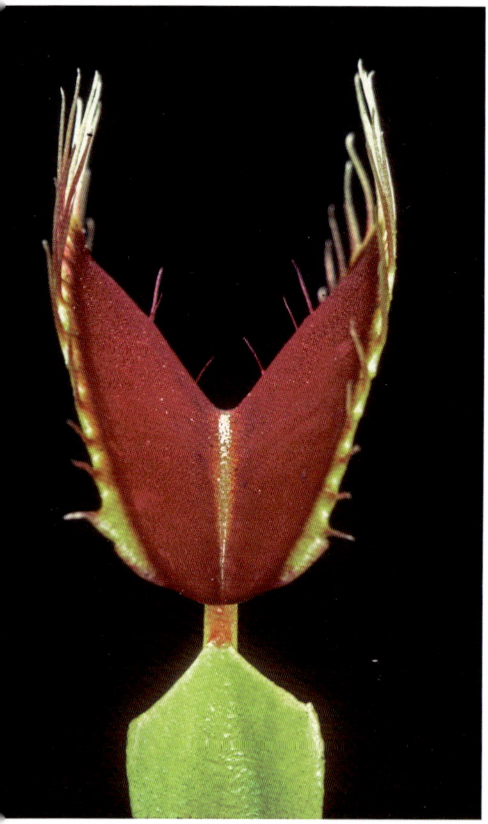

Les petits poils situés au centre de la feuille de dionée déclenchent la fermeture du piège en moins d'une seconde. 100 ISO, 100 mm macro et flashs, 1/60 s à f/16.

Par rapport aux animaux, les plantes semblent bien statiques. Pourtant elles poussent et développent continuellement leurs organes de manière imperceptible. Certaines sont même capables de réactions très vives lorsqu'on les touche ou si elles doivent capturer une proie, action habituellement réservée aux animaux.

Bien plus que la brise, c'est la lumière qui est à l'origine de leur invisible progression, parfois spiralée. Le mode Vue par vue en rendra parfaitement compte.

Plantes aux mouvements rapides

La vivacité spectaculaire de certaines plantes mérite de retenir l'attention. La plus remarquable, la dionée, est une plante carnivore dont la feuille-piège se referme en moins d'une seconde dès qu'un insecte touche un de ses poils sensibles. Une rafale de 6 images en une seconde est nécessaire pour immortaliser l'ensemble de l'action... à condition de démarrer au bon moment !

La sensitive, sorte de mimosa, est une plante très intéressante à faire pousser. Elle rétracte sa feuille dès qu'on la touche puis l'ouvre à nouveau quelques heures plus tard. Vous trouverez ses graines dans certaines jardineries.

La rapidité avec laquelle sa feuille se referme impose l'utilisation d'une cellule pour le déclenchement de l'action et un moteur à cadence rapide pour la suite. Si vous travaillez au flash, vous devrez employer des puissances réduites manuelles pour permettre aux flashs de suivre la cadence et de se recharger. Pour les étalonner, placez-les sur un support fixe et réalisez une série de prises de vue en variant soit les distances entre les sources de lumière et le sujet, soit les puissances. La stroboscopie serait tentante ici, mais elle n'est pas vraiment appropriée ; le sujet restant en place, les images se superposeraient et l'action serait incompréhensible.

L'ouverture d'une fleur est également assez spectaculaire. Nous avons suivi celle de l'hibiscus en studio (voir ci-après).

Les plus lentes

D'autres plantes carnivores, comme les droséras, se meuvent plus lentement quand une proie vient s'engluer dans leurs poils collants. La feuille du droséra du Cap a été photographiée toutes les trois heures, y compris la nuit.

Préparer la séance au studio

Tout comme le cinéma ou la vidéo, la photographie se prête bien à la reproduction de l'évolution des végétaux. Elle permettra de mettre en valeur leurs mouvements imperceptibles par des images saisies à intervalles réguliers et présentées en série ou au moyen d'un montage en fondu enchaîné. Pour une meilleure gestion du décor et des éclairages, nous travaillerons en studio sur une plante en pot. L'appareil et son sujet seront placés sur des supports fixes. Si on prévoit d'utiliser un montage en fondu enchaîné, on veillera par ailleurs à ne pas modifier le cadrage entre deux photos. Attention, à ce propos, d'anticiper la place finale que prendra la plante à la fin de son développement : choisissez un cadrage qui paraîtra peut-être un peu large pour les premières images, voire même déséquilibré. En effet, des recadrages ultérieurs provoqueraient des changements perturbants d'échelle d'une vue à l'autre et dénatureraient votre effet.

Si les photos sont plutôt destinées à un album, ou à un passage en vue par vue, vous pouvez cadrer chacune d'elles avec plus de liberté, mais évitez toutefois de présenter un bourgeon au même rapport que la fleur épanouie.

L'éclairage naturel d'une fenêtre ou même d'une serre est bien trop changeant et imprévisible pour de telles images. On choisira donc la lumière artificielle de lampes fluo compacts ou de flashs, à condition de procéder à quelques essais pour bien les doser. Les sources de lumière seront installées comme dans un studio : deux latérales, pour mettre en évidence le relief de la plante, et une en arrière pour éclairer le fond et décrocher le sujet.

Pour ce qui est du choix de l'objectif, le 100 mm macro s'impose en raison du recul qu'il autorise.

L'intervallomètre peut sembler une alternative intéressante pendant une absence, mais... les différentes étapes des phénomènes qui nous

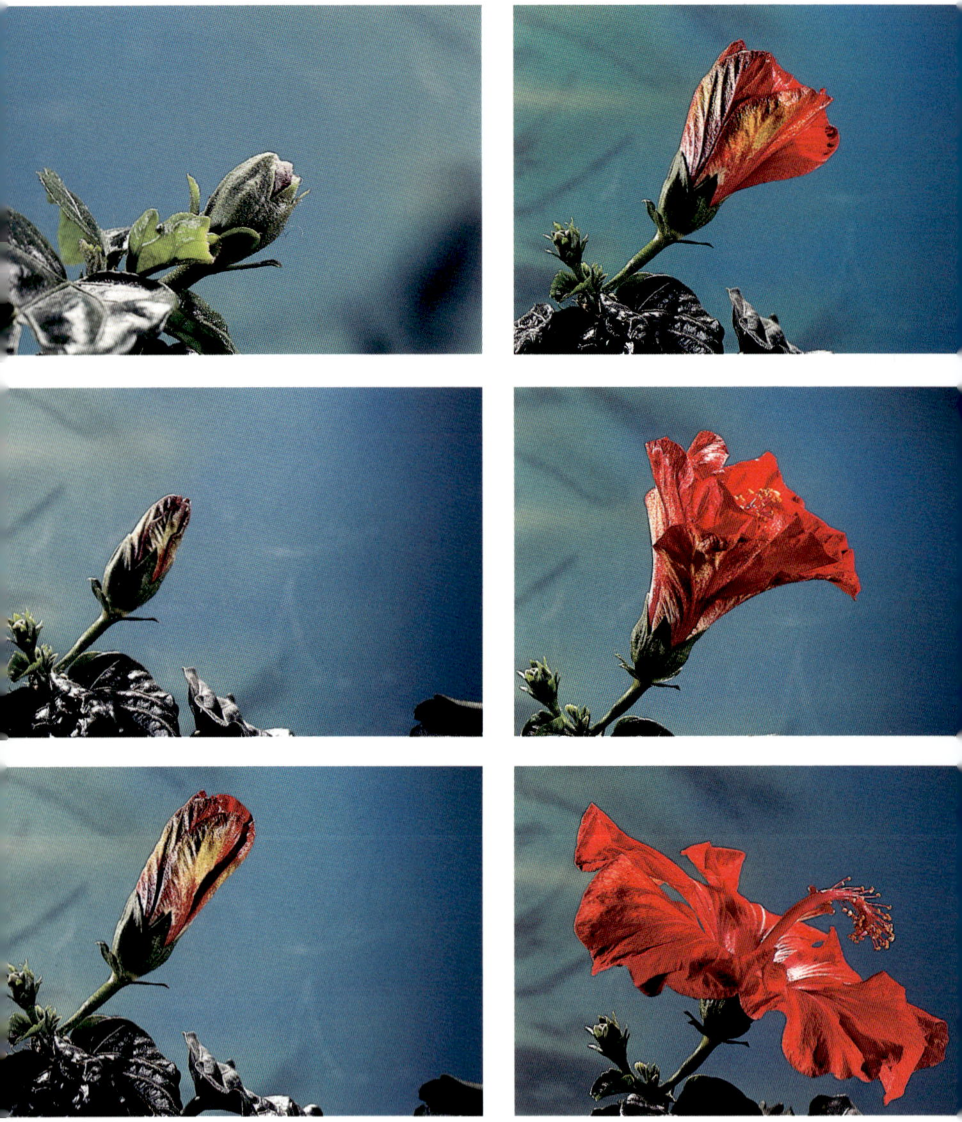

Pour suivre l'épanouissement de l'hibiscus, j'ai installé un boîtier fermement fixé sur pied et trois flashs. Un fond coloré a été placé derrière la plante en pot. Les photos ont été prises sans intervallomètre, au fur et à mesure de l'ouverture de la fleur. Cela permet éventuellement un léger recadrage si la taille du sujet atteint des proportions non prévues.

intéressent ne se déroulent pas toutes à la même vitesse. Ainsi, le développement du bouton floral semble interminable alors que le moment où la fleur s'épanouit est beaucoup plus rapide, ce qui implique d'incessants réglages et l'emploi de flashs qui ne se mettent pas en veille au bout d'une minute. Pour ma part, je n'ai pas employé d'intervallomètre pour les photos d'hibiscus préférant rester sur place pour contrôler l'ensemble, et vérifiant à peu près toutes les 3 heures le stade de développement du bourgeon. Un travail de patience... Selon les espèces et le stade de bourgeonnement des plantes, ce délai sera plus ou moins long. Avec le numérique, on peut faire des séries de photos au délai plus court par exemple tous les ¼ d'heure et effacer tous les doublons ensuite, mais rien ne vaut la présence du photographe.

Quelques pistes pour saisir les plantes en mouvement

Les plantes grimpantes se livrent à une véritable course vers la lumière. La plupart des fleurs s'ouvrent à des heures régulières ou quand le soleil brille. Le tournesol, par exemple, tourne sa fleur vers lui alors que la laitue sauvage oriente ses feuilles dans la direction opposée au soleil : elle les vrille et cherche à les présenter sur leur partie la plus fine pour leur éviter une transpiration trop abondante. Certains trèfles et oxalis referment leurs feuilles le soir pour « dormir », tandis que la belle fleur jaune de l'onagre s'ouvre en quelques secondes, vers 21 h, pour offrir son nectar aux papillons de nuit.

Plantes carnivores : à chaque espèce, sa méthode

Aussi extraordinaire que cela paraisse, on dénombre en France pas moins de dix-sept espèces différentes de plantes carnivores ! Poussant sur les terrains pauvres, essentiellement des tourbières, elles ont dû, magie de l'évolution, transformer leurs feuilles en pièges pour compléter leur alimentation.

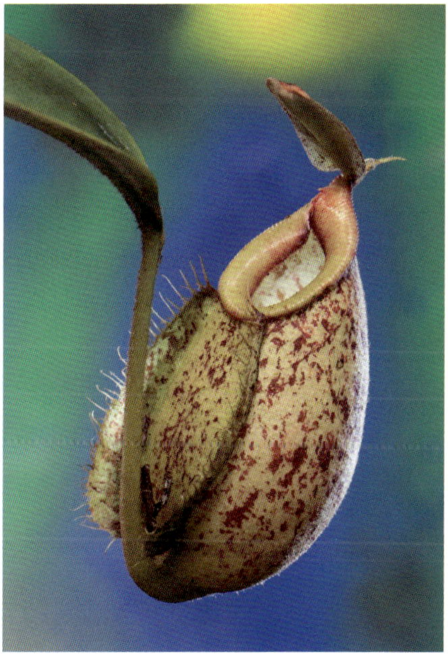

À moins de vous rendre dans les jungles de Bornéo, c'est dans une serre que vous rencontrerez cette népenthès. Un fond coloré a été placé derrière la plante pour rendre la photo plus naturelle. L'éclairage a été réalisé à l'aide de lampes fluo compact de type lumière du jour et d'une lampe à led en guise de spot arrière. 125 ISO, 100 mm macro, 1/6 s à f/20.

Un ensemble scintillant de droseras groupés dans une tourbière offre un spectacle inoubliable. Encore appelées « rosée du soleil » ou « rossolis », ces plantes carnivores ne poussent pas dans les régions les plus reculées de la forêt amazonienne, mais bien dans nos marais aux eaux acides des Vosges, du Massif Central et des Pyrénées (voir page 80).

Espèces protégées

Avant de partir à leur recherche, sachez que certaines de ces plantes sont protégées et que les milieux tourbeux, fragiles, présentent quelque danger. Il vaut mieux se renseigner avant de les parcourir. Vous pouvez également visiter un jardin spécialisé où vous trouverez des espèces exotiques encore plus fantastiques et fascinantes (voir coordonnées en annexe, page 195). Chacune d'entre elles, en tout cas, possède son propre piège à insectes.

L'arrière-plan assez éloigné n'a pas subi l'éclairage du flash annulaire, ce qui permet de bien faire ressortir cette grassette commune sur le fond malgré un diaphragme assez fermé. 100 ISO, 100 mm macro et flash annulaire, 1/125 s à f/16.

Piège mobile et piège collant. La feuille de la dionée, la plus spectaculaire, se présente comme un piège à loup. Il suffit d'effleurer deux des petits poils internes de cette plante pour que sa feuille se referme sur sa proie. La plante mettra ensuite plusieurs semaines à la digérer. En cas de contact accidentel par un sujet « non comestible », la feuille s'ouvre à nouveau au bout de trois jours. La dionée vit naturellement dans l'Est des États-Unis.

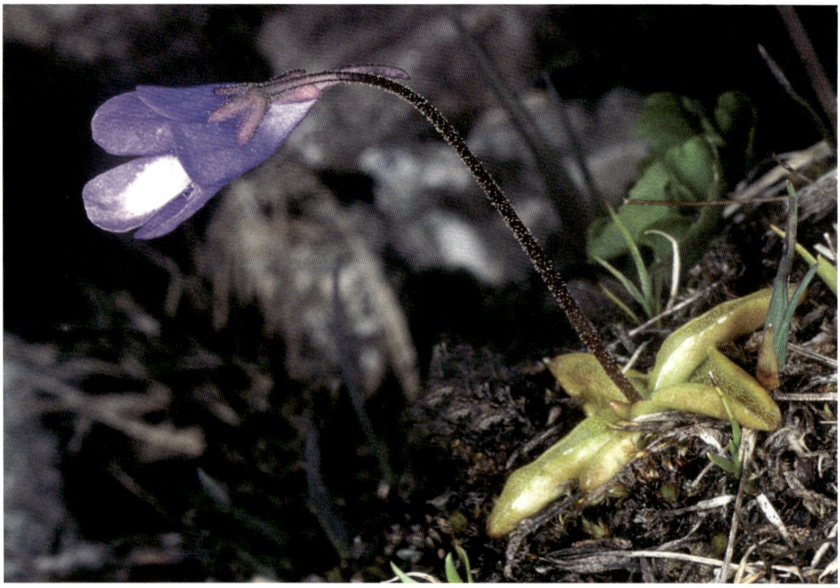

Les gouttelettes mucilagineuses et collantes qui ornent les feuilles des droseras sont une source inépuisable de sujets à photographier. Il en existe trois espèces différentes en France : la *Drosera anglica*, la *Drosera intermedia* et la *Drosera rotundifolia* (espèces protégées).

Pour un néophyte, la grassette a l'apparence d'une violette. En observant ses feuilles de plus près, on s'aperçoit qu'elle présente un aspect un peu gras. L'observation à la loupe confirme qu'elle possède de minuscules glandes collantes destinées à capturer des insectes que vous ne manquerez pas de découvrir sur ses feuilles. On compte en France cinq espèces principales : la *Pinguicula vulgaris*, la *Pinguicula grandiflora*, la *Pinguicula alpina*, la *Pinguicula lusitanica* et la *Pinguicula corsica*.

Piège en cône et piège en urne. Les feuilles des sarracénies s'étirent en forme de cônes dans lesquels les insectes sont piégés. Elles poussent en Amérique du Nord, la *Sarracenia purpurea* a été introduite dans le Jura dans la tourbière de Frasne et il est possible de se procurer certaines espèces en jardinerie.

Les népenthès, quant à elles, poussent dans les jungles tropicales d'Asie du Sud-Est. Il s'agit de plantes lianes dont l'extrémité des feuilles se termine par une grosse urne emplie de liquide dans laquelle les insectes se noient. Présentes en jardinerie, il est difficile de les conserver longtemps en l'absence d'une serre humide.

Pour vous lancer dans la culture de plantes carnivores, vous devez être attentif aux éléments suivants : lumière, eau, substrat. Vous n'aurez pas à les nourrir. Les plantes sauvages sont fragiles et très souvent protégées, ce qui en interdit la récolte. Certaines espèces carnivores exotiques présentent le même aspect; de culture plus facile, elles restent en outre plus longtemps présentables. Quelques jardineries en proposent régulièrement des spécimens.

À l'extérieur : oser se mettre à l'eau

Bien cachées au sein des tourbières, les plantes carnivores poussent souvent d'une manière enchevêtrée : recherchez donc des sujets isolés ou privilégiez certains détails qui se détachent bien. Quant à la féerie des gouttelettes mucilagineuses des feuilles de droseras, elle pourra être mise en valeur au moyen d'un éclairage de profil ou arrière. Attention, ces milieux sont parfois dangereux; renseignez-vous avant de pénétrer dans de tels marécages, surtout dans les tourbières bombées ou l'eau est encore bien présente.

Les gros plans d'insectes capturés par la plante seront réalisés à l'aide d'un 50 mm monté sur un soufflet fixé sur un pied. Dans ce cas, le grandissement impose l'utilisation de plusieurs flashs. Si le flash annulaire produit un éclairage trop plat, décrochez-le et tenez-le latéralement. Utilisez, en plus, un flash indépendant que vous placerez en vis-à-vis de l'autre côté du sujet. Un piquet fiché en tourbe sera utile pour fixer le flash et un pare-soleil évitera un mauvais reflet dans la lentille frontale de l'objectif.

Il est parfois nécessaire, pour obtenir le contre-jour, de travailler au ras du sol dans une posture qui peut se révéler délicate... comme dans un marécage. Une planchette vous sera utile pour vous agenouiller ou poser votre boîtier. C'est à cette occasion qu'on pourra apprécier les écrans orientables de certains bridges.

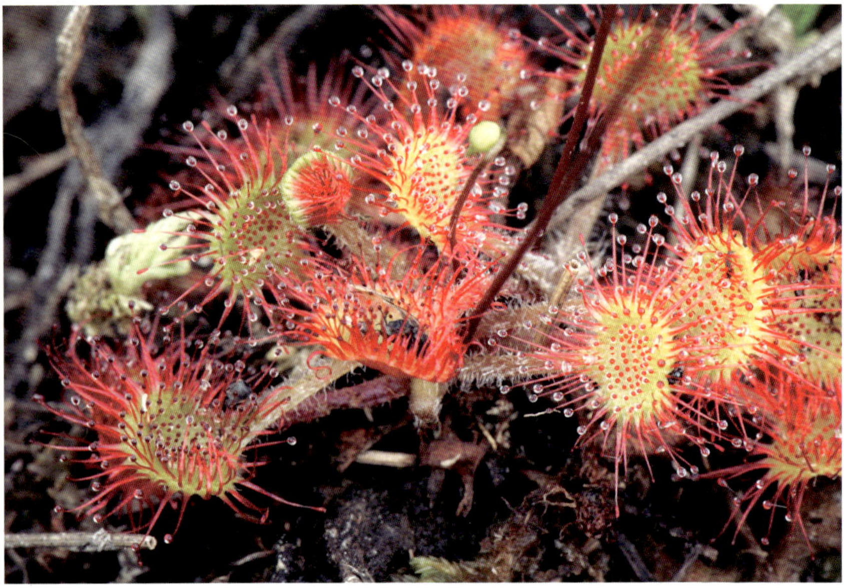

Par sa plus grande distance de mise au point, le 180 mm a permis un peu plus d'aisance pour photographier au ras du sol les droseras rotundifolia des tourbières, évitant ainsi d'avoir à s'allonger sur le sol. 100 ISO, 180 mm macro, 1/3 s à f/22.

Dans le confort du studio, les fibres optiques s'imposent

Après avoir bien pataugé dans la tourbe pour photographier les carnivores de notre pays, il vous sera peut être agréable de revenir au studio pour poursuivre le reportage avec cette fois des espèces exotiques que vous aurez «domptées» en les cultivant. Les *Drosera capillaris, aliciae, spatulata,* sont presque semblables à nos droseras indigènes; quant à *Drosera capensis* et *binata,* leur culture est facile et leur feuillage spectaculaire. Outre le confort des prises de vue, l'avantage d'une espèce cultivée quand elle se développe dans de bonnes conditions est de pousser d'une manière isolée ce qui rend la photo plus facile. D'autre part, en étant moins soumises au vent et aux embruns, ses feuilles possèdent de plus belles gouttelettes et sont moins abîmées, mais il est souvent nécessaire de disposer d'une serre pour une meilleure réussite.

La lumière la plus remarquable, en dehors de celle du soleil, provient des fibres optiques du Macrolight de Novoflex (voir chapitre 1, page 17), dont l'éclairage ponctuel permet un contrôle parfait des contre-jours. Doser ses sources de lumière et faire surgir des formes et des transparences au gré du déplacement des fibres optiques devient un vrai plaisir. De plus, la lumière froide ne risque pas de cuire les plantes et les trois fibres se gèrent comme les spots d'un studio.

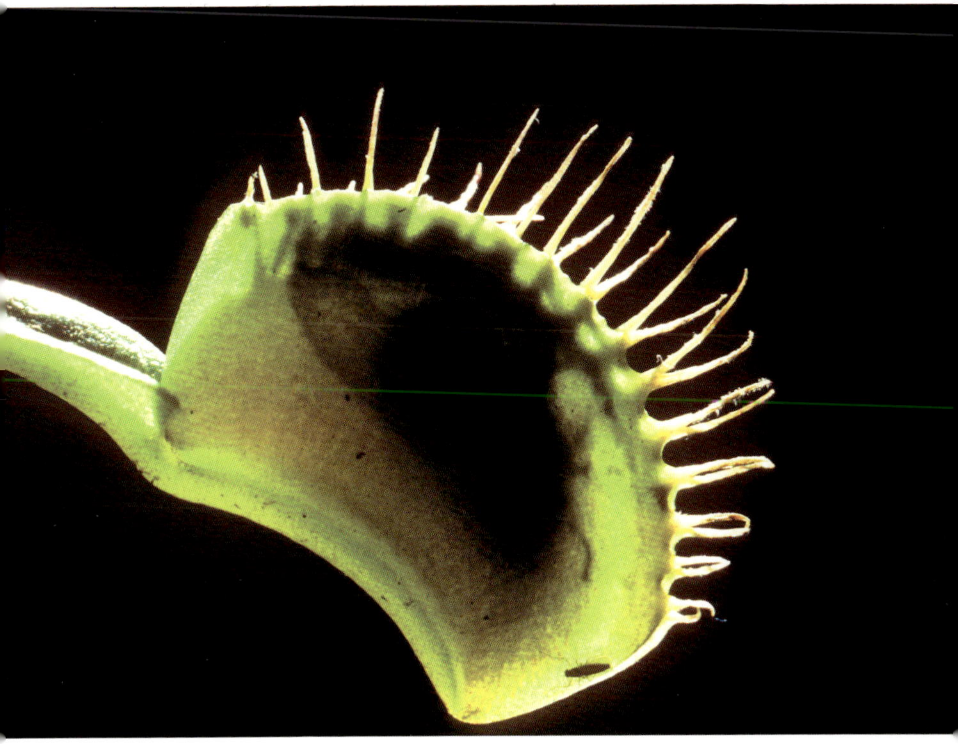

L'éclairage puissant et ponctuel du Macrolight de Novoflex a permis de mettre en évidence la proie de cette dionée en pleine digestion. 100 ISO, 100 mm macro, 1/2 s à f/16.

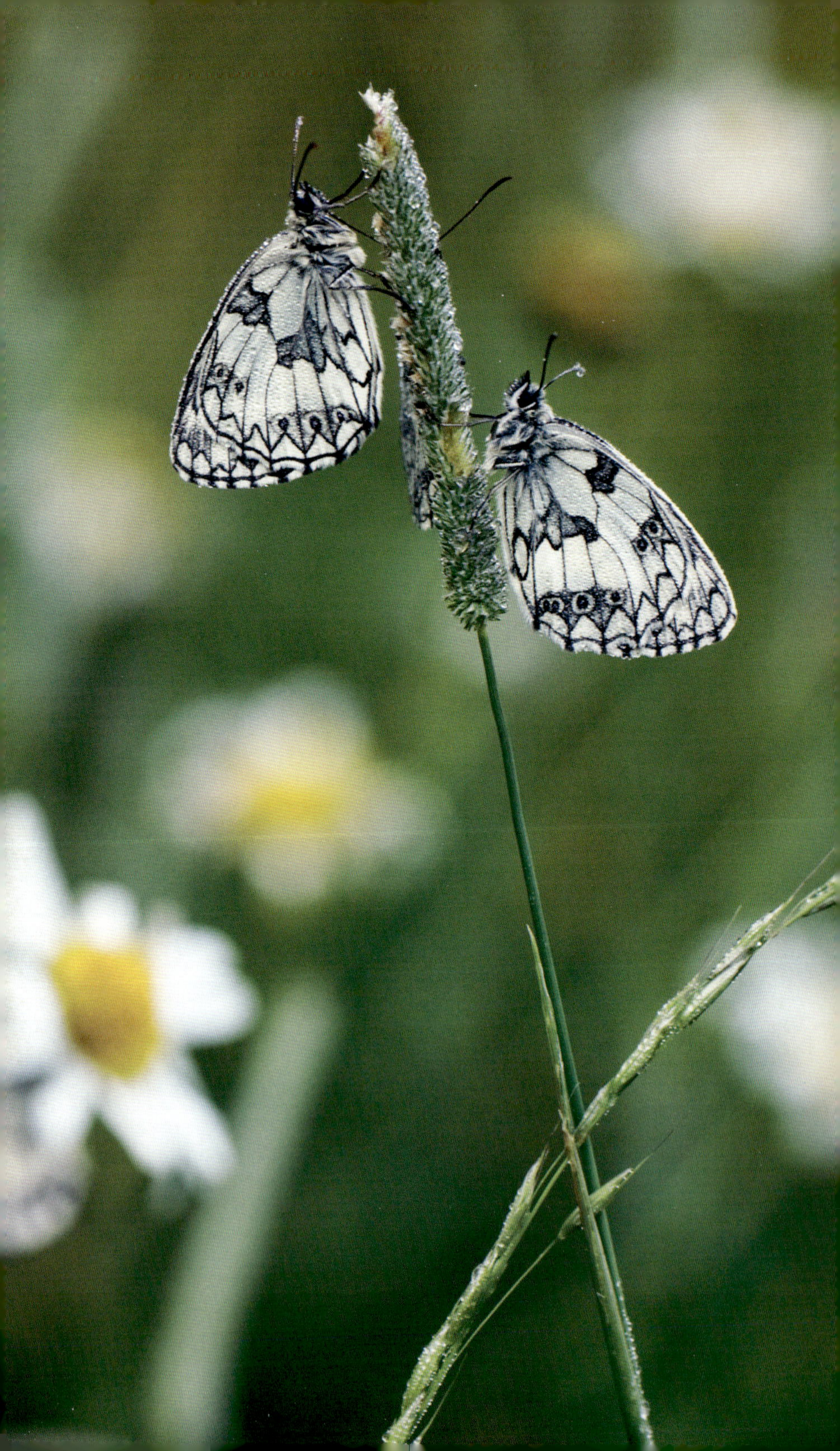

7
Juin
Histoire d'eau

Les aléas climatiques transforment parfois la promenade photographique en désastre. Mais tout n'est pas perdu ; à l'abri d'un grand parapluie, voyons comment la nature s'adapte. Certaines bêtes se cachent, tandis que d'autres sortent. Explorez en studio le monde aquatique en attendant la fin de l'ondée, puis ressortez vite et laissez-vous subjuguer par les lumières extraordinaires obtenues après la pluie.

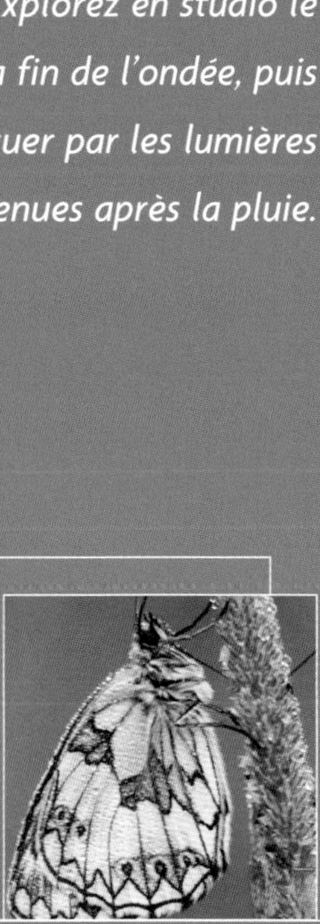

Sans se soucier de la pluie ou de la rosée, les demi deuils dorment dans les herbes en attendant que le soleil vienne sécher leurs ailes. 250 ISO, 180 mm macro, 1/25 s à f/8.

Safari sous la pluie

Tentons donc une promenade sous la pluie, une bonne façon de sortir des sentiers battus et de faire de nouvelles découvertes. À la fin du printemps et au début de l'été, la météo demeure capricieuse. Parfois, le crachin s'installe et n'en finit plus. Cependant, une bonne pluie n'est pas forcément synonyme de journée perdue pour le photographe. Elle lui permet au contraire d'approcher la nature d'une manière inhabituelle et peut stimuler son imagination. Moins vive, la lumière apporte des éclairages diffus, propres à donner de la douceur aux reliefs et l'élément liquide prend mille formes étonnantes. En outre, avec la balance des blancs que propose le numérique, la photo par mauvais temps n'est plus un problème. L'eau, c'est aussi la vie, une vie palpitante et toujours renouvelée, source constante d'émerveillement.

Les petits gris profitent de l'humidité pour sortir se nourrir. Ici, un carton coloré à été placé derrière la feuille mangée pour éviter un fond noir peu naturel. 100 ISO, 100 mm macro et 2 flashs, 1/125 s à f/16.

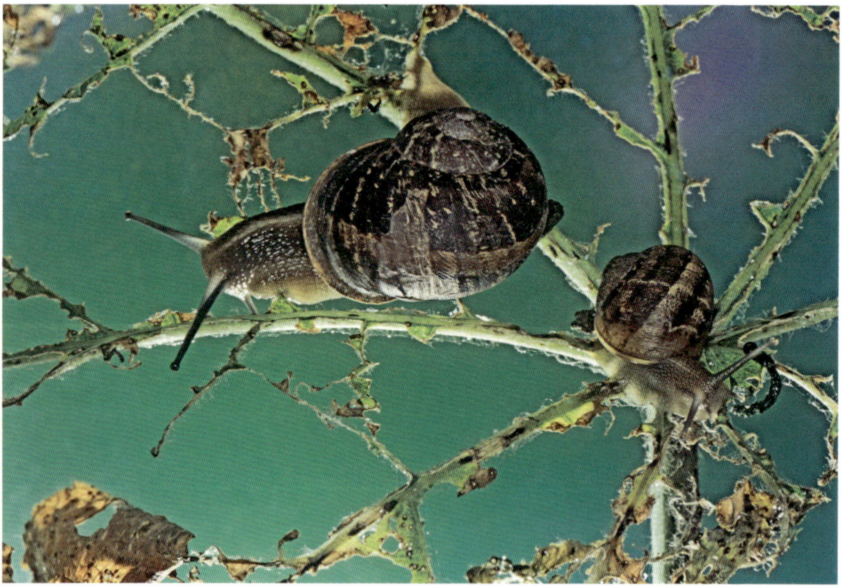

Protéger le matériel

La curiosité, voire l'enthousiasme, ne doivent pas faire oublier les règles élémentaires de prudence. Partir sous une pluie battante, avec rafales de vent et trombes d'eau en cascades, reste tout de même déconseillé, à moins de rechercher des effets particuliers et de disposer de matériel de plongée sous-marine !

Si les précipitations vous semblent raisonnables, il vous faudra prendre quelques précautions avant de sortir. Tout d'abord, placez un filtre anti-UV sur votre objectif. Il le protégera des gouttes d'eau, tout comme le pare-soleil, également indispensable. Emportez aussi un petit trépied pour travailler en vitesses lentes si le vent ne souffle pas trop fort.

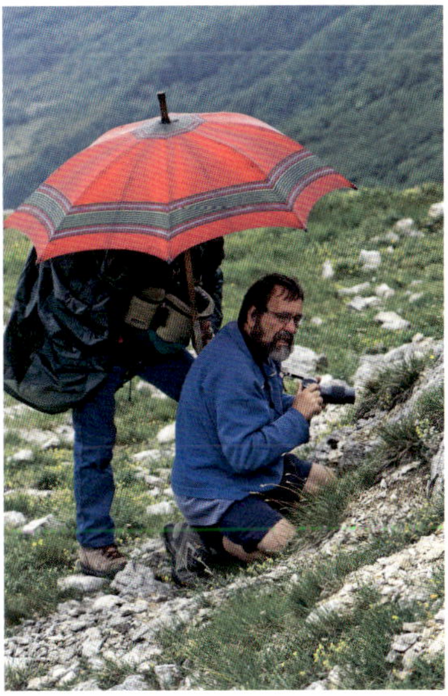

Soignez votre matériel, certes, mais ne négligez pas non plus votre confort personnel. Portez des vêtements imperméables et emmenez une toile, afin de pouvoir vous allonger sur le sol et vous installer à la hauteur de vos sujets. Il existe dans le commerce, dans les magasins de photo notamment, des manchons et différentes capes de camouflage très utiles en cas de pluie (voir coordonnées en annexe, page 198). Enfin, recrutez dans votre entourage un volontaire équipé... d'un grand parapluie.

Escargots, bourdons, papillons

Parmi les habitants des lieux, vous rencontrerez des escargots et des limaces. Avec un peu de chance, vous croiserez une salamandre.

Sur les plantes, les insectes si actifs naguère encore ont disparu. Cependant, en observant attentivement certaines fleurs, on y retrouve des bourdons qui se tiennent à l'abri ainsi que des cétoines. Les papillons, enrobés de gouttes d'eau, s'accrochent, ailes pendantes, aux herbes, tandis que les toiles d'araignées en forme de nappe recueillent de nombreuses gouttelettes d'eau qui brillent comme des perles dans un écrin de soie.

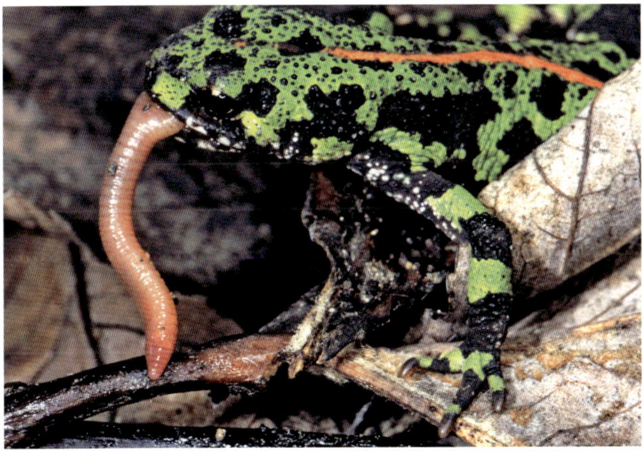

Quand l'eau de leur mare devient trop chaude et s'appauvrit en oxygène, beaucoup de tritons quittent l'élément aquatique pour mener une vie terrestre, tel ce triton marbré qui profite de la pluie pour sortir se nourrir. 100 ISO, 100 mm macro et 2 flashs, 1/125 s à f/22.

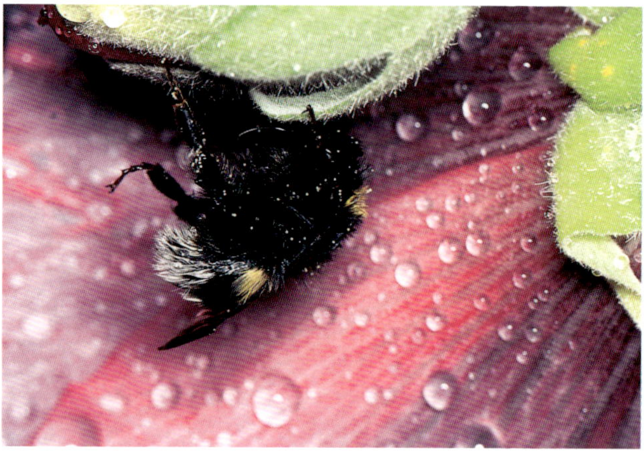

Bourdon surpris à l'abri d'une rose trémière. 100 ISO, 100 mm macro et 2 flashs sur support, 1/125 s à f/22.

Même si ces animaux ne sont pas tous d'une grande vélocité et peuvent être photographiés en vitesse lente, si vous ne souhaitez pas monter la sensibilité de votre boîtier pour éviter le bruit de l'image, des flashs protégés d'un sac plastique transparent s'avèrent incontournables. L'inconvénient est la formation de nombreuses zones de brillances sur les coquilles ou autres surfaces mouillées, la fixation de diffuseurs sur la tête des flashs est conseillée (voir chapitre 1, pages 18-19).

Après la pluie, le beau temps

Les périodes orageuses ou de giboulées créent des conditions inconfortables, mais elles offrent en contrepartie des ciels foncés fantastiques qui font ressortir remarquablement les sujets. Par ailleurs, les rayons du soleil qui apparaissent entre deux averses illuminent les milliers de gouttes d'eau dispersées dans la végétation. Certaines plantes

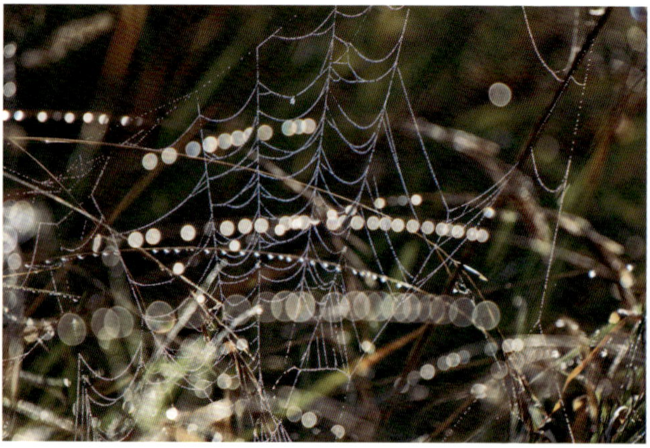

La lumière à contre-jour forme des éclats dans les gouttes d'eau qui présentent des diamètres différents en fonction de leur plan de netteté et de l'ouverture du diaphragme. Ceux-ci sont accentués par une faible profondeur de champ et l'utilisation d'un 300 mm. 125 ISO, 300 mm, 1/500 s à f/6,3.

portent en effet des petits poils très fins qui ne se mouillent pas et sur lesquels l'eau se rassemble en gouttes. On observe ce phénomène sur de nombreuses herbes, comme le laiteron, l'alchémille, le trèfle... Photographiez-les en évitant de secouer ces guirlandes scintillantes, mais fragiles.

Vous pouvez opter pour un diaphragme totalement ouvert ; tout dépend de l'effet désiré. Un gros plan sur un détail en contre-jour le mettra en valeur. L'ensemble des gouttes d'eau environnantes restera flou, mais leur brillance, éclairée par le soleil, offrira des auréoles fantastiques. Avec un diaphragme fermé, au contraire, les éclats seront plus petits, la marque hexagonale des lamelles de l'obturateur sera visible dans les reflets, et vous obtiendrez une profondeur de champ plus importante. À vous de choisir !

Protéger le matériel

Après cette revigorante sortie, essuyez bien votre matériel et maintenez-le une nuit dans un sac plastique étanche avec des sachets de sels déshydratants afin d'évacuer l'humidité qui pourrait être rentrée à l'intérieur.

L'explosion des gouttes d'eau

Le jaillissement, puis l'explosion de la goutte d'eau, sur le sol, ou au contact d'un autre liquide, paraît tout d'abord impossible à saisir, tant il est difficile de les synchroniser avec la vitesse d'obturation. Technique, système D et fins réglages sont donc de rigueur.

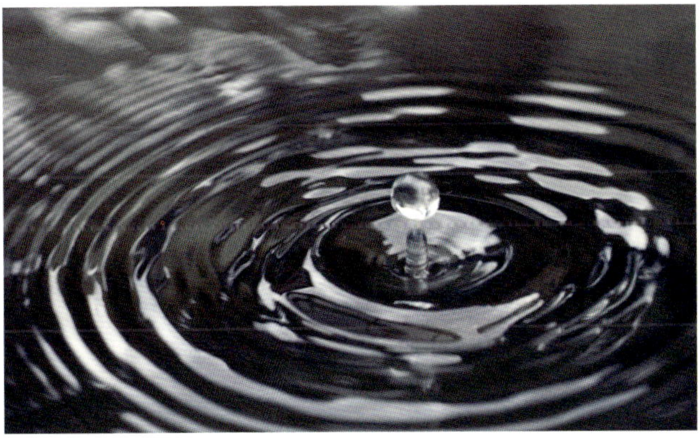

Goutte de pluie tombant dans un bac d'eau photographiée en lumière ambiante. 1600 ISO, 180 mm macro, 1/500 s à f/8.

Le matériel nécessaire se compose essentiellement d'une cellule photoélectrique telle que celle proposée par Jama électronique, d'un boîtier à télécommande électrique, d'une potence bricolée équipée d'un compte-gouttes récupéré dans la pharmacie familiale, d'un 100 mm macro - pour opérer d'assez loin à cause des éclaboussures - et de deux ou trois flashs à éclair rapide. En tombant, la goutte d'eau coupera le faisceau lumineux des cellules photoélectriques et déclenchera l'obturateur. Pour que l'ensemble fonctionne bien, vous devrez résoudre deux difficultés principales : le réglage de la distance entre les cellules et celui de la rapidité de l'éclair.

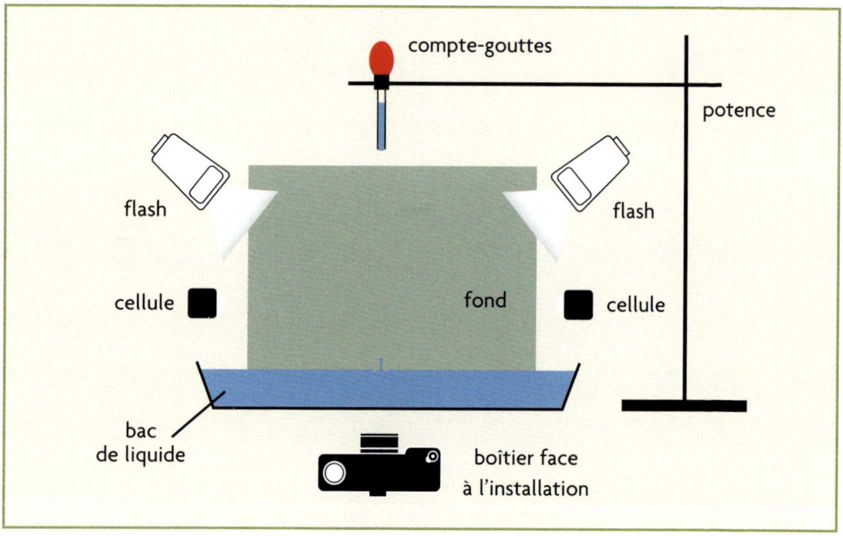

Trouver la bonne distance

Il convient en premier lieu de bien visualiser le trajet de la goutte pour effectuer la mise au point au bon endroit. Utilisez pour cela un fil à plomb de maçon ou fabriquez-en un en lestant une ficelle avec un boulon. Placé au niveau du compte-gouttes, il vous indiquera le point de la chute. La visualisation est facilitée en employant une cellule à faisceau laser (Jama électronique), dont le rayon lumineux indiquera le point de déclenchement en éclairant la ficelle du fil à plomb d'un point rouge. On place alors ce point à dix centimètres environ du point de chute pour compenser le retard du déclenchement. C'est une valeur moyenne car tous les boîtiers n'ont pas le même retard. C'est un des inconvénients des appareils numériques bas de gamme tels que les compacts et les bridges ce qui les rend difficilement utilisables dans ce genre de photos et rend l'usage du reflex pratiquement indispensable.

Les flashs, orientés à 45° afin d'éviter les mauvais reflets, sont maintenus en mesure TTL et disposés suffisamment près pour que l'éclair, stoppé rapidement, soit assez rapide. Veillez à ne pas les diriger vers le récepteur en raison des risques d'autodéclenchement en rafales de la cellule.

En fonction des résultats, vous approcherez ou éloignerez les cellules. Pour éviter d'avoir à reprendre sans cesse les réglages, placez des cales de bois ou des livres sous le bac contenant le liquide : vous les retirerez ou en ajouterez selon les besoins.

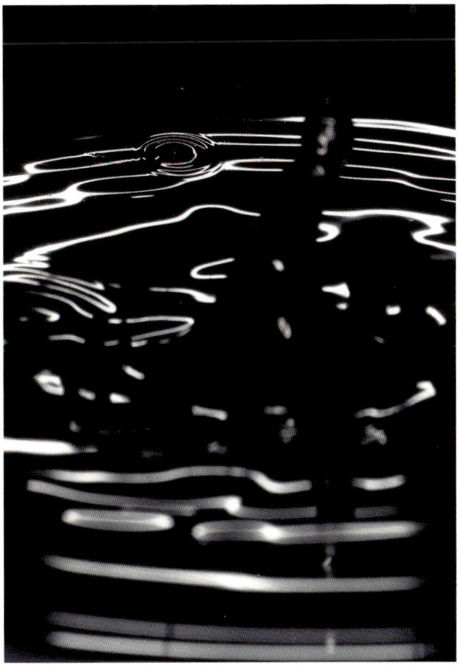

La lumière du flash contraste fortement l'image et apporte un effet graphique. 50 ISO, 180 mm macro et flashs, 1/125 s à f/20.

Trouver la bonne vitesse

Une vitesse importante est nécessaire pour bloquer la goutte d'eau (de 1/1 000e à 1/10 000e de seconde). Si l'éclair du flash n'est pas assez rapide pour stopper la goutte d'eau, passez en mode Manuel en diminuant les puissances si votre flash le permet (de ½ jusqu'à 1/250 selon les modèles). Si la lumière devient insuffisante, il faut, selon vos possibilités, rapprocher le flash, en ajouter un autre, ouvrir le diaphragme ou augmenter la sensibilité ISO du capteur. Cette technique demande de nombreux essais heureusement facilités par la visualisation immédiate des résultats grâce aux écrans des boîtiers numériques.

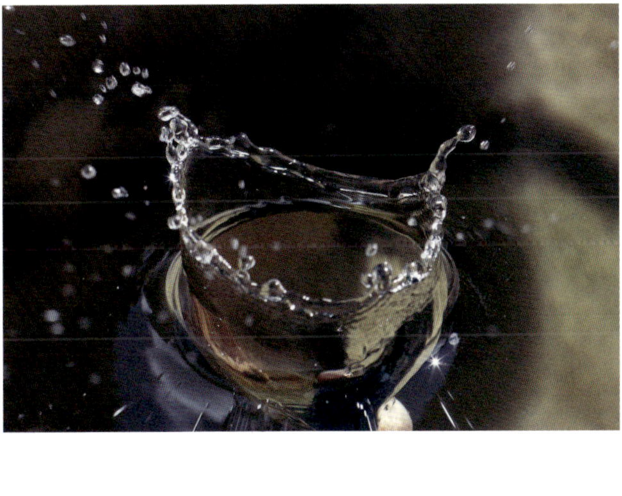

La chute d'une noisette dans le liquide a élargi la projection de l'eau et créé un effet de couronne. 1600 ISO, 100 mm macro, 1/1000 s à f/13, retenue de 1 IL.

Quelques variantes

Une goutte de liquide placée sur une plaque soumise à des vibrations se déforme en fonction de ces dernières. Essayez d'en placer une au-dessus de la membrane d'un haut-parleur. Techno, rock, jazz... à vous de choisir l'ambiance sonore. En général, les basses assurent les vibrations les plus marquées. Vous pouvez aussi essayer avec du lait et de l'huile. Enfin, une goutte de liquide qui chute sur une plaque chauffante explose en mille gouttelettes difficiles à saisir.

Les punaises d'eau

Tous les insectes ne vivent pas au soleil sur les fleurs, certains passent leur vie dans l'eau ou à sa surface. Visitez les mares pour les découvrir.

Appelées à tort « araignées d'eau », les premières punaises visibles à la surface sont les gerris. Elles se déplacent sur l'élément liquide à l'aide de leurs quatre pattes insubmersibles. Ce phénomène est possible grâce à des petits poils que des glandes graisseuses rendent hydrofuges (imperméables). À l'avant, deux autres pattes leur servent à la capture de petits insectes tombés à la surface de l'eau, dont elles se nourrissent volontiers.

Pour les photographier, approchez-vous lentement et essayez de profiter de leur repas. La prise de vue sans flash est un peu hasardeuse car les bêtes sont souvent très vives.

L'éclairage latéral du microaquarium a permis de faire ressortir les poils hydrofuges du gerris qui lui donnent un aspect argenté. 100 ISO, 50 mm sur soufflet et 2 flashs manuels, 1/60 s à f/16.

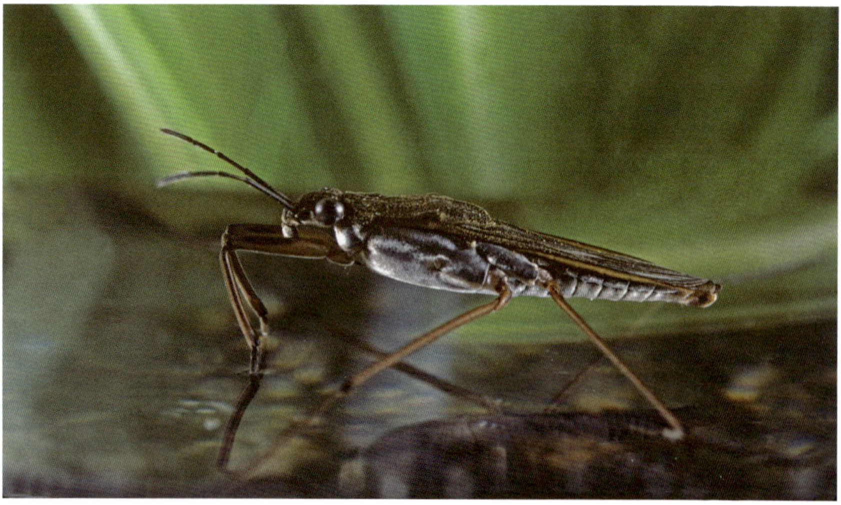

Au bord de l'eau, la fine hydromètre ou la vélia arpente la surface à la recherche de petites proies. Il n'est pas difficile de les capturer; en revanche, il faut arriver à les trouver; leur finesse et leur couleur sombre ne facilitent, en effet, pas les rencontres.

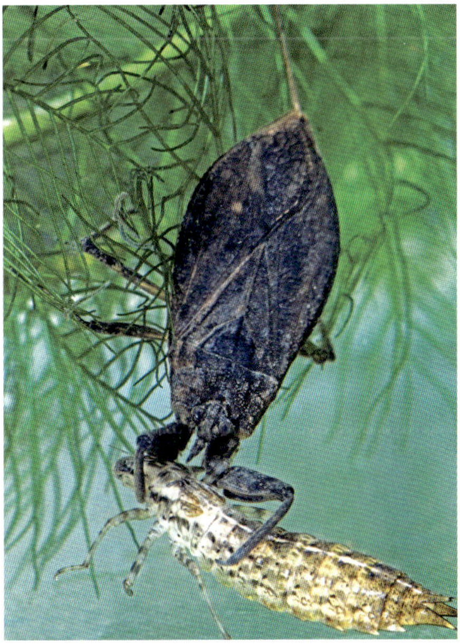

Faire cohabiter des espèces carnivores peut parfois donner lieu à des scènes de prédation. 100 ISO, 100 mm macro et 2 flashs, 1/125 s à f/16.

Chasse à l'affût avec «tuba»

La nèpe vit dans les zones vaseuses peu profondes. Elle respire à l'aide d'un long tube qu'elle porte au bout de l'abdomen. Ce «tuba» lui permet de se maintenir en dessous de la surface de l'eau. Peu mobile, elle chasse surtout à l'affût et capture ses proies grâce à ses pattes antérieures transformées en pinces. Grande espèce issue de la famille de la nèpe, la ranâtre possède également un siphon respiratoire et des pattes ravisseuses.

À la rame et sur le dos

Observez bien la notonecte quand elle vient respirer à la surface. Son corps argenté prouve qu'elle détient une provision d'air sur son abdomen. Comme beaucoup d'insectes aquatiques, elle peut rester en plongée de très longues minutes, mais sa principale caractéristique est de nager sur le dos, au moyen de longues pattes transformées... en rames.
La corise ressemble à la notonecte, mais elle nage «normalement». De forme ovale, la naucore capture ses proies grâce à ses pattes avant

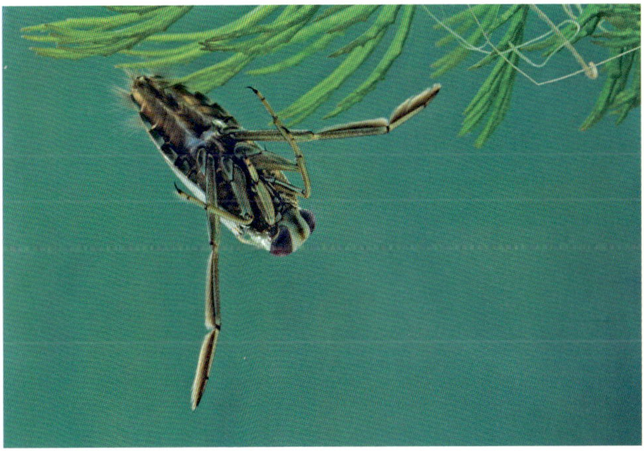

La présence de quelques plantes aquatiques permet à cette notonecte de s'accrocher au milieu de l'aquarium ce qui évite les reflets de la surface ou des bords. 200 ISO, 100 mm macro et flashs, 1/125 s à f/22.

courtes et robustes. Sa « bouche », en rostre triangulaire, permet de la différencier des dytiques, coléoptères porteurs de mandibules. Les punaises ne sont pas agressives, mais si vous les taquinez, elles utiliseront leur rostre pour vous piquer. Rassurez-vous : si la douleur est vive, cela reste sans gravité.

Recréer le milieu naturel

Pas question de plonger dans la mare pour photographier les punaises. Notre arrivée serait plutôt catastrophique et l'eau vite troublée interdirait toute photo. Il faut donc préparer un studio de prise de vue, un aquarium reproduisant le milieu naturel dans lequel nous placerons nos modèles le temps de la photo.

Comme toutes photos faites à la surface de l'eau, celles de la vélia doivent faire l'objet d'un soin particulier car la tension superficielle qui sévit à la surface fait remonter le liquide sur les bords des objets flottants, d'où l'apparition de reflets. 100 ISO, 65 mm macro et 2 flashs, 1/125 s à f/16.

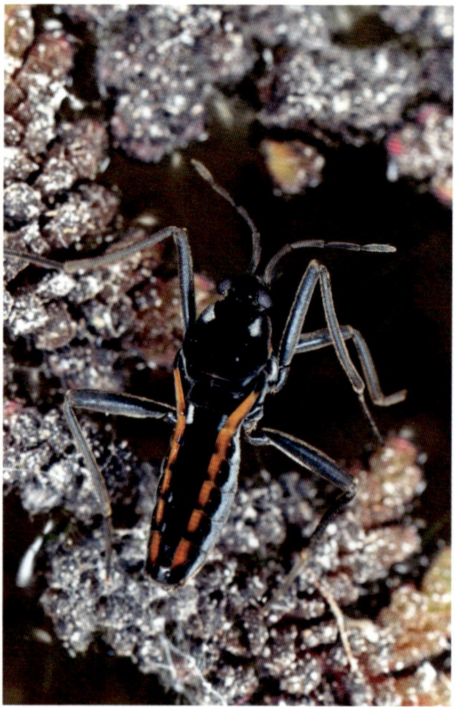

Pour disposer d'une eau sans impuretés, je conseille d'utiliser l'eau du robinet. Si elle est fortement chlorée, laissez-la reposer pendant une nuit avant de l'employer. Cela permettra également d'évacuer les gaz contenus dans l'eau. En effet, lorsque l'animal est plongé dans une eau à peine versée, il se couvre de petites bulles, ce qui n'est pas très naturel. Pour capturer et relâcher les animaux, utilisez des petits filets d'aquarium. Pour une pêche plus intensive, il existe dans les magasins spécialisés des filets plus robustes appelés « troubleaux ».

Les aquariums du commerce sont souvent trop grands. Pour limiter et maîtriser les déplacements des animaux, on peut placer une autre vitre à l'intérieur. Mais certaines de ces punaises sont si petites qu'il faut parfois construire des mini aquariums spécialement pour elles. Ainsi, j'en ai réalisé plusieurs modèles, dont un de deux centimètres de large pour dix centimètres de long et un autre encore plus petit en collant une boîte de film coupée en deux sur une vitre.

La face avant, à travers laquelle vous photographiez, devra être en verre non rayé et propre afin d'éviter les défauts sur l'image. Je recommande des verres de montage pour microscopes. Pour le collage, prenez de la colle silicone utilisée… pour les joints d'éviers.

Le bon objectif pour le bon flash

Pour pratiquer la chasse photo au bord de l'eau, vous pouvez n'employer qu'un seul flash en le plaçant au-dessus du boîtier. On peut utiliser le flash intégré, mais il est préférable de s'équiper d'un flash indépendant plus puissant. Dans ce cas, l'objectif devra être au moins de 180 à 300 mm. Pour ma part, j'ai utilisé un zoom 100-300 mm avec trois bagues allonges. Si vous ne photographiez pas face à l'eau, vous n'aurez pas à craindre les reflets de surface.

Le fill-in réclamant un faible diaphragme, la profondeur de champ sera limitée. Il restera donc réservé aux belles ambiances qui ne demandent pas un grandissement important.

Photographier en aquarium : trucs et astuces

- Le 100 mm macro vous permettra de vous tenir à bonne distance du sujet tout en conservant un rapport 1:1 et de disposer de plus de place pour installer l'éclairage.
- Des flashs indépendants sont indispensables. À moins de travailler avec un angle de 45° par rapport à la vitre, le flash annulaire monté sur le boîtier et le flash incorporé sont tous deux déconseillés, car si vous restez face à la vitre les reflets seront inévitables.
- Pour éviter les reflets, déportez les flashs (type cobra ou torche) à 45° par rapport à l'axe optique, afin que la lumière qui se trouve réfléchie à 90° soit renvoyée plus loin que l'objectif.
- Comme il est difficile de contrôler la direction de la lumière des flashs, effectuez d'abord vos réglages avec des spots que vous remplacerez au dernier moment par les flashs.
- Placez un pare-soleil sur l'objectif afin d'éviter les mauvais reflets.
- Si votre aquarium est assez large, placez un des flashs au-dessus. Ce type d'éclairage semble naturel et l'élément liquide présente l'avantage dans ce cas de bien diffuser la lumière.
- Parfois, des reflets peuvent apparaître le long de l'animal. Changez d'optique et faites varier le rapport de grandissement si vous rencontrez des problèmes. S'ils persistent, éliminez les images fantômes en post-traitement sur ordinateur.
- Pour réaliser des gros plans en microaquarium, ajoutez un soufflet et des bagues allonges au 100 mm macro ou utilisez un 50 mm, en prenant garde aux reflets.
- Quelquefois, la surface de l'eau produit des reflets difficiles à maîtriser. La seule parade consiste alors à éviter de photographier près des bords du mini aquarium.
- Placez une petite plante soigneusement nettoyée au milieu de l'aquarium afin que les punaises puissent s'y accrocher.

Transparences aquatiques

De nombreuses larves aquatiques ont un corps transparent ou translucide. Elles fournissent d'excellents sujets pour la photomacrographie, alliées à un fond noir et à l'art du contre-jour. Les sujets à rechercher dans les mares et les cours d'eau ne manquent pas : aselles, gammares, vers de glace, vers de vase, larves d'agrions, de dytiques, d'éristales, de moustiques, d'éphémères...

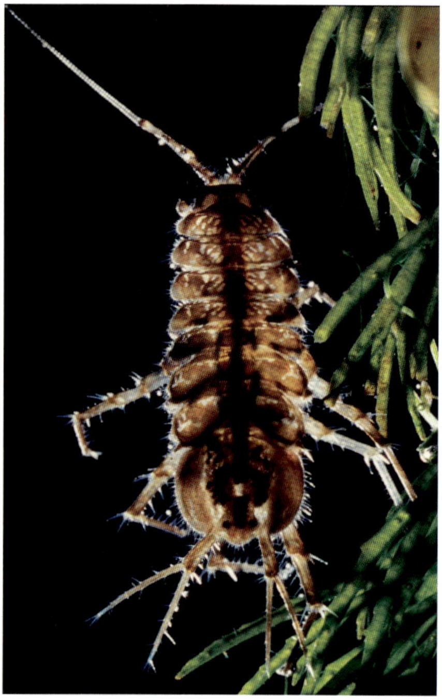

Pour rendre la photo plus vivante, des plantes ont été ajoutées. Elles servent aussi de support à l'animal. 100 ISO, 50 mm avec soufflet, flashs, 1/60 s à f/16.

Il s'agit maintenant de photographier les animaux aquatiques par-dessus, on choisira dans ce cas des espèces presque transparentes qui se livrent bien au jeu du contre-jour.
Les aquariums classiques étant trop profonds ou plutôt étroits, j'utilise des petites coupelles de laboratoire.

Éviter les reflets indésirables

Pour éviter les reflets causés par les flashs, il est primordial de placer ses sources d'éclairage à 45° du fond de la coupelle qui accueillera l'animal lors de la prise de vue. Comme indiqué plus haut, évitez également de prendre des photos au bord du récipient car l'eau située à proximité des parois n'est plus plane et peut elle aussi engendrer des brillances.
Si l'éclairage en contre-jour met admirablement le sujet en valeur, il accentue aussi, malheureusement, toutes les microparticules en suspension. Évitez d'utiliser l'eau de la mare et nettoyez correctement la coupelle.
L'idéal avant de plonger l'insecte dans la coupelle est de le faire évoluer dans un petit récipient contenant de l'eau filtrée, afin qu'il se nettoie. Pendant ce temps, préparez votre matériel, ajustez les réglages du boîtier, installez les flashs, vérifiez le cadrage..., une fois prêt, placez le sujet dans la coupelle.

Gérer les mouvements

Le flash limitera les effets de flous dus au bougé, car la bête, bien vivante, ne tient pas toujours en place et tourne souvent en rond dans sa coupelle. On peut essayer de ralentir son mouvement avec un obstacle (morceau de bois, feuille morte ou autre).

Technique photo

Les animaux sont placés dans une coupelle en verre. Afin de pouvoir régler l'éclairage par-dessous, la construction d'un petit statif s'impose pour poser la coupelle. Ce dispositif fixe est préférable à la mise en place d'un échafaudage instable qui risque de s'écrouler dans le feu de l'action !
Une équerre permet de fixer le flash de type cobra à 45°, une lampe pilote étant installée à côté pour effectuer la mise au point et se rendre compte de l'effet obtenu.
Le principal inconvénient de l'éclairage tungstène classique réside dans la chaleur qu'il dégage et que les animaux peuvent percevoir. Un spot à led constitue alors une bonne alternative.

Les libellules

Autour de l'étang, demoiselles élégantes ou libellules offrent toujours un spectacle à la fois vif, fragile et harmonieux, un ballet chorégraphié par dame Nature. Elles sillonnent leur terrain de chasse car, tout comme leurs larves, elles sont carnivores.

Il existe grossièrement trois groupes principaux de libellules.

- Les **demoiselles** ou **agrions**, au corps très fin, portent leurs ailes repliées l'une contre l'autre. Leurs larves sont également très fines. Elles disposent, au bout de l'abdomen, de trois appendices aplatis comme des plumes.
- Les **libellules vraies** portent leurs ailes à plat au repos et leur corps, plus volumineux, est souvent aplati. Cachées au fond de l'eau, les larves sont plus massives et souvent couvertes de débris.
- Le troisième groupe est composé des **aeshnes et anax**, grandes libellules au corps allongé, portant au repos leurs ailes à plat. Leurs larves oblongues sont plus grosses que celles des précédentes. Elles rejettent de l'eau par l'extrémité de l'abdomen ce qui leur permet une forme de «nage à réaction» en cas de danger. Elles ne portent pas d'appendices en forme de plume.

Toutes ces larves de libellules présentent la particularité de porter un «masque». Il s'agit de leur mâchoire inférieure qu'elles peuvent projeter vers l'avant pour capturer leurs proies, principalement des larves diverses et des têtards.

Équipement et technique photo

Pour la chasse photographique autour de l'eau, le téléobjectif est de rigueur. Ajoutez au 200 ou 300 mm une bague allonge qui vous permettra de vous rapprocher. Lorsque vous avancez, la libellule, petite fée capricieuse, s'éloigne d'abord à tire-d'aile. Mais elle aime revenir se poster à son point de départ. Attendez son retour le plus discrètement possible. Elle fait en général son petit tour, capture une proie et revient la déguster sur son poste d'affût.

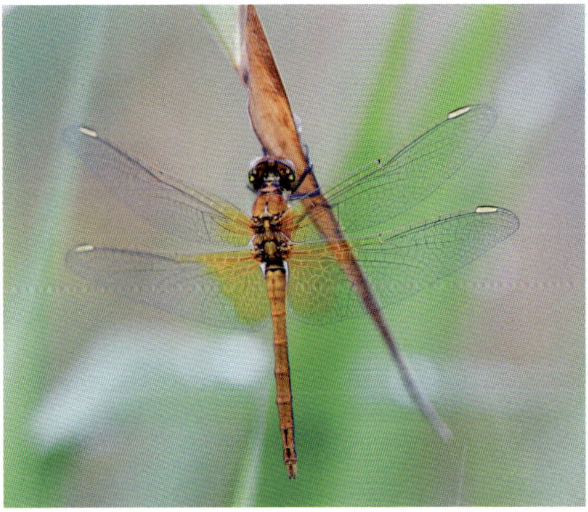

Un temps pluvieux a permis de surprendre ce joli Sympetrum flaveolum au repos. Grâce à la faible profondeur de champ, il ressort bien de la végétation. 500 ISO, 180 mm macro, 1/125 s à f/5,6.

La lumière du jour donne les plus belles photos. Mais, comme vous ne pouvez guère travailler à moins de 1/180 s, la profondeur de champ s'en trouve très réduite. Pensez à régler la mise au point sur les yeux de l'animal. Si vous l'approchez de profil, essayez de vous placer parallèlement à l'ensemble de son corps.
Les ailes diaphanes des libellules se prêtent bien au contre-jour, qu'il soit formé par la lumière directe du soleil ou par son reflet dans l'eau. Jouez avec les lumières réfléchies dans l'eau, mais prenez garde aux risques de sous-exposition si le soleil se trouve de face. Si vous souhaitez atténuer le contraste, ajoutez un flash réglé à un diaphragme de moins, ce qui éclaircira les ombres sans dénaturer le contre-jour. Une casquette ou un diffuseur, fixé sur la tête du flash, atténuent l'éclat trop brillant de l'éclair (voir chapitre 1, pages 18-19).

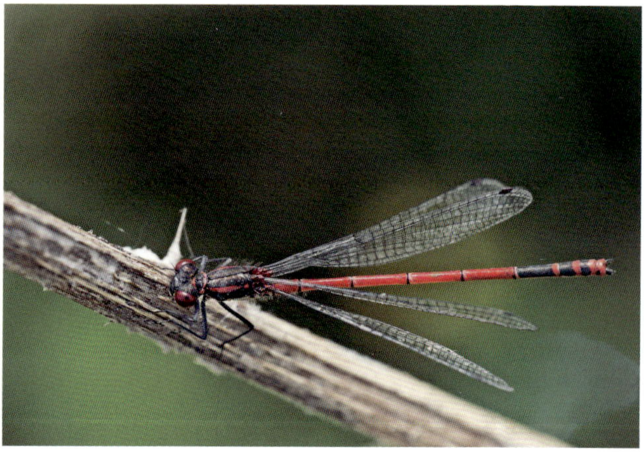

Petite nymhe au corps de feu. Quand la profondeur de champ est limitée, il est important de placer le boîtier parallèlement au corps du sujet afin de rester dans la zone de netteté. 250 ISO, 180 mm macro, 1/200 s à f/8.

Saisir des instants particuliers

Si vous visitez les étangs tôt le matin, vous aurez plus de chance d'assister à l'éclosion des adultes. Celle-ci se déroule en deux temps : après être sortie de l'eau, la larve s'accroche solidement sur un support, puis la peau de son dos se fend. La tête et les pattes de la future libellule apparaissent. L'insecte attend un moment que ses pattes se durcissent, puis il se fixe à nouveau, se renverse et extrait ses ailes de leur enveloppe pour leur permettre de se développer. Elles pendent dans le vide et se gonflent alors lentement. La libellule reste ainsi un moment. Elle attend que ses ailes opaques deviennent petit à petit transparentes et sèches puis, dans un vrombissement soyeux, elle effectue son premier vol.
Les accouplements sont également intéressants à saisir. Les partenaires, très occupés, même s'ils peuvent encore voler, se montrent assez

gauches et deviennent plus faciles à approcher. Vous pourrez alors travailler avec un 100 mm. Accouplés, les deux agrions prennent une forme de cœur très photogénique.

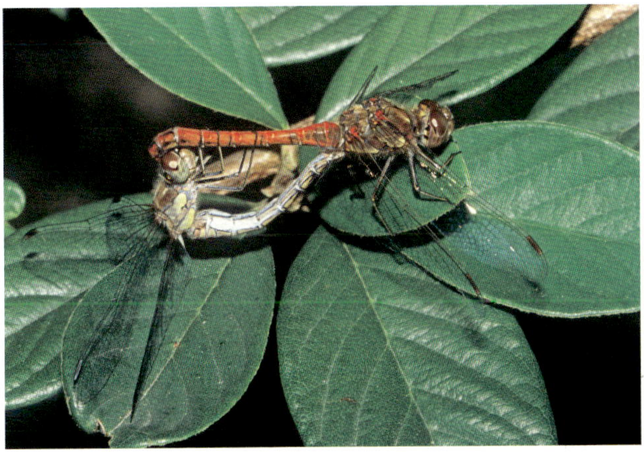

Quand on utilise un seul flash, il est préférable de le monter sur le boîtier afin de limiter la formation d'ombres. 100 ISO, 180 mm macro et flash sur boîtier, 1/125 s à f/18.

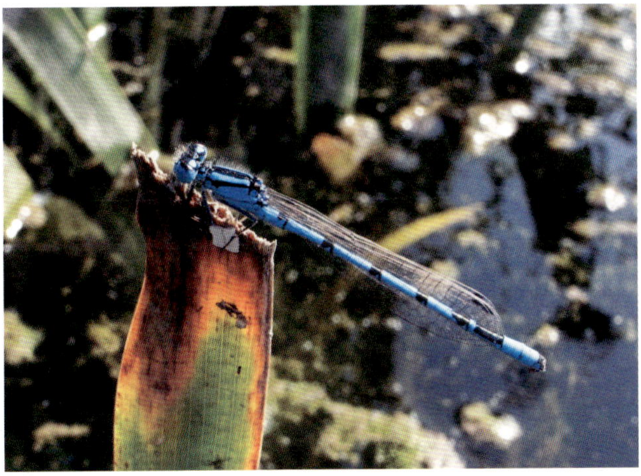

La grande profondeur de champ du compact permet difficilement de faire ressortir l'agrion porte-coupe du fond. 400 ISO, 15 mm, 1/125 s à f/14.

Élever des larves

Si vous avez raté l'éclosion dans la nature, tentez l'élevage des larves. Après les avoir péchées dans une mare au moyen d'une épuisette, installez-les dans un vivarium garni de plantes vertes, des roseaux par exemple. Les plantes devront émerger de l'eau afin de permettre à la larve de s'y accrocher pour se transformer. Sinon, elle ne pourra effectuer sa métamorphose en libellule.

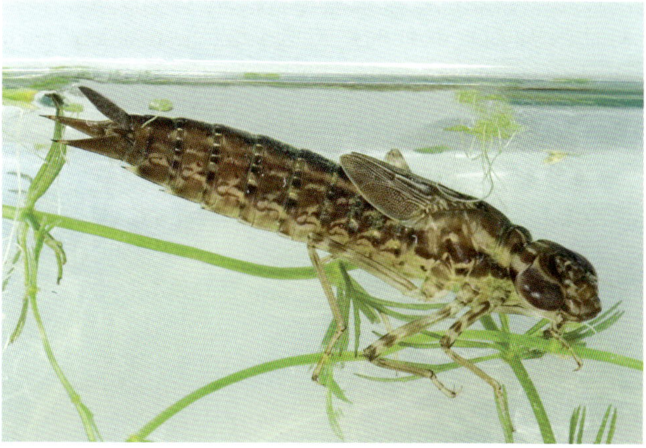

Un fond clair a été placé derrière l'aquarium afin de faire ressortir la larve de libellule aux couleurs sombres. 200 ISO, 100 mm macro et flashs, 1/80 s à f/22.

Les larves les plus grosses peuvent même se nourrir de petits poissons !

Choisissez les plus grosses ; leur taille est le signe qu'elles se transformeront bientôt. Ces larves sont carnivores, aussi évitez de placer des larves de tailles différentes les unes à côté des autres ; en effet, les plus grosses auraient vite fait de se nourrir des plus petites !
Les larves, qui chassent souvent à l'affût, ne se déplacent pas très vite dans l'eau, ce qui rend la mise au point plus facile. Cependant, profitez du moment où elles se nourrissent pour les photographier. Offrez-leur des vers de vase vivants achetés en magasin de pêche.

Prise de vue en aquarium

Évitez d'utiliser un objectif 50 mm, il vous oblige à travailler trop près de l'aquarium et son image risque d'apparaître sur la paroi de verre.

Construisez un aquarium de dimensions modestes, assez plat, cela facilite la prise de vue, ou réduisez l'espace d'évolution de l'animal en adaptant une vitre le long du bord.

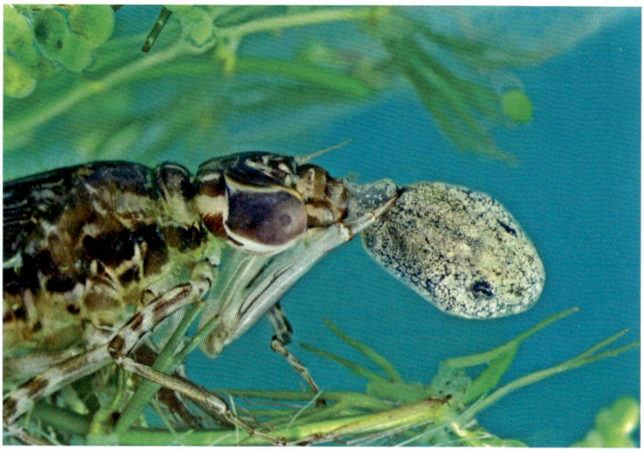

Redoutable prédateur, la larve de libellule capture tout animal passant à portée de son masque. 200 ISO, 100 mm macro et flashs, 1/100 s à f/22.

Installez un premier flash au-dessus et un second à 45° de la vitre frontale. Le fond peut être constitué de plantes aquatiques ou d'un carton clair situé derrière l'aquarium, préférable au fond noir, peu naturel.

Quand la larve s'approche régulièrement de la surface et s'accroche à la base des plantes, c'est que l'éclosion approche ; elle devrait avoir lieu dans un jour ou deux. Il est temps de préparer minutieusement son matériel : mise en place d'un fond, d'un objectif de 100 mm macro et de deux ou trois flashs qui compléteront votre studio.

Pendant la prise de vue, modifiez vos éclairages et orientez-les de face, de profil et en contre-jour de façon à saisir des ambiances différentes du sujet photographié.

La métamorphose dure de quelques dizaines de minutes à plus d'une demi-heure pour les plus gros spécimens. Même si la larve se trouve mal placée, évitez d'y toucher pendant son développement car elle est très fragile. Coupez plutôt les herbes qui vous gêneraient ou déplacez l'aquarium.

Une fois les prises de vue terminées, relâchez les libellules. Il est en effet très difficile de conserver les grandes espèces en captivité car elles ont besoin d'un vaste territoire pour chasser et se reproduire.

Éclosion de cordulie métallique faite sur le terrain à main levée montrant les deux phases du développement : les pattes, puis les ailes. 64 ISO, 135 mm avec soufflet et 2 flashs manuels montés sur support, 1/60 s à f/16.

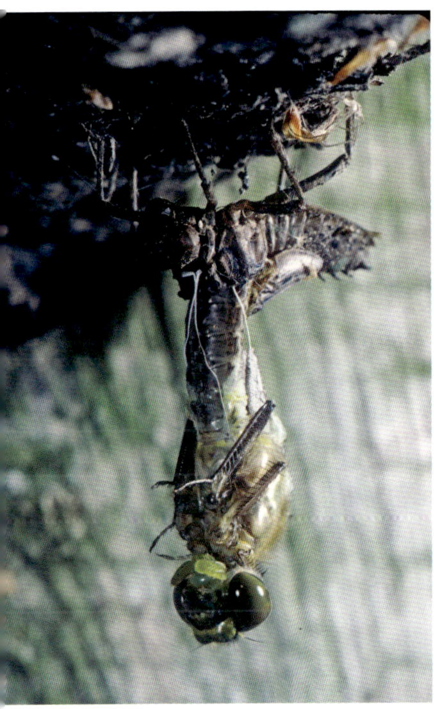

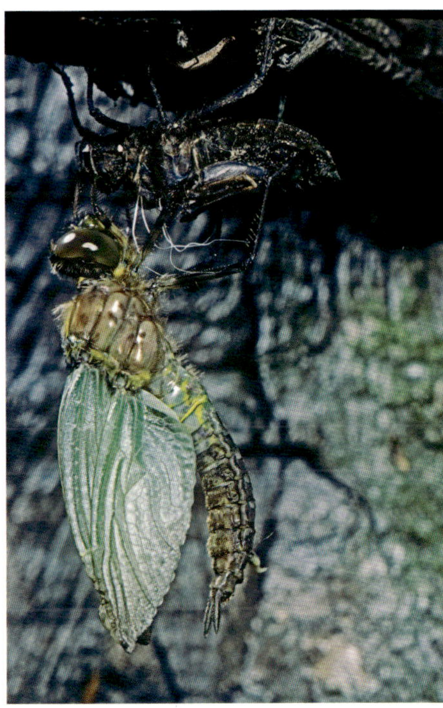

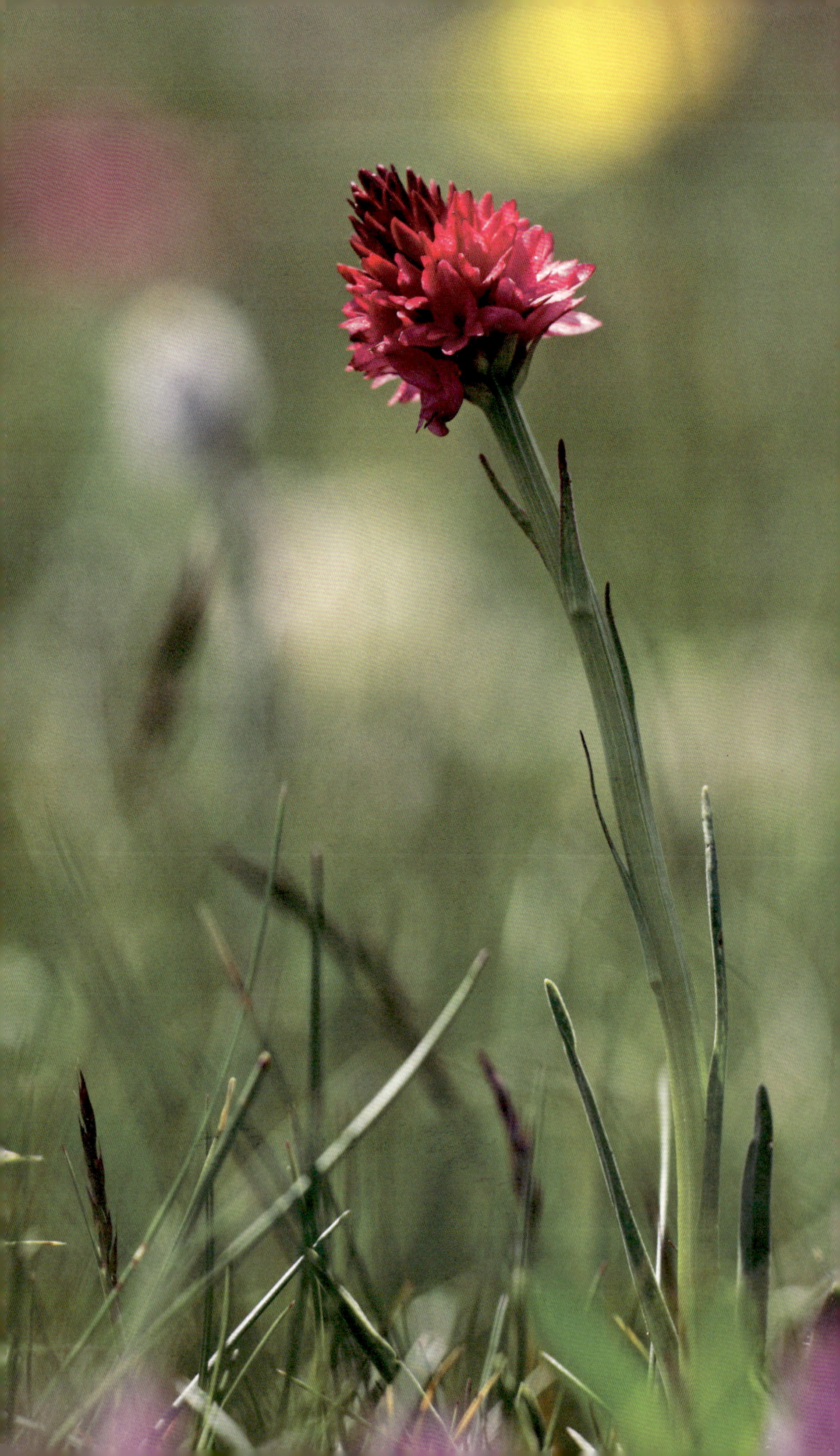

8

Juillet

À l'assaut des cimes

Les vacances approchent, destination la montagne, un des derniers espaces naturels sauvages de notre pays. Si vous souhaitez compléter votre équipement avant de partir, pensez à bien comparer les performances techniques, la maniabilité et surtout le poids du matériel que vous emporterez.

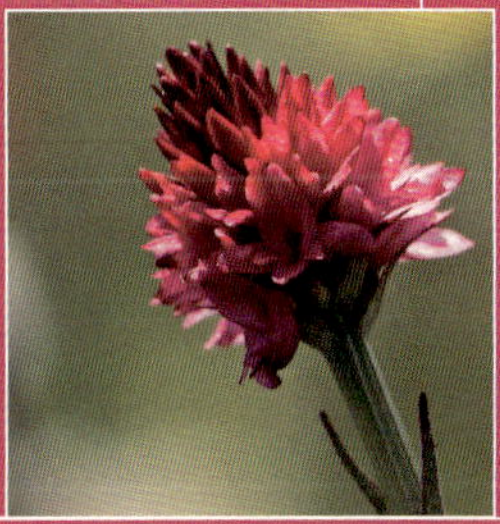

Même si le contrôle sur l'écran LCD est possible, il ne faut pas hésiter à utiliser la touche de profondeur de champ pour visualiser le résultat avant de déclencher. Grâce à un diaphragme ouvert, cette nigritelle se détache bien sur le fond de prairie fleurie. 160 ISO, 180 mm macro, 1/400 s à f/8.

Le combat des lucanes

La rencontre avec les lucanes se mérite : il faut parfois passer de longues heures à surveiller le ciel crépusculaire en quête d'individus en vol et arpenter la forêt afin de découvrir le chêne suintant de sève sur lequel ils se livreront à leurs ébats.

Le lucane, plus connu sous le nom de cerf-volant, est l'un des insectes les plus spectaculaires de notre faune. Le mâle porte de remarquables mandibules, plus imposantes que celles de la femelle. Si les larves de lucanes séjournent plusieurs années dans le bois mort le temps de leur croissance, les adultes ne vivent que quelques semaines à l'extérieur. Leur apparition dans la nature se produit fin juin-début juillet. Pour les repérer à coup sûr, on commencera à observer certains endroits de la forêt, au crépuscule, dès le 15 juin.

La présence d'une femelle excite les mâles qui ne tardent pas à s'affronter. 100 ISO, 100 mm macro et flashs, 1/125 s à f/16.

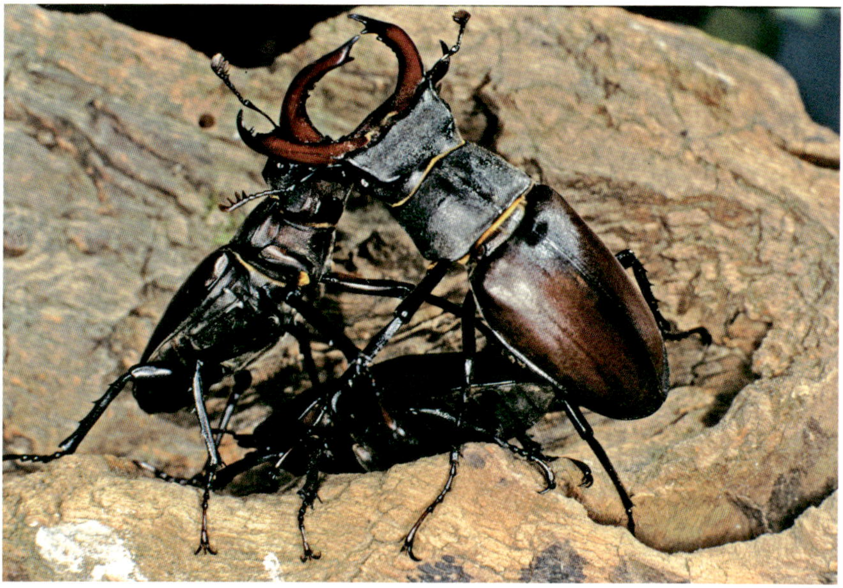

Les points stratégiques

Placez-vous au crépuscule le long des coupes forestières ou à la lisière des forêts de feuillus. Les soirées chaudes et orageuses sont les plus propices à l'observation. Scrutez le ciel afin de découvrir ces insectes en vol. Ils se repèrent aisément car leur corps est si massif qu'ils volent pratiquement à la verticale.

Les coupes forestières sont des espaces où la forêt a été coupée.

Les vieilles futaies présentent les lieux de recherches les plus favorables. En général, les larves se nourrissent de bois mort, avec une nette préférence pour le chêne, mais on les trouve également sur le châtaignier et même le lilas.
Recherchez les vieux chênes où suinte encore un peu de sève. Malgré leurs impressionnantes mandibules, les lucanes ne sont pas des prédateurs, mais de simples «lécheurs» qui fréquentent ces vieux arbres pour en déguster la sève sucrée. Après avoir repéré les lieux pendant la journée, visitez-les au crépuscule et à la tombée de la nuit ; l'usage du flash est alors obligatoire.

Les lucanes : des insectes protégés

Avant de partir à la recherche de ces splendides insectes, sachez que les lucanes sont protégés et que leur capture est interdite; il vous sera d'ailleurs également impossible de vous procurer des larves pour les élever en studio.
Compte tenu de la courte durée de vie des adultes, qui n'est que de quelques semaines, il importe donc de les laisser se reproduire en toute tranquillité.

Technique photo

Les lucanes étant des insectes protégés, vous devrez travailler dans leur milieu naturel, en forêt en utilisant des flashs.
Le plus pratique est le flash annulaire à l'éclairage un peu plat, auquel vous pourrez adjoindre un autre flash pour y remédier. Mieux encore, montez deux flashs sur un support fixe avec une lampe pilote afin de pouvoir vous déplacer plus librement à main levée et utilisez un troisième flash tenu par un assistant. Le 100 mm convient parfaitement pour ces prises de vue. Pour limiter les reflets, la mise en place de casquettes ou de diffuseurs sur la tête des flashs est conseillée (voir chapitre 1, page 19).

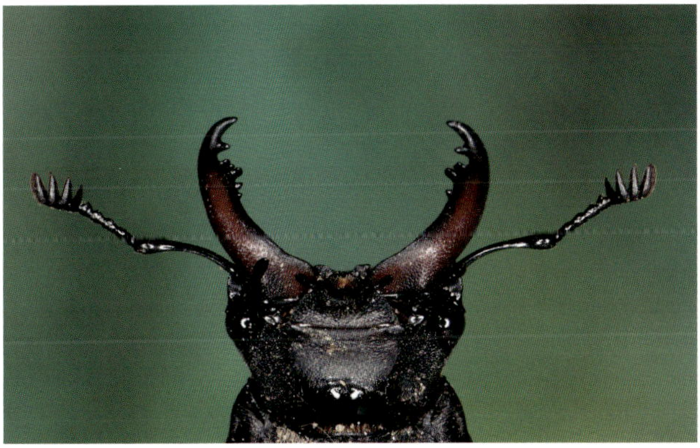

Lorsqu'il se sent menacé, le lucane écarte les mandibules et se fige dans une posture menaçante. Une aubaine pour le photographe qui peut prendre son temps et placer un fond derrière l'animal pour le mettre en valeur.
50 ISO, 100 mm macro et 2 flashs, 1/100 s à f/22.

Attention au fond : si vous photographiez l'animal de profil, avec un arrière-plan éloigné, celui-ci risque d'être trop sombre pour que les lucanes, naturellement foncés, s'en détachent clairement. Placez derrière de la mousse et des écorces, ou utilisez un fond clair maintenu par un assistant. Un troisième flash – tenu par l'assistant – aura son utilité pour « décrocher » le sujet en l'entourant d'un liseré lumineux. Dans ce cas, placez-le en contre-jour en évitant bien sûr d'éclairer la lentille frontale de votre objectif.
Si l'animal se tient sur une feuille, vous donnerez plus de relief à l'ensemble en éclairant en contre-jour sous cette dernière, à l'aide d'un troisième flash pas forcément automatique déclenché par une cellule photoélectrique (voir chapitre 1, page 16). Prenez plusieurs photos en vous approchant et en vous éloignant pour vous assurer de trouver la bonne distance.

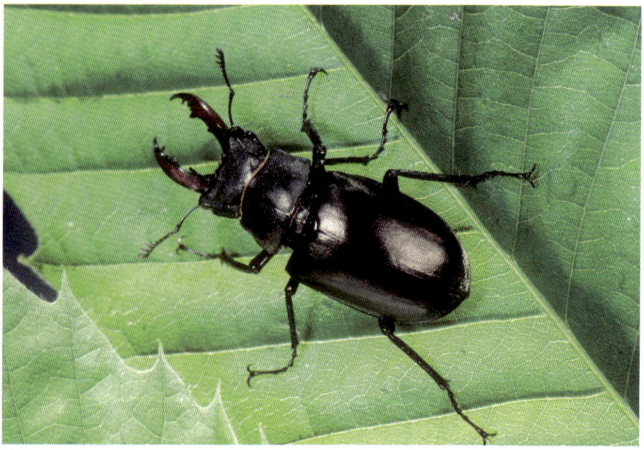

La présence d'un flash en contre-jour derrière le lucane éclaircit la feuille et ravive les couleurs de la scène. 100 ISO, 100 mm macro et 2 flashs, 1/125 s à f/22.

En général, ces insectes sont assez nonchalants et quand ils sont dérangés, ils s'immobilisent dans une attitude défensive ce qui nous laisse tout le loisir de leur tirer le portrait. Par contre, si deux mâles se retrouvent face à face et qu'une femelle est proche, ils se précipitent alors l'un sur l'autre en cherchant à se faire choir mutuellement à l'aide de leurs mandibules, armes impressionnantes qui leur servent essentiellement lors de ces affrontements.
Ils perdent alors tout leur flegme et deviennent très combatifs. Après quelques échanges, l'un d'eux réussit soudain à faire tomber son adversaire. Il remporte la partie si rapidement que, parfois, l'éclair des flashs ne parvient pas à fixer l'instant ultime de la bataille. Pour éviter de vous laisser surprendre, au début tout au moins, commencez par cadrer assez large.

Macro en montagne

Quand le soleil d'été commence à chauffer fort, les prairies de montagne s'épanouissent de mille fleurs pour le grand bonheur des insectes. Un petit effort est certes nécessaire pour atteindre ce paradis encore non touché par les pesticides et l'agriculture intensive, mais quelle récompense !

L'été, la montagne est en effet une véritable mine d'or pour la macrophotographie. Alors que les plaines brûlent sous le soleil, les prairies en altitude restent verdoyantes, humides et abondamment fleuries. Encore peu soumises aux impératifs de la rentabilité à tout crin de l'agriculture moderne, elles sont épargnées par les pesticides et les insectes les plus variés s'y rencontrent donc en nombre. Mais, qui dit montagne, dit marche et randonnée. La prise de clichés intéressants pourra alors vous demander plusieurs heures d'effort…

Grâce à l'importante profondeur de champ des grands-angles des compacts, ici un Ricoh GR100 (équivalence 24 mm en 24 × 36), il est possible d'inclure le plan rapproché des gentianes printanières dans le paysage. 100 ISO, 5,1 mm, 1/125 s à f/9,1.

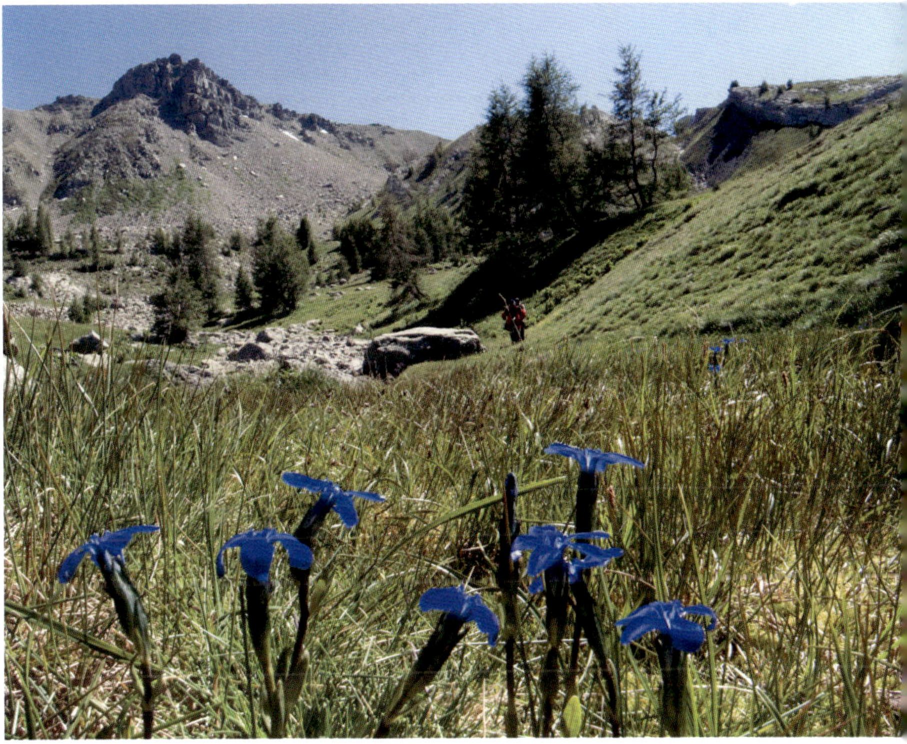

L'équipement, poids et volume

Le choix de l'équipement est primordial en montagne : il faut voyager léger sans sacrifier l'essentiel pour pouvoir dévaler un éboulis à la poursuite d'un papillon rare et disposer rapidement du matériel nécessaire à la prise de vue. Les constructions en polycarbonates et l'électronique ont permis d'alléger considérablement ce dernier et les boîtiers actuels sont bien moins lourds que ceux d'autrefois, qui étaient entièrement mécanisés.

Les petits appareils photo numériques (APN) sont l'idéal quand on ne veut pas trop se charger d'accessoires. Grâce à leur remarquable profondeur de champ, ils permettent d'inclure les gros plans de fleurs au sein du paysage ambiant. En permettant une approche à quelques centimètres des sujets, ils offrent des capacités inégalées en macro. Pour une meilleure qualité d'image, réglez votre APN à la plus basse

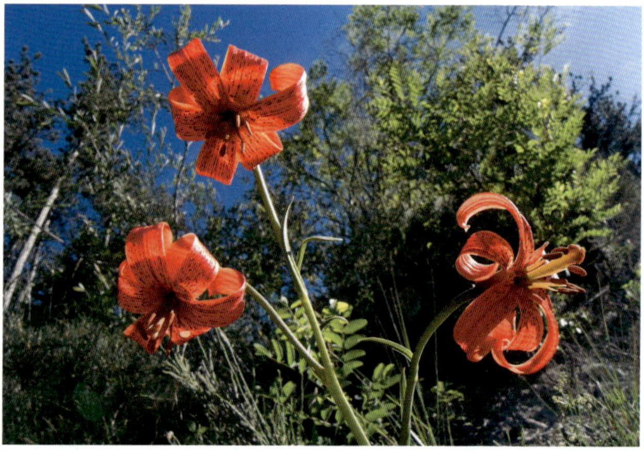

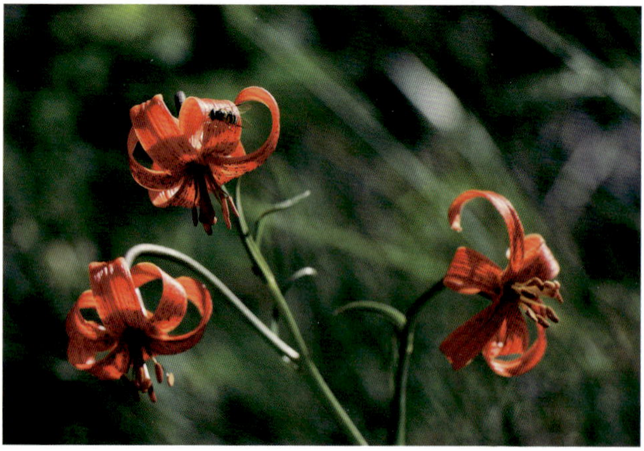

Le même lis pompon photographié avec un compact ou un reflex donne des résultats complètement différents. En haut : compact 100 ISO, 5,1 mm, 1/380 s à f/6,5. En bas : reflex 100 ISO, 180 mm, 1/400 s à f/7,1.

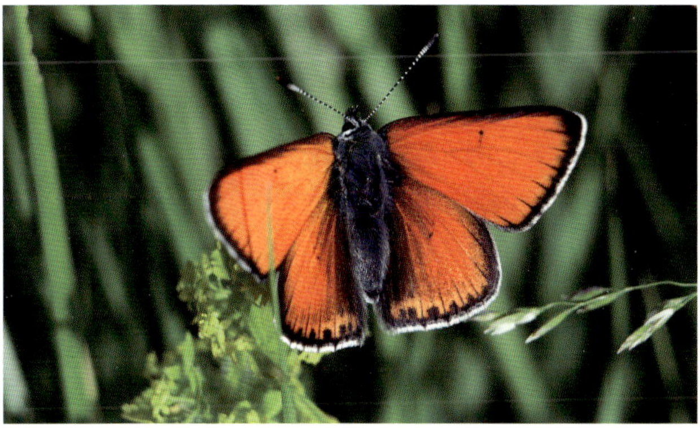

L'utilisation d'un zoom 80-200 mm et d'une bague macro montés sur un reflex m'a permis d'approcher et d'isoler ce cuivré écarlate sur le fond d'herbes. 400 ISO, 80-200 mm et bague, 1/160 s à f/9.

sensibilité, fermez le diaphragme une ou deux divisions en dessous de la fermeture maximum, fixez-le sur un petit trépied de table et déclenchez à l'aide d'un déclencheur souple pour éviter de bouger. Si vous voulez inclure la photo d'une macro de fleur dans le paysage et que la mise au point de votre APN ne se fait qu'au centre du viseur, faites votre mise au point en appuyant à mi-course sur le déclencheur, gardez le doigt appuyé et déplacez l'appareil afin que le sujet se retrouve sur le côté de l'image. Cela évitera un centrage trop important du sujet et conférera plus de dynamisme et de profondeur à l'image.

Le problème reste la photographie de sujets plus sauvages comme les papillons. Dans ce cas, il est préférable d'avoir recours à un boîtier reflex. Si vous n'envisagez pas de tirer des rafales d'images pour tenter d'immobiliser le comportement particulier d'un insecte, un simple boîtier muni d'un moteur de base suffit, sinon au-delà de 3 images par seconde, un boîtier plus lourd s'avère indispensable.

Comme objectif de base, les zooms transtandards de type 28-105 mm comportent souvent une position macro qui vous permettra de vous approcher un peu du sujet, mais ce n'est pas véritablement de la macro. Pour les gros plans, on peut aussi utiliser un jeu de bonnettes. Les Raynox sont assez pratiques; grâce à leurs montures universelles par clip, elles s'adaptent à de nombreux filetages et transforment aisément un objectif ordinaire en macro. Ces dernières, cependant, présentent un fort vignetage dans l'emploi du grand-angle. Il est donc recommandé de les utiliser avec des objectifs supérieurs au 80 mm.

Malgré son poids, l'objectif macro de 180 mm est intéressant car il permet à la fois de photographier des insectes farouches au rapport 1:1 et de saisir sur la position infini les quelques chamois qui s'attardent sur la pente voisine. Par son angle de champ réduit, il permet également de bien faire ressortir les fleurs de leur environnement. Il complètera parfaitement les photos d'ambiance réalisées avec le petit boîtier compact.

Pour augmenter la profondeur de champ, on ferme le diaphragme, et pour éviter le bougé, on augmente la vitesse. Ces opérations nécessitent de la lumière. En numérique, il est facile de compenser cette perte en augmentant la sensibilité, mais cela a pour inconvénient d'apporter du bruit à l'image. Si vous recherchez la qualité maximum, il est indispensable de travailler à une sensibilité de 50 à 100 ISO et donc d'utiliser un pied pour photographier les fleurs.

Gérer sa profondeur de champ

Pour bien faire ressortir une plante sur son environnement végétal, il faut éviter de trop fermer le diaphragme et préférer plutôt un petit télé, 100 ou mieux 180 mm (tout dépend de la taille du sujet et du grandissement recherché). Pour visualiser le résultat avant de faire la photo : appuyez sur le bouton de test de profondeur de champ.

Le minipode de Novoflex est intéressant car il adopte toutes les positions grâce à ses pieds munis de rotules que vous pouvez régler indépendamment les uns des autres. Le système est efficace quoiqu'un peu long à mettre en place. Pour les prises de vue en position verticale, indispensable pour certaines plantes, on lui adjoindra une rotule, par exemple Miniball. Si vous préférez un pied classique, plus volumineux mais plus universel, choisissez un modèle dont les branches s'écartent jusqu'au ras du sol et si possible en carbone et magnésium pour limiter le poids. C'est l'idéal, sauf pour le prix qui reste assez élevé.
Enfin n'oublions pas le bridge, qui par son universalité permettra de partir léger tout en rapportant une moisson d'images variées.

La photo de cette bérardie qui poussait sur une falaise inaccessible n'a été possible que grâce à l'utilisation d'une lunette d'observation Swarovski (voir page 11) sur laquelle étaient montés un Canon EOS 20D et un 50 mm ouvert à f/1,4. 200 ISO, 1/80 s.

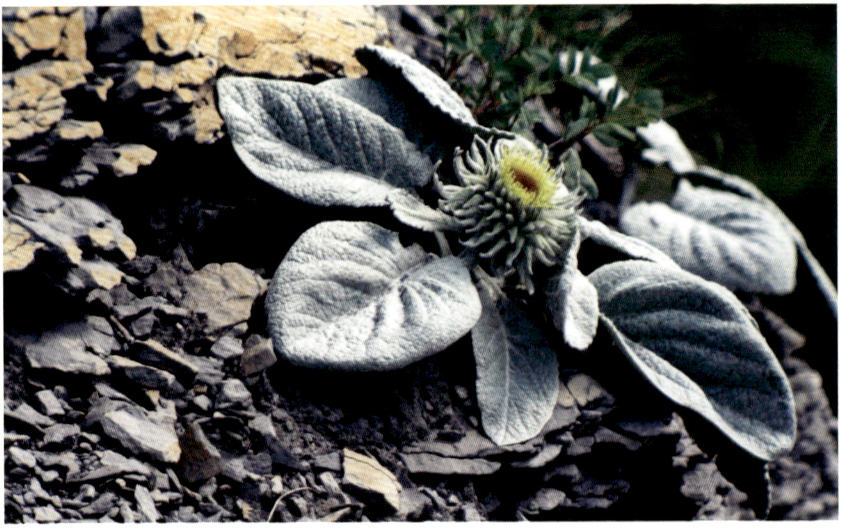

Du côté des fourre-tout

Le gros du matériel photo sera placé dans un sac à dos qui contiendra aussi divers vêtements et cape de pluie, indispensables pour une randonnée à la journée. À la montagne, le temps change très vite!
Le sac sera posé à terre pour récupérer et monter le matériel lors de l'arrivée sur un site intéressant. C'est un peu long à installer mais c'est le moyen le plus confortable pour transporter du matériel sur longue distance. Notez que la cape de pluie peut vous servir pour vous allonger au bord d'un endroit marécageux pour photographier au ras du sol des fleurs en situation ou des papillons qui s'abreuvent.

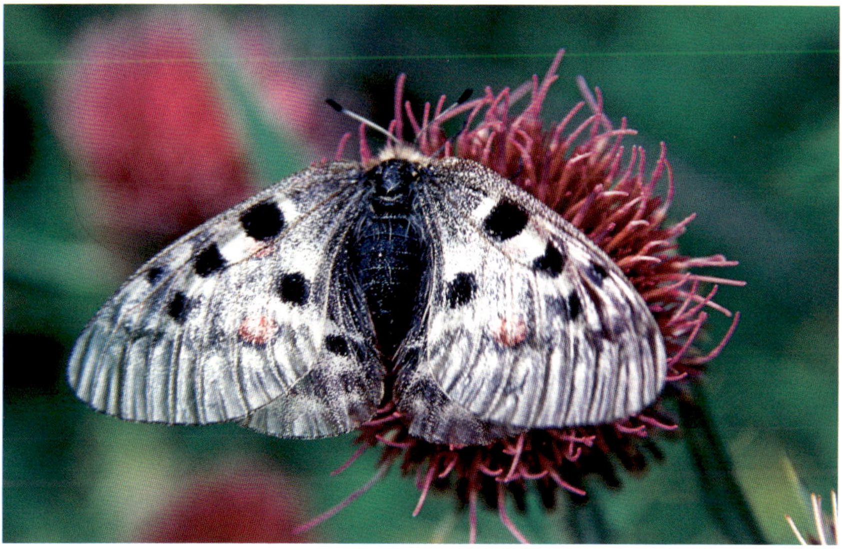

Même s'il est un peu lourd, le 180 mm macro est utile pour photographier à la fois les fleurs, qu'il isole bien de leur environnement, et les papillons, comme cet apollon, qui restent peu de temps en place. 100 ISO, 180 mm macro, 1/250 s à f/8.

Si vous souhaitez être disponible pour réagir à toute opportunité, optez pour un sac ventral : vous pouvez ainsi vous saisir de l'appareil à tout moment, même en marchant. Pour le choisir, apportez votre matériel chez le revendeur et testez-en plusieurs. Ne le prenez pas trop gros : un sac qui cogne continuellement sur les cuisses lors des ascensions devient vite désagréable. Pour ma part, j'ai ôté du mien toutes les cloisons internes pour y placer plus facilement un boîtier équipé d'un 100 mm macro et d'un flash annulaire. Il existe également des modèles bananes portables sur la hanche plutôt réservés à des petits APN.
Si vous portez votre boîtier équipé au cou, prévoyez des lanières très larges munies d'attaches rapides pour le décrocher facilement si vous devez travailler sur pied, par exemple, ou si vous souhaitez changer de boîtier.

L'éclairage

La lumière naturelle est irremplaçable certes, mais en macro, elle montre malheureusement vite ses limites. Assez léger, le flash annulaire rend de grands services pour les sujets proches ; il manque cependant de puissance pour les sujets plus éloignés. Il fournit un éclairage assez plat, ce qui ne constitue pas toujours un handicap tant certaines fleurs et insectes présentent de reliefs. De plus, les effets de brillance dus aux carapaces de certains insectes comme la chrysomèle, une espèce de doryphore, sont atténués par la forme circulaire du tube qui émet l'éclair. Enfin si ce type d'éclair vous gêne, n'hésitez pas à le décrocher de l'objectif pour obtenir un effet de relief plus marqué.

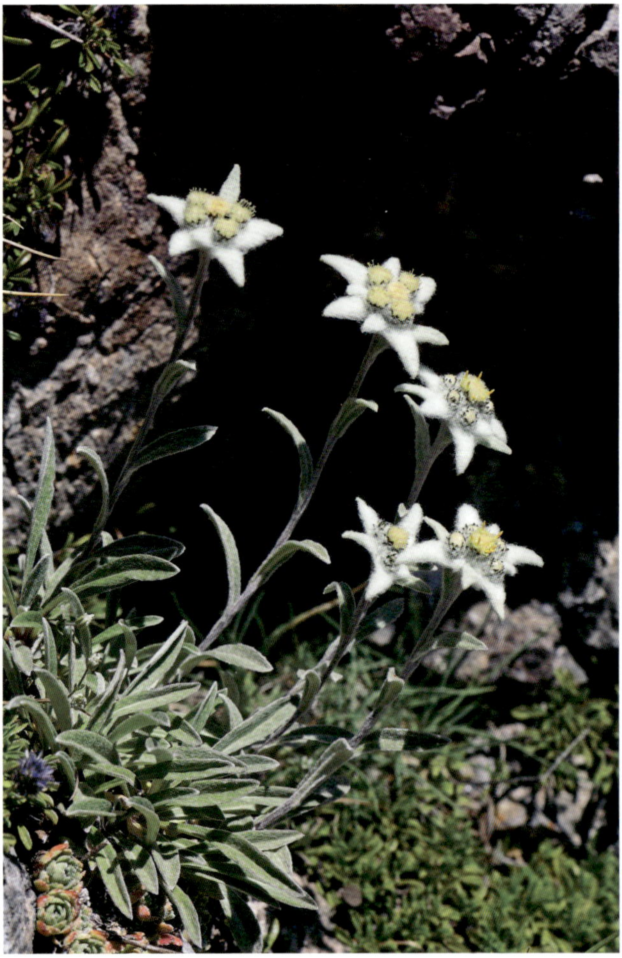

Les fleurs de cette edelweiss ressortent bien sur le creux sombre du rocher. Pour éviter leur surexposition, il est important d'effectuer une mesure Spot sur les bractées blanches, ou de sous-exposer. 160 ISO, 100 mm macro, 1/250 s à f/14 avec une retenue de 1,67 IL.

Pour les photographies d'ambiance ou nécessitant un faible rapport de grandissement, optez pour le fill-in en réduisant la puissance du flash. Il débouchera légèrement les ombres sans contrarier l'atmosphère générale. Comme réflecteur, les petits modèles pliants sont pratiques, sinon, vous pouvez toujours les remplacer par du papier d'aluminium ou des barquettes ayant contenu de la nourriture. Pour ma part, j'utilise souvent une plaque d'émalène, genre de mousse plastique semi-rigide, plus solide que le polystyrène, qui me sert aussi pour m'agenouiller dans la boue ou dans les cailloux pointus.

Les flashs plus volumineux nécessitent un support. Celui que propose Manfrotto est pratique et assez compact, tandis que le modèle de Novoflex offre davantage de possibilités. Ce dernier est en revanche plus encombrant, un peu fragile et demande une mise en place plus longue.

Si ces accessoires sont difficiles à utiliser pendant une randonnée en montagne, ils restent indispensables pour explorer les détails d'une prairie d'altitude, où vous envisagez de passer plusieurs heures, ou les environs d'un col que vous avez pu gravir en voiture.

Le gros plan de cette orobanche pourpre a nécessité l'emploi d'un flash annulaire. 50 ISO, MP-E 65 mm, 1/125 s à f/16.

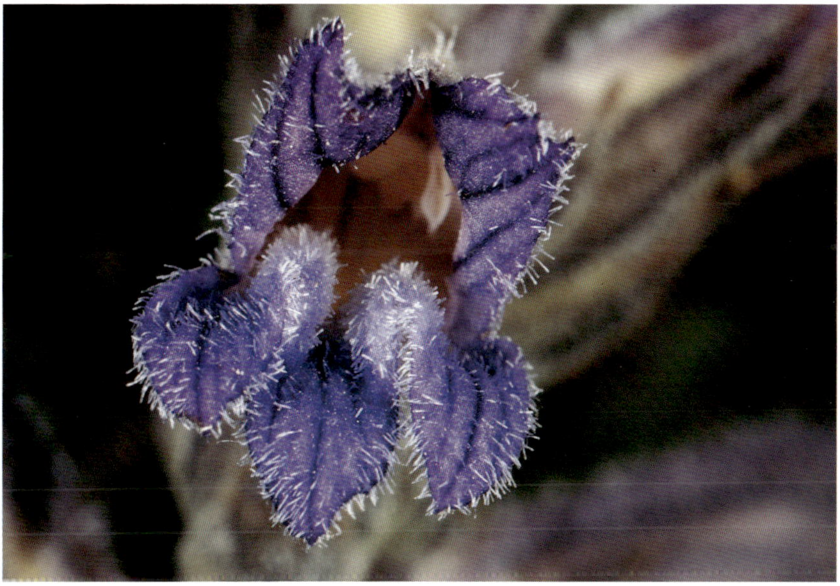

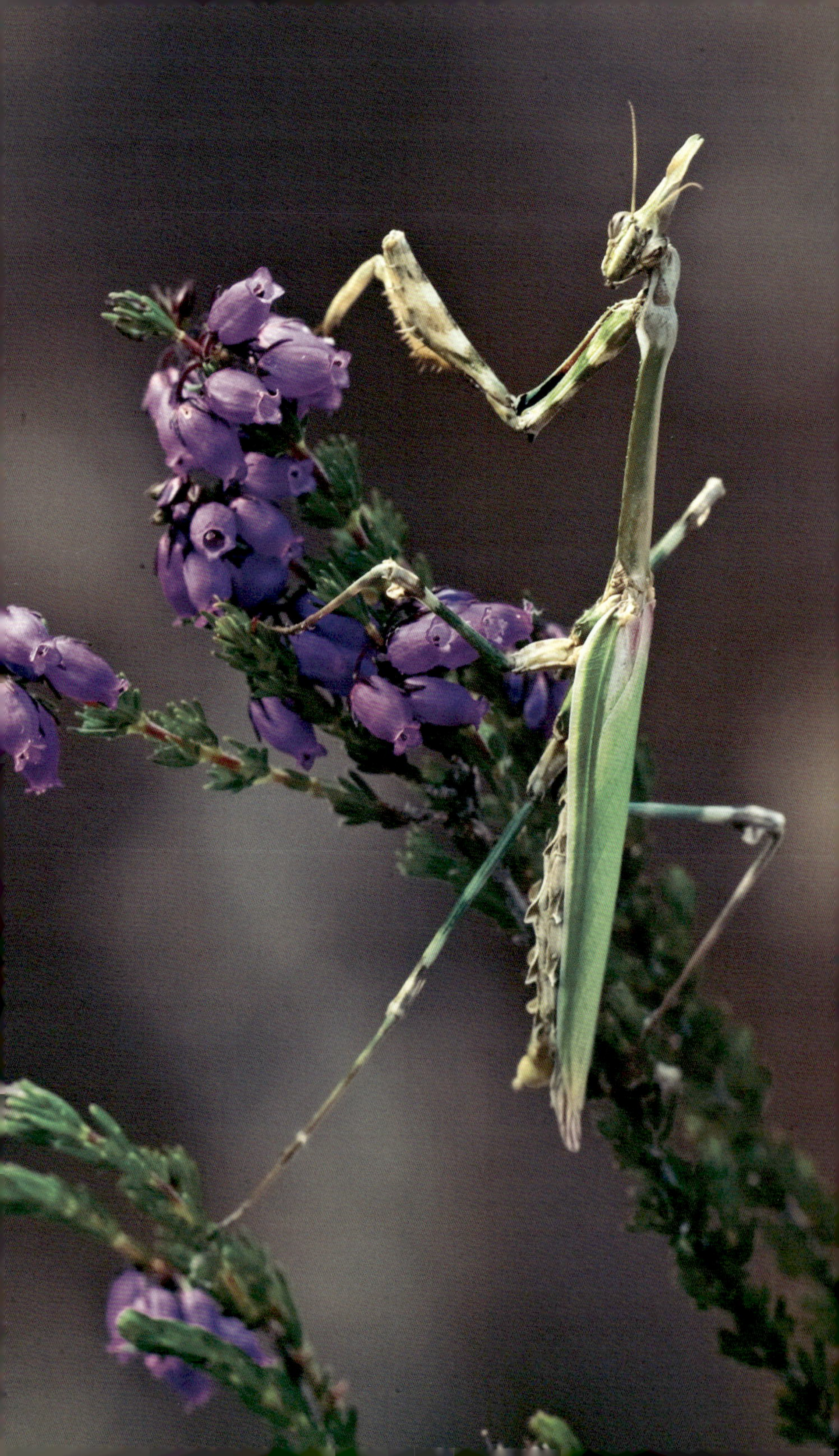

9

Août

Le monde grouillant des insectes

Une douce torpeur s'est emparée de la campagne, troublée uniquement par les stridulations de quelques criquets. Trompeuses apparences. Dans les herbes, la lutte pour la vie continue. Il faut se nourrir, se déplacer, se reproduire… voyons comment nous pouvons être les témoins photographiques de cette agitation.

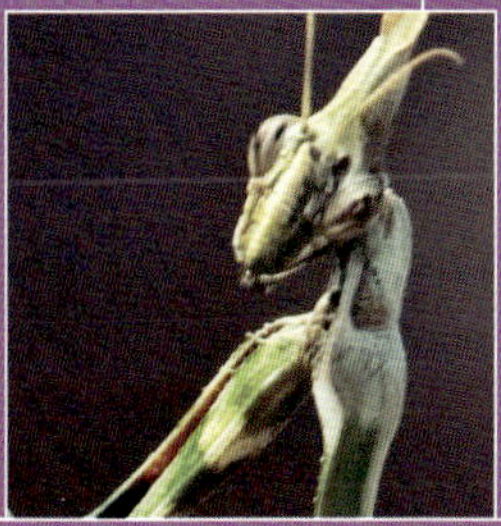

L'empuse, une petite mante commune dans le Midi, mais pas toujours facile à repérer du fait de son camouflage. 200 ISO, 180 mm macro, 1/50 s à f/14 en lumière ambiante.

Les insectes prédateurs

Armés de pattes préhensiles, de mandibules acérées ou de pièges subtils, les prédateurs se tiennent à l'affût ou chassent à courre...

Sur le terrain

Ces redoutables guerriers ne connaissent guère qu'un seul moment de calme, celui du repas ! C'est alors qu'il faut les approcher. Les insectes assez gros, comme les mantes et les sagas, seront photographiés à la lumière ambiante. Et, même avec eux, il est important de se tenir bien parallèle au sujet afin que l'ensemble de l'animal soit dans le plan de netteté, en privilégiant bien sûr la tête et les yeux qui doivent toujours être nets.

Pour les rapports supérieurs à 1:1, deux flashs montés sur un support, Manfrotto ou Novoflex, s'imposent.

Si les insectes se trouvent sur des fleurs claires, n'oubliez pas de surexposer d'un diaphragme pour éviter qu'ils apparaissent trop sombres. Par ailleurs, si le fond n'est pas constitué de feuillages, l'arrière-plan

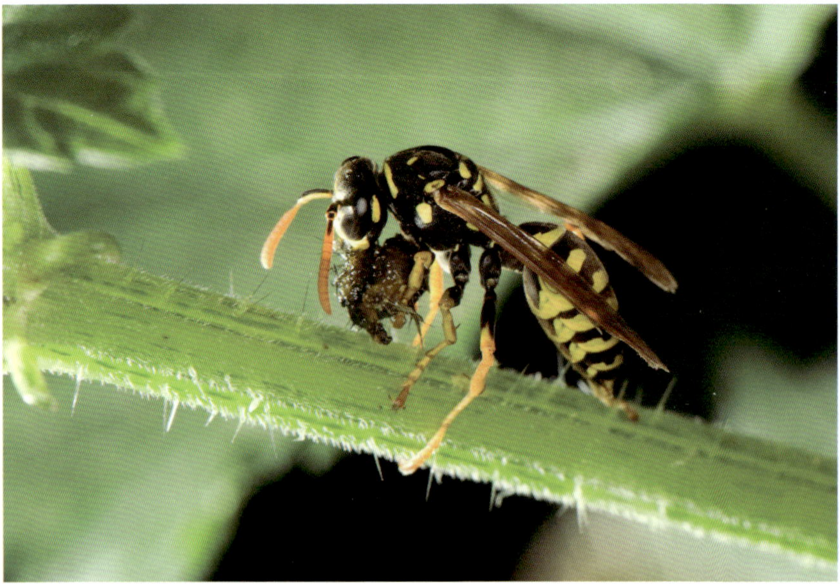

Les chenilles que nous nous évertuons à élever pour obtenir de beaux papillons sont parfois la proie des guêpes qui en font de la bouillie pour nourrir leurs larves. 50 ISO, 100 mm macro, flash annulaire avec 2e flash en décrochage pour éviter le fond noir, 1/100 s à f/22.

semblera obscur et confus. Pour remédier à ce problème, placez un fond artificiel (carton coloré ou peint) ou utilisez un troisième flash, déclenché par cellule, qui éclairera et débouchera l'arrière du sujet ou un fond de feuillage plus lointain.

Les guêpes « tronçonneuses »

Les guêpes sont passionnantes à observer. Saviez-vous qu'elles ne fréquentent pas seulement les fleurs pour leurs matières sucrées mais aussi pour y pratiquer la chasse ? En effet, elles capturent les différents insectes qu'elles y trouvent, les tuent d'une piqûre, puis les découpent en morceaux avant de les manger. Elles régurgiteront ensuite cette nourriture au profit de leurs larves qui les attendent dans les cellules du nid.

Mœurs brutales des femelles

Chacun sait que les petits cadeaux entretiennent l'amitié, voire les « retours d'affection ». Une vérité qui se vérifie particulièrement chez les prédateurs, où les femelles, comme la mante religieuse, ont parfois une fâcheuse tendance à confondre leurs mâles avec des proies.
Pour amadouer ces dernières, les mâles des mouches empis, par exemple, leur offrent des présents, de préférence comestibles, enveloppés dans de la soie. Ces insectes sont dotés d'un corps allongé et d'une longue trompe droite destinée à percer les carapaces des proies qu'elles capturent. Le cérémonial commence par un vol en commun, l'un en dessous de l'autre. Le couple effectue de grands cercles afin de repérer un endroit propice à ses futurs ébats avant de se poser. Tandis que la femelle déballe son cadeau, le mâle se livre alors en toute quiétude à des pratiques amoureuses acrobatiques.

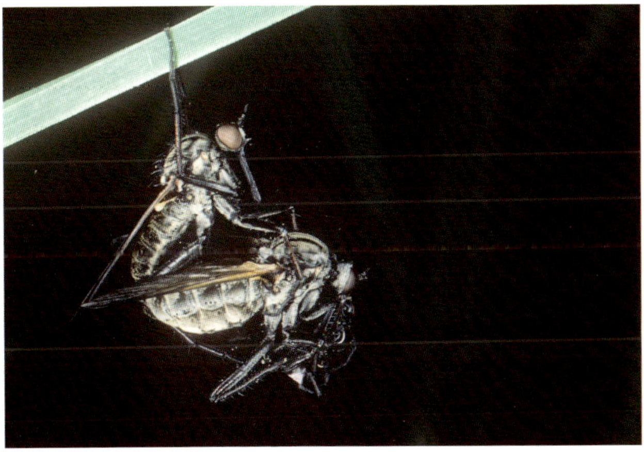

Pas facile de surprendre l'atterrissage de ces mouches prédatrices après leur vol en duo pendant lequel le mâle offre son cadeau. 64 ISO, objectif 135 mm ordinaire monté sur soufflet, 2 torches flash en manuel, 1/125 s à f/16.

En studio

Surprendre une belle scène de chasse dans la nature demande certes un grand sens de l'observation mais également de la chance, même pour un entomologiste averti. Si vos efforts restent vains, il vous reste la possibilité de provoquer celle-ci en studio, en offrant une proie au prédateur. La mante religieuse accepte volontiers mouches et criquets ; placée près d'une colonie de pucerons, la coccinelle s'en délecte si l'endroit lui plaît ; quant à la punaise réduve affamée, elle s'emparera de la coccinelle, même si celle-ci proteste vivement en dégageant un sang nauséabond.

Pour éviter les reflets dus à la carapace brillante de la coccinelle, la lumière de 3 flashs a été diffusée à travers un tube opaque. 100 ISO, 100 mm macro, 1/125 s à f/22.

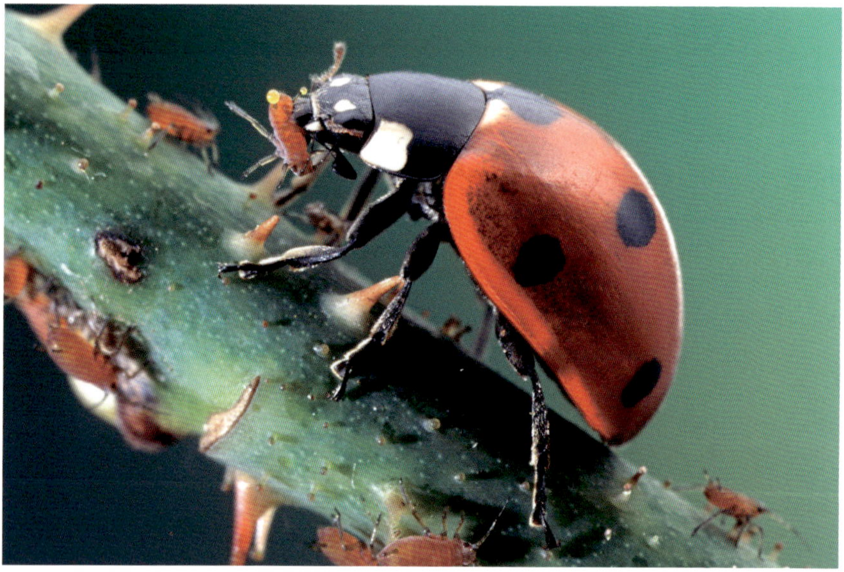

Pour maintenir en captivité des prédateurs, il faut les nourrir, ce qui oblige parfois à un élevage secondaire. Ainsi, la coccinelle se nourrit de pucerons, lesquels, très nombreux en début de saison, se font plus rares en plein été. On les élèvera sur des pois germés en les maintenant à une température inférieure à 19 °C sous peine de les voir continuer leur croissance et, une fois dotés d'ailes, parasiter toutes les plantes du voisinage ! Quant aux coccinelles, elles se conservent idéalement à une température d'environ 24 °C pour bien se développer, ce qui représente beaucoup de contraintes. Autant partir à leur recherche dans la nature, elles y sont nombreuses.

Pour réaliser votre prise de vue, maintenez une coccinelle en captivité pendant quelques jours et présentez-lui ensuite un rameau couvert de pucerons. Vous pourrez aussi remarquer quelques fourmis autour des pucerons. Elles ne les capturent pas, bien au contraire, elles les protègent car elles raffolent de leurs excréments sucrés, ce qui entraîne parfois quelques frictions lors des rencontres fourmi-coccinelle. Tout concourt ainsi à l'élaboration d'un excellent scénario qu'il n'y a plus qu'à mettre en images.

La difficulté, avec les coccinelles, c'est qu'elles sont petites, rondes et brillantes. En cas de fort grossissement, la zone de netteté s'amenuise : la charmante, bien que vorace, bête à bon Dieu n'apparaîtra pas entièrement nette. Pour éviter les brillances, il faut l'éclairer en indirect ou employer un cône diffusant comme nous l'avons déjà fait avec les chrysomèles du mois de juillet (voir page 124).

Les insectes assoiffés et affamés

Par grosse chaleur, les insectes ne se contentent pas de rechercher les belles fleurs. Comme toutes les créatures vivantes, ils ont soif et le moindre point d'humidité leur permet donc de se désaltérer. Un robinet qui fuit, les abords d'une fontaine ou d'un torrent attirent de nombreuses espèces.

Les fruits qui mûrissent à la fin de l'été constituent pour eux une quantité non négligeable de nourriture, mais on peut également les attirer en usant de quelques subterfuges.

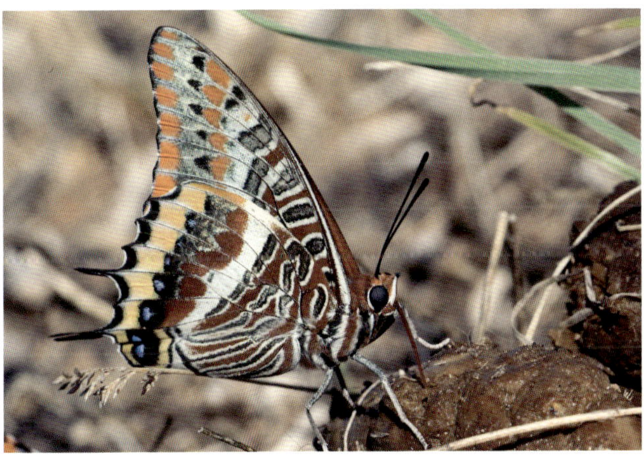

Difficile d'approcher le Jason, sauf s'il trouve son met de prédilection : une crotte de chien ! Certes le sujet manque de poésie, mais l'abondance de matière rend ce papillon très assidu, chose qu'il ne pourrait faire sur une fleur trop avare en nectar. 200 ISO, éclairage naturel avec un objectif 180 mm macro au 1/160 s à f/18 à main levée.

Autour des points d'eau

Les insectes n'ont pas seulement besoin d'eau. Leur organisme réclame aussi des sels minéraux, qu'on retrouve dans tous les éléments plus ou moins humides, tels que le corps d'un animal mort ou les plus prosaïques crottes de chien. Une certaine espèce de papillons, curieusement nommés « mars » alors qu'ils éclosent fin juin, les recherche tout particulièrement. Plus tard, ce sera le tour des lycènes, des vanesses et, surtout, des porte-queues.

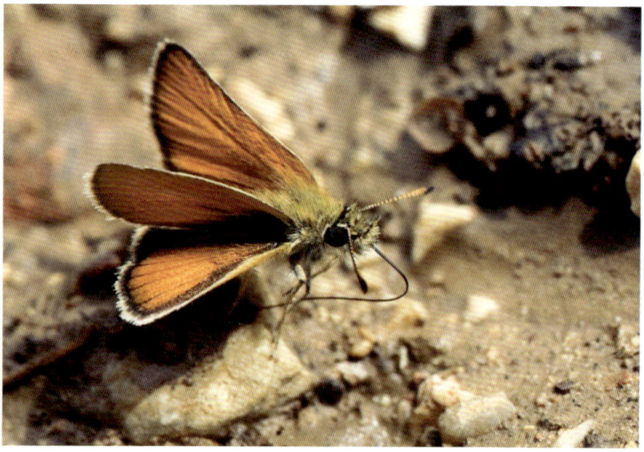

Cet hespérie du dactyle avide d'humidité s'attarde ici sur le bord d'une flaque pour aspirer l'eau et les sels minéraux. 320 ISO, objectif 180 mm en lumière naturelle, 1/125 s à f/11.

Faute de petite rivière ou de fontaine dans votre secteur d'investigation, laissez fuir un peu d'eau sur le sol d'un chemin. Un récipient plat régulièrement alimenté et rempli de sable et de graviers attirera peut-être quelques papillons. Et même... n'hésitez pas à satisfaire un petit besoin naturel. Ces petites astuces fonctionnent mieux en cas de canicule ou dans le Sud de la France, là où le besoin en eau se fait cruellement sentir.

Les guêpes et les abeilles viennent largement se ravitailler. Les guêpes polistes mouillent leur nid avec l'eau récoltée pour que celui-ci se rafraîchisse quand le liquide s'évapore. Si un peu de boue est disponible, les guêpes maçonnes ou pélopées en confectionnent des boulettes qu'elles transportent pour construire leur nid. Sauf à les toucher imprudemment, ces guêpes ne présentent aucun danger, tout occupées qu'elles sont à boire.

Autour des fruits mûrs

Les guêpes se montrent les plus assidues auprès des arbres fruitiers. Cependant, en les observant, nous pouvons nous rendre compte qu'il n'y a pas que les fruits qui retiennent leur intérêt. Elles profitent en effet de cette abondance de nourriture pour capturer certains des convives comme les mouches et même des abeilles qui savent pourtant se défendre, ce qui donne parfois lieu à de mémorables combats. Il arrive aussi que les fourmis se pressent en si grand nombre qu'elles font fuir les autres gourmets.

Les cétoines fraîchement écloses dévorent les fruits à grands coups de mandibules. Ces puissants coléoptères tolèrent parfois mal la présence d'autres insectes à leurs côtés et s'en débarrassent en donnant la charge.

Fabrication d'une miellée

Vous pouvez fabriquer vous-même de quoi attirer les insectes, en vous servant tout d'abord du plus simple des appâts qui consiste en quelques pommes tapées, c'est-à-dire un peu écrasées, enfilées sur une ficelle et accrochées entre deux arbres.

Si cela ne fonctionne pas, vous pourrez utiliser la miellée, qui est un mélange utilisé par les entomologistes pour attirer les insectes avides de matières sucrées. Choisissez des fruits bien mûrs (pêches, poires, bananes, prunes...) et mélangez le tout dans un bocal avec du miel et un peu de bière. Laissez reposer quelques heures, puis badigeonnez un tronc d'arbre de cette mixture avec un pinceau, à hauteur d'homme. Évitez d'étaler votre mélange à proximité d'un massif de fleurs, sinon il y aurait compétition entre les parfums. Choisissez plutôt un arbre isolé de façon à ce que l'odeur se diffuse bien et soit plus attractive.

Parmi les papillons, les vanesses sont les plus nombreuses et les plus impressionnantes. Cette génération, qui survivra à l'hiver, doit pour y parvenir se constituer de bonnes réserves. La nuit, d'autres papillons prennent la relève : les noctuelles, qui sont très gourmandes, en particulier le groupe des catocales ou lichenées. Leurs ailes supérieures grises, couleur de lichen, leurs permettent de se fondre sur l'écorce des arbres où elles se posent. En revanche, leurs ailes inférieures sont de couleur vive (rouges, jaunes ou bleues) ce qui les rend visibles pendant leur vol ; elles disparaissent brutalement, dissimulées sous les ailes supérieures quand l'animal se pose. Ainsi, le prédateur qui recherche une proie aux couleurs qu'il avait entrevues est berné. Quand ces noctuelles se nourrissent, elles entrouvrent légèrement leurs ailes et c'est alors le moment de les photographier.

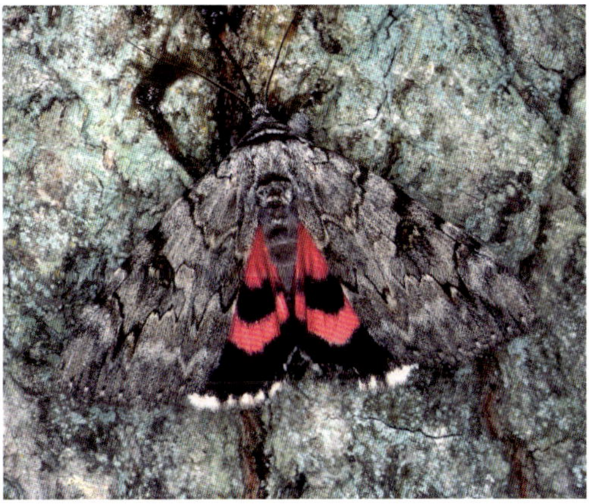

Lorsque la miellée est bonne, les insectes s'y pressent, ce qui permet parfois d'assister au repas des lichenées. 100 ISO, objectif 50 mm avec flash annulaire, 1/60 s à f/22.

Pour les photos nocturnes, le flash annulaire est très pratique avec ses lampes pilotes.

Sur le terrain : progression et équipement

Il est plus facile de photographier les insectes dans les conditions naturelles ou artificielles que nous venons d'évoquer plutôt que sur les fleurs car ces dernières distillent peu de nectar à la fois. Et à moins d'une inflorescence composée d'une multitude de petites fleurs (tournesol, ombellifères, sureau...), les insectes comme les mouches, les papillons ou les abeilles ne s'attardent pas sur les corolles.

Il vous faudra d'abord vous entraîner... à ramper avec discrétion. Les protections pour coudes et genoux de roller ou de carreleur se révèlent ici très utiles, surtout si vous devez progresser sur terrain accidenté ou rocailleux en évitant tout mouvement brusque. On pourrait baptiser cela la « technique de l'éclaireur apache ». Stabilisez votre appareil en prenant appui sur vos coudes, vous éviterez ainsi d'avoir à transporter un pied plus ou moins encombrant.

Pour faciliter l'approche, un 100 mm ou mieux un 180 mm macro s'avèrent indispensables, en particulier pour pouvoir rester à une certaine distance des sujets farouches. Les insectes de taille moyenne photographiés de dessus (les abeilles, par exemple) rendent les flashs incontournables si l'on veut une photo à la netteté irréprochable ; n'oubliez pas de surexposer au moins d'un diaphragme s'ils se trouvent sur fond blanc ou clair. Pour les papillons de taille plus importante, le flash, qui risquerait de plus de les faire fuir, ne s'impose pas.

L'approche et les conditions d'éclairage

En plein jour, l'approche doit se faire lentement ; essayez de ne pas projeter d'ombre sur l'insecte. Pour photographier les papillons, placez-vous bien parallèlement aux ailes afin de bénéficier d'un maximum de netteté, surtout en éclairage naturel. Méfiez-vous des guêpes, parfois très nombreuses, et évitez de vous agenouiller dessus...

La photo « soleil dans le dos » reste la plus classique, mais elle enlève toute transparence au sujet. Pour éviter d'effrayer l'insecte en créant une ombre, qui sera pour lui soudaine et menaçante, et restituer cette transparence agréable à l'œil, on choisira le contre-jour ou l'éclairage latéral. L'image aura plus de relief et sera plus belle.

Au besoin, en contre-jour, un léger coup de flash en fill-in réduira les ombres trop violentes. Je préfère quant à moi photographier d'abord en lumière ambiante et terminer les prises de vue au flash en le sous-exposant légèrement. Ainsi, si l'éclair fait fuir les sujets, je suis assuré de disposer d'au moins quelques images en magasin... Si le contre-jour trop violent procure un sujet trop sombre, celui-ci pourra être éventuellement éclairci en post-traitement sur ordinateur, mais rien ne vaut un original irréprochable.

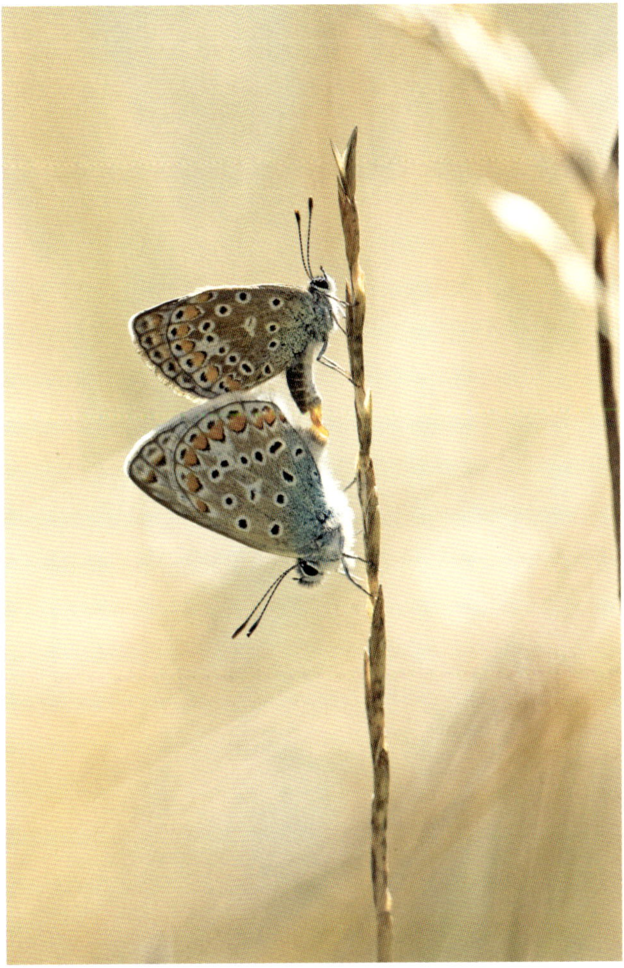

Une approche discrète dans les herbes sèches a permis de surprendre ce couple de lycènes. 200 ISO, 180 mm à main levée et flash annulaire avec retenue d'un diaphragme et demi, 1/160 s à f/11.

Photo de nuit

La miellée attire aussi beaucoup de papillons de nuit surtout quand les fleurs commencent à disparaître. En éclairant la scène avec une lampe électrique, vous verrez des yeux briller. N'abusez pas de cet éclairage car certaines espèces, en particulier les lichenées, peuvent s'en effrayer. Essayez d'assurer d'emblée votre cadrage car elles risquent de s'envoler dès la première photo. D'autres, pourtant de la même espèce, semblent plus dociles. Chacune a son caractère, à vous de savoir les amadouer !

L'envol des insectes

La photo d'insectes en vol : voilà le genre de sujet qui représente un véritable défi pour le photographe, et qui fera bien le jeu du numérique. Le résultat n'est jamais acquis malgré les nombreux essais qu'il réclame, car leur petite taille et leur mobilité rendent la prise de vue des insectes toujours aléatoire. L'amateur confirmé ou l'expert pourra se lancer dans l'achat de matériel coûteux, mais, avant d'en arriver là et pour se faire la main, il existe quelques méthodes simples.

Les ailes déployées

Avant de tenter de saisir l'animal en plein vol, essayons d'abord de le photographier les ailes déployées.
Les coléoptères et les punaises, par exemple, possèdent des ailes membraneuses cachées sous des élytres. Avant de déplier les premières, ils doivent soulever les secondes. Il faut donc prendre le temps de bien les observer pour être prêt le moment venu, car l'action ne dure que peu de temps. Avec un peu d'habitude, on finit par déclencher au bon moment, même si la photo n'est pas réussie à chaque fois.

Pour photographier le hanneton, il faut profiter du court moment où, arrivé en haut d'un support, il ouvre ses élytres et déplie ses ailes. 200 ISO, 100 mm macro et 2 flashs, 1/125 s à f/22.

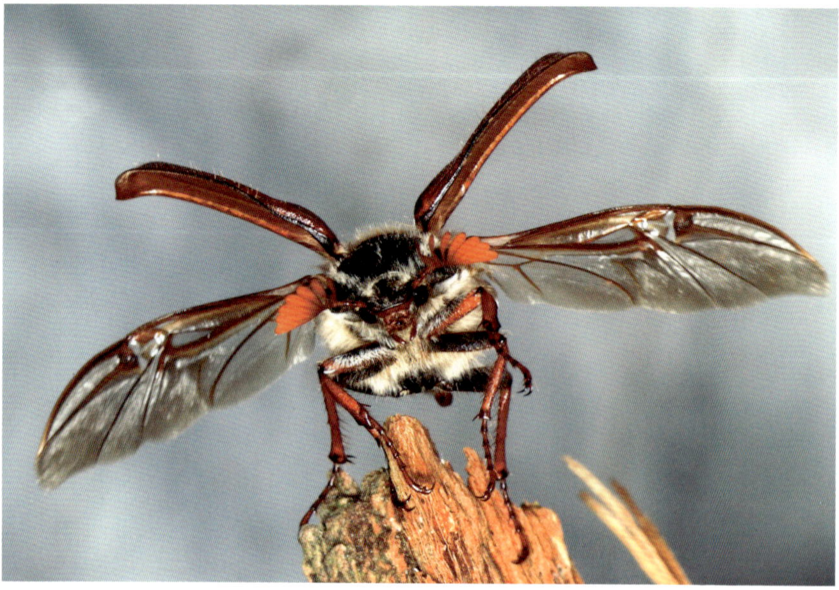

Pour obliger les coléoptères à ouvrir leurs ailes, on peut jouer à... « la petite bête qui monte », ces insectes choisissant souvent pour décoller le point le plus élevé. Commencez donc par leur préparer un décor, par exemple un morceau de bois sur un fond assez uni. Côté matériel, prévoyez un 100 mm macro et plusieurs flashs : la vitesse de l'éclair figera le mouvement. Ne cadrez pas trop serré et prévoyez un peu d'espace supplémentaire afin de ne pas être pris de court par le décollage. Dans un premier temps, il est préférable de s'exercer avec des insectes assez gros et plutôt lents comme les hannetons ou les longicornes. La coccinelle qui s'envole au bout du doigt est un classique, mais sa petite taille nécessite un grandissement trop important pour des premiers essais.
Prévoyez également un ou une partenaire dynamique qui, n'ayant pas peur des petites bêtes, les localisera et les rattrapera. Les insectes doivent être en pleine forme, pas question de leur offrir un petit séjour au frigo. Et n'oubliez pas qu'ils ont aussi besoin d'un peu de repos, laissez-les souffler de temps en temps...

Sur le dos

Certains insectes retournés éprouvent des difficultés à se redresser. Pour ce faire, ils entrouvrent leurs élytres. Pour les photographier, placez-les sur le dos, sur une surface lisse (une plaque de verre ou d'altuglas opaque, par exemple). La prise de vue doit être rapide, avant leur envol tourbillonnant, d'où la nécessité, là encore, de disposer d'un assistant qui les manipulera si nécessaire. Sous le verre, un flash en contre-jour évitera les reflets. On peut placer l'appareil au dessus ou au dessous du verre (voir photo page 140).

L'affût devant les fleurs

Repérez une belle fleur régulièrement visitée par les insectes. Installez en face d'elle votre appareil sur un pied solide et cadrez assez large à l'aide d'un 100 mm macro. Utilisez au moins deux flashs dont la rapidité des éclairs figera le mouvement de l'animal. Leurs ailes battent très vite et le bout en sera rarement net, mais ce flou de bougé accentue l'impression de dynamisme.
La puissance des flashs intervient peu dans ce type de prise de vue. Pour ma part, j'ai réussi à « geler » les ailes d'un sphinx ou de syrphes à l'aide d'un flash annulaire Canon de nombre-guide 11, alors que je n'y parvenais pas avec deux grosses torches Metz de nombre-guide 60 !
Pour réduire la durée de la vitesse de l'éclair avec un flash TTL, placez-vous très près et ne fermez pas trop le diaphragme. Pour le même résultat, l'autre solution consiste à utiliser le flash (s'il autorise ce réglage, bien sûr) au quart ou au 1/64e de puissance. Il en faudra alors plusieurs et vous devrez effectuer de nombreux essais pour affiner vos réglages.

Le Metz 60 CT4 propose de diminuer de 1/2, 1/4, 1/8, 1/16, 1/32, 1/64, 1/128, 1/256 la puissance de l'éclair.

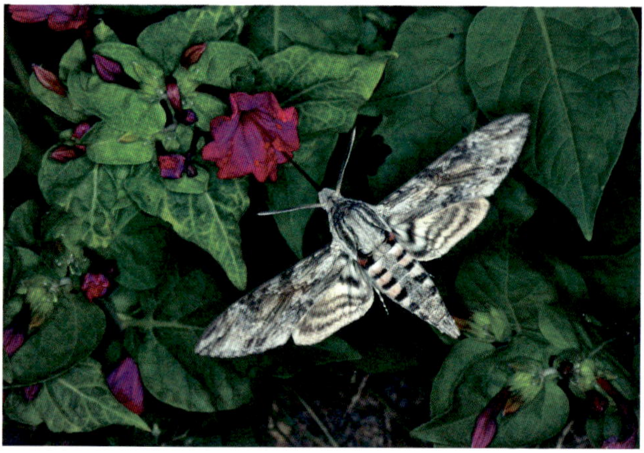

Au crépuscule, guettez l'arrivée du sphinx du liseron autour des massifs de belles de nuit. Pour augmenter la vitesse d'éclair, 3 puissants flashs cobra ont été utilisés en TTL automatique. 100 ISO, 1/125 s à f/11.

Les limites de l'emploi des cellules

L'acquisition de cellules photoélectriques ne résoudra pas toutes vos difficultés de prise de vue en vol (voir chapitre 1, page 18). En effet, vous devrez encore régler un certain nombre de problèmes techniques. En premier lieu, il faudra baliser le chemin que devra emprunter l'insecte pour passer devant les cellules photoélectriques, déterminer l'endroit où faire la mise au point et, enfin, régler la rapidité de l'éclair pour immobiliser les ailes. Pour plus de confort, une fois encore, je conseille l'emploi de plusieurs flashs.

Guider l'insecte. Avant qu'il déclenche en passant devant la cellule, il faut conduire l'insecte à se présenter à un endroit donné en lui faisant suivre un parcours guidé dont l'ouverture finale sera réduite pour éviter qu'il ne s'éloigne trop. N'oublions pas que sa taille oblige à un rapport relativement important qui réduit la profondeur de champ : à un demi-centimètre près, la photo risque d'être floue.

Un bon système consiste à placer les insectes dans une boîte noire dont l'une des faces comporte un cône translucide dirigé vers la lumière. Sur la face opposée, une large ouverture couverte par un rideau noir permet d'introduire de nouveaux « sujets ». En vous plaçant devant une fenêtre, vous récupérerez plus facilement les insectes lors de leur sortie afin de les remettre dans la boîte d'envol.

Régler la mise au point. La cellule est située devant la sortie du cône et les insectes en coupent le faisceau en sortant, ce qui provoque le déclenchement de l'appareil. Voilà pour la théorie. La pratique est plus délicate. En effet, les vitesses de vol varient d'un animal à l'autre et il est difficile de déterminer avec précision à quel endroit régler la mise au point. Selon le matériel utilisé, le déclenchement de l'obturateur varie également. Le mieux est de cadrer assez large au début, puis de réduire progressivement le champ si les résultats confirment la zone de netteté.

Les cellules à rayon laser sont également plus rapides au déclenchement et, surtout, leur faisceau très fin réagit au passage d'un petit insecte, ce qui n'est pas le cas avec les cellules classiques à infrarouge. Leur rayon plus large est facile à mettre en place mais d'un déclenchement plus aléatoire avec les petits sujets. Dans tous les cas, dites-vous que vous ne couperez pas aux essais heureusement facilités maintenant par le numérique...

Si vous n'avez pas les moyens d'acquérir une cellule, laissez voler l'insecte dans un couloir transparent et déclenchez au moment où il quitte le tube. C'est un peu hasardeux. L'autre solution que nous propose le numérique, c'est de pratiquer une véritable chasse photographique sportive de tir en vol. Utilisez un boîtier performant capable de tirer des rafales de 5 à 10 images par seconde et montez dessus un objectif macro de 180 mm. Augmentez la sensibilité à 800 ou 1600 ISO selon la luminosité. Vous pouvez gagner encore en sous-exposant de 1 ou 2 diaphragmes ; les papillons clairs ressortiront mieux et les parties sous-exposées seront retouchées en post-traitement. Réglez votre autofocus en AI servo de façon à pouvoir suivre le sujet. La vitesse sera réglée autour de 1/4000e de seconde. Postez-vous près d'un massif de fleurs qui reçoit de nombreux visiteurs et tirez des rafales quand ils arrivent ou repartent des fleurs. Bon courage !

Il faut anticiper l'action de l'insecte pour tenter de le stopper en vol, d'où un grand nombre de photos ratées. Parmi le nombre, la découverte d'une rareté, un citron de Provence unique, à la fois mâle et femelle. 500 ISO, 180 mm macro, 1/1300 s à f/18.

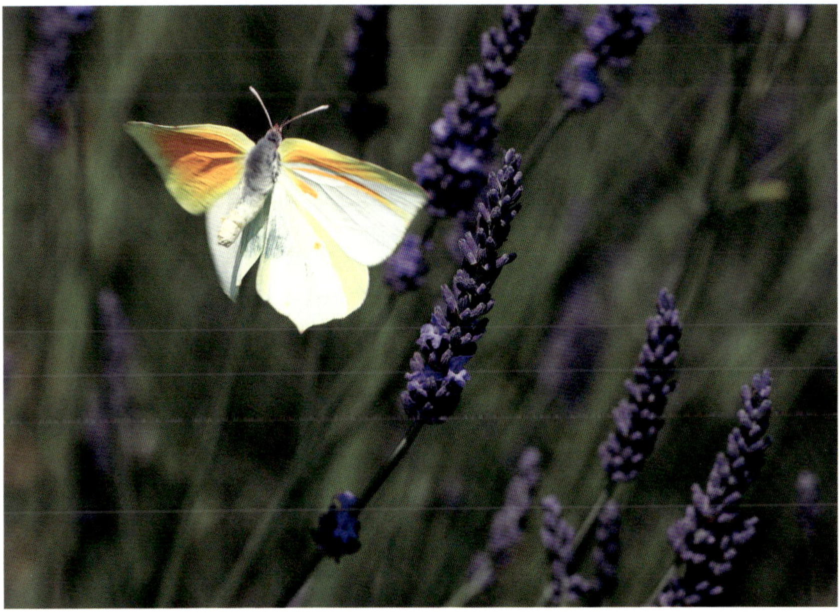

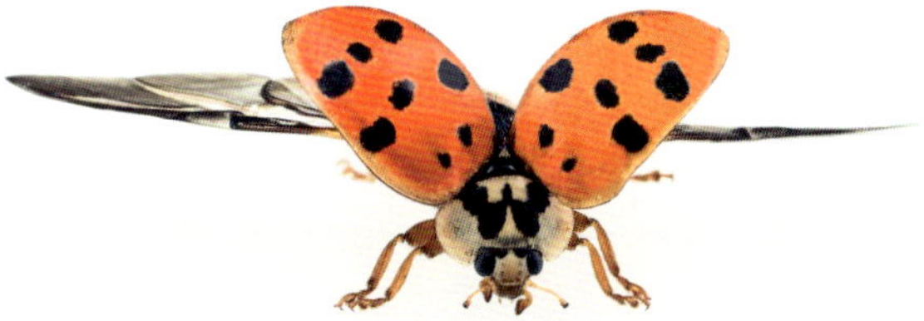

Placée sur le dos sur une plaque d'altuglas opaque, cette coccinelle a été photographiée au moment où elle ouvrait ses élytres pour se redresser. En fait, la vitesse est due à celle des éclairs émis par 2 Metz CT4 utilisés en manuel avec les puissances diminuées de 1/128. 160 ISO, 100 mm macro, 1/100 s à f/22.

Safari nocturne

Tout ne dort pas la nuit. Bien au contraire, la nature offre alors une surprenante variété de formes de vie et d'activités. Mais un bon safari nocturne ne s'improvise pas et se prépare... le jour, en repérant en particulier les massifs de fleurs ou les plantes aux feuilles grignotées. En effet, de nombreux insectes, de crainte d'être découverts, se cachent ou s'enterrent durant la journée au pied du «garde-manger» qui les nourrit la nuit.

Les chenilles de noctuelles ou de sphinx, reconnaissables à la corne recourbée qui orne l'extrémité de leur abdomen pour celles du sphinx, procèdent de cette manière. Les traces d'excréments qui s'accumulent à la base des feuilles ou au pied de la plante constituent des indices supplémentaires. Le charançon otiorhynche se régale quant à lui du bord des feuilles de nombreuses plantes (notamment le lilas) qui en devient tout crénelé, d'où son surnom de «poinçonneur du lilas».

Les noctuelles et les géomètres forment les familles les plus importantes de papillons de nuit, tandis que les sphinx sont les plus spectaculaires.

Les plantes à profondes corolles tubulaires, tels le tabac, le silène, le compagnon blanc, le chèvrefeuille, la belle de nuit ou l'onagre sont adaptées pour attirer et recevoir les papillons de nuit. Elles diffusent un parfum suave et leurs profondes corolles n'acceptent que les longues trompes des papillons. Quant au buddleia, dont les petites fleurs groupées pendent en longues grappes, il attire jour et nuit les insectes.

Le déplacement des géomètres

Les géomètres ou arpenteuses sont appelées ainsi à cause de la manière de se déplacer de leurs chenilles. Ne disposant pas de fausses pattes au milieu du corps, elles doivent se plier pour avancer, d'où l'impression qu'elles donnent de mesurer le terrain. La citronnelle rouillée se rencontre fréquemment. La phalène du sureau est l'une des plus grandes.

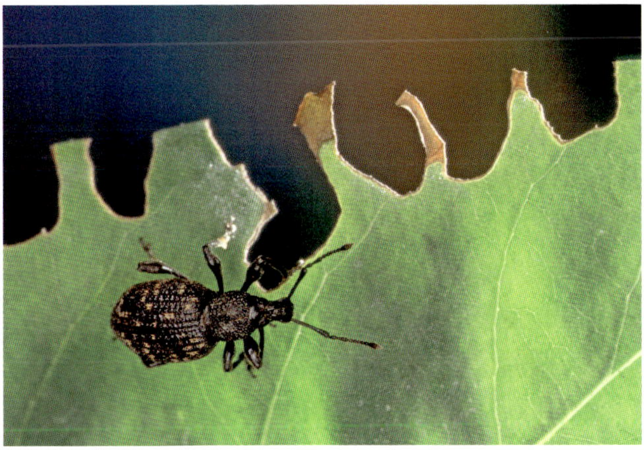

Si on rencontre souvent des arbustes au feuillage échancré, il faut attendre la nuit pour découvrir le charançon coupable. 50 mm et flash annulaire, 1/125 s à f/16. Un deuxième flash a été tenu derrière pour apporter de la transparence à la feuille.

À l'écoute de la nuit

Moins on y voit, plus on doit rester aux aguets... et pour cela, il ne reste guère que l'ouïe ; de nombreux bruits et appels divers ne manqueront pas d'intriguer. On se déplacera donc lentement et en silence sous peine de faire taire ou fuir l'objet de son attention. Au besoin, on enveloppera sa lampe d'un papier rouge.

Les alytes. Les bruits répétitifs en provenance des tas de cailloux sont souvent occasionnés par ces petits animaux, aussi appelés « crapauds accoucheurs ». Soulevez délicatement les pierres afin de ne pas les écraser et avec un peu de chance, vous découvrirez un mâle portant autour de la taille la ponte de la femelle.

Les sauterelles. Perché dans les buissons, le mâle de la sauterelle verte lance une puissante vibration en frottant les bases de ses élytres l'une contre l'autre. La femelle, qui porte un long ovipositeur à l'extrémité de l'abdomen, prend la direction du point d'où part ce chant d'amour. Dans le Midi de la France, d'autres sauterelles, carnivores celles-là, partent en chasse. Les cigales en font parfois les frais, d'où des protestations sonores assez vives.

Le grillon d'Italie. On l'entend régulièrement mais il est si difficile de le surprendre que sa découverte est un plaisir en soi. On imagine mal qu'un insecte aussi insignifiant puisse produire de si jolies notes. Une fois déployées, ses élytres donnent presque à l'animal une allure de papillon.

L'un des plus beaux chants que l'on peut entendre la nuit est celui du Grillon d'Italie, le plus dur étant de le localiser. Pour faciliter la rencontre, celui-ci a été attiré par une lumière. 50 ISO, 100 mm macro et 2 flashs sur support, 1/200 s à f/22.

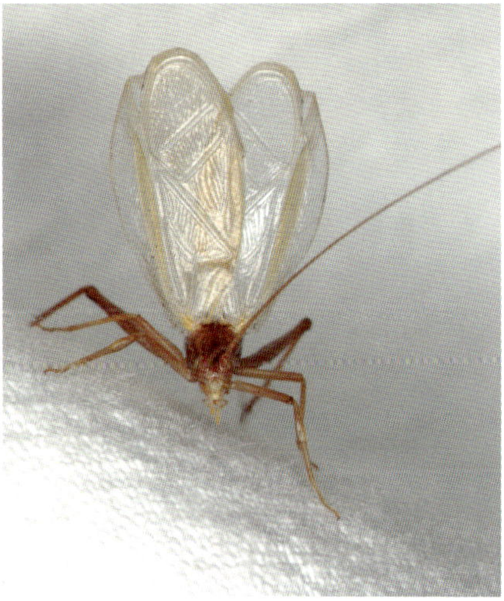

Chasse à vue

Un escargot malencontreusement écrasé sur le chemin vous permettra peut-être de rencontrer quelques carabes, coléoptères à la carapace brillante, grands amateurs de limaces et d'escargots. À défaut de cette proie, il est difficile de stopper leur course effrénée à travers bois et campagne, pressés qu'ils sont de débusquer les mollusques et insectes qui profitent de l'humidité nocturne pour sortir se nourrir de plantes. En fonction de vos repérages de la journée, vous découvrirez des chenilles de papillons sphinx ou des noctuelles. Celle du sphinx tête de mort, qui vit sur les pommes de terre non traitées, est la plus spectaculaire.

Éclairage d'ambiance : à la lueur des vers luisants

Les femelles attirent les mâles grâce à une lumière émise à l'extrémité de leur abdomen; cette lumière froide provient de l'oxydation de graisses. Photographier à la lueur de cette lumière n'est pas sans difficulté. Il faut réaliser une vue en fill-in en diminuant fortement la puissance du flash pour garder l'ambiance. Cela requiert de la part de l'animal une immobilité de dix à trente secondes qu'il n'est pas toujours disposé à offrir. N'hésitez pas à multiplier les prises de vue en changeant les réglages de sensibilité. Il sera certainement nécessaire ensuite de rééquilibrer les hautes et basses lumières à l'ordinateur tant il y a de différence entre la lumière de l'animal et le reste de l'image.

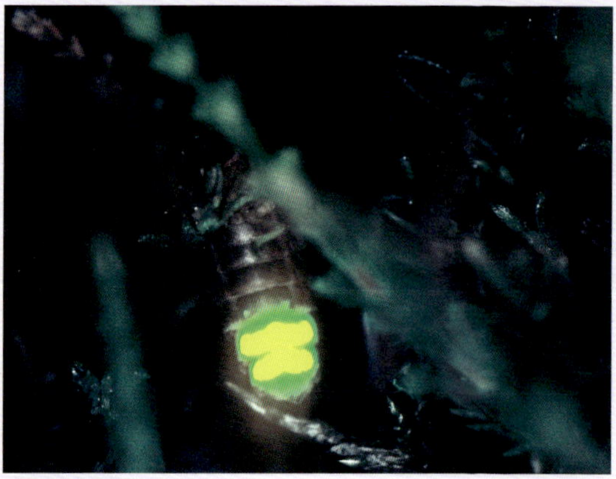

À la lueur du ver luisant... Pas facile de s'approcher dans les herbes sans déranger l'animal et perdre notre source d'éclairage. 100 ISO, 50 mm et flash annulaire sous-exposé, 10 s à f/11.

Quel matériel emporter ?

Le matériel comprend comme d'habitude un 100 mm macro et deux flashs montés sur un support. Détail important : ce dernier sera équipé d'une lampe pilote pour permettre la mise au point. Petite lampe de poche, torche... pour ma part, j'ai utilisé pour cette série une ampoule halogène de six volts avec son réflecteur, alimentée par une batterie indépendante Quantum pour flash. C'est un éclairage puissant, mais gourmand en énergie. Si ce matériel vous semble trop encombrant, vous pouvez opter pour le flash annulaire. Il se transporte facilement

et ses lampes pilotes sont très utiles pour la photo nocturne, quoique un peu faibles.
Contrairement à la chasse photo diurne, le fond noir fait ici partie de l'ambiance. Nul besoin d'utiliser un fond coloré. Ainsi équipé, vous pourrez réussir de splendides images... si vous rencontrez vos sujets. Ne cédez pas au découragement après une première nuit infructueuse.

Chasse photo autour des lampes

Bien que plus nombreux que les papillons de jour, les nocturnes se montrent plus discrets. Heureusement, beaucoup d'entre eux sont attirés par la lumière, pour le plus grand bonheur du photographe.

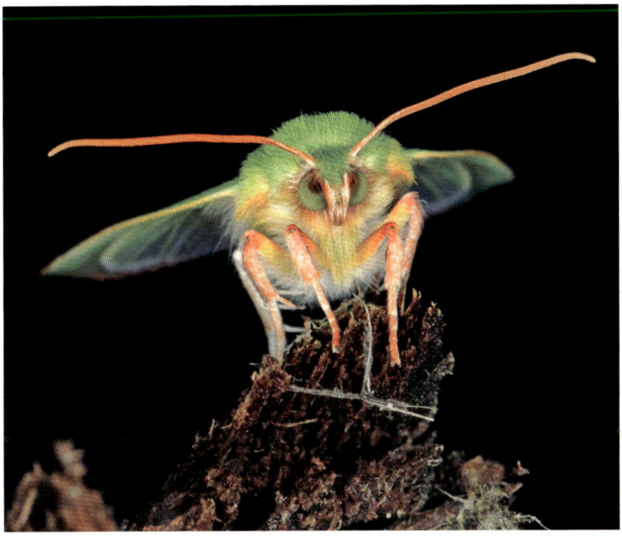

Éclairé uniquement par le flash annulaire, l'Alias du hêtre semble sortir de la nuit. 50 ISO, 100 mm macro, 1/125 s à f/22.

Les papillons de nuit

Les noctuelles représentent la plus grande famille de papillons nocturnes. Dotées de couleurs discrètes, elles passent souvent inaperçues. La noctuelle gamma est l'une des plus communes. Le hibou et la mariée possèdent quant à elles des ailes inférieures très colorées, mais c'est une ruse ! Cette couleur, très visible en vol, disparaît dès que le papillon se pose, et l'œil, qui recherche toujours la couleur entrevue, se perd dans la grisaille de l'écorce sur laquelle le papillon s'est caché. Nombre de noctuelles portent des dessins de camouflage qui les dissimulent aux regards. Leurs écailles, brillamment colorées, rappellent à leurs prédateurs qu'elles sont toxiques ; l'écaille villageoise, l'écaille martre et l'écaille chinée sont parmi les plus remarquables. Enfin, les sphinx sont des papillons aux ailes étroites et au corps fuselé, ils volent très bien et certaines espèces entreprennent de vastes migrations au-dessus des mers.

Les papillons nocturnes sont attirés principalement par les radiations UV de la lumière. En la matière, les éclairages publics pourraient constituer un idéal, mais ils sont souvent situés trop haut et la compétition avec les chauves-souris est importante. Recherchez plutôt les lampadaires placés le long d'un mur blanc, car certains papillons viennent se poser à leur pied. Situées dans des zones campagnardes, les toilettes d'autoroutes, qui restent allumées toute la nuit, se révèlent souvent assez riches. Si ces lieux ne sont pas toujours très propres, une visite peut toutefois donner matière à de bonnes photos, surtout avant le passage de l'équipe de nettoyage. Vous aurez en effet peut-être une chance de rencontrer des insectes coprophages...

On peut se procurer une lampe à vapeur de mercure de 160 watts, comme celles utilisées dans les éclairages publics. Installée le long d'un mur ou dans une pièce aux fenêtres ouvertes, elle attirera les papillons. Après avoir tournoyé un moment, ils s'immobiliseront et se poseront alors, ailes repliées, ce qui vous laissera tout le temps de les photographier.

Pour ne plus dépendre de l'éclairage urbain et pouvoir se rendre dans les lieux naturels plus sauvages, un petit groupe électrogène de 250 watts est indispensable. Il existe également des systèmes de tubes néon UV qui fonctionnent sur des batteries de voitures. On peut acheter ce matériel auprès des fournisseurs de matériel entomologique (voir en annexe, page 199).

Rendre la lumière plus attractive

Accrochez la lampe devant un drap blanc, le tout dans un espace dégagé et visible de loin. Attirés par cette source lumineuse, les papillons viendront se poser sur le drap. Parfois, pour obtenir un décor plus naturel, j'accroche une lampe sur un tronc d'arbre. Les photos ainsi obtenues sont superbes, mais la méthode rencontre moins de succès que la toile blanche. On peut aussi poser quelques branches et troncs à la base du drap, mais sans garantie que les papillons se laissent convaincre de venir s'y poser.

Fabriquer son propre piège

Si vous ne souhaitez pas veiller toute la nuit, il vous reste la solution du piège : une grande boîte de carton ou de bois au fond de laquelle vous déposez des morceaux d'écorces. Percez le couvercle de la boîte et glissez un grand entonnoir dans le trou formé. Placez une lampe juste au-dessus de l'entonnoir. Les papillons attirés par la lumière viennent heurter la lampe et chutent dans l'entonnoir. Arrivés dans l'obscurité de la boîte, ils retrouvent leur calme et se posent sur une des écorces. Au matin, il vous suffit de soulever délicatement les écorces pour découvrir les papillons endormis.

Principe du piège

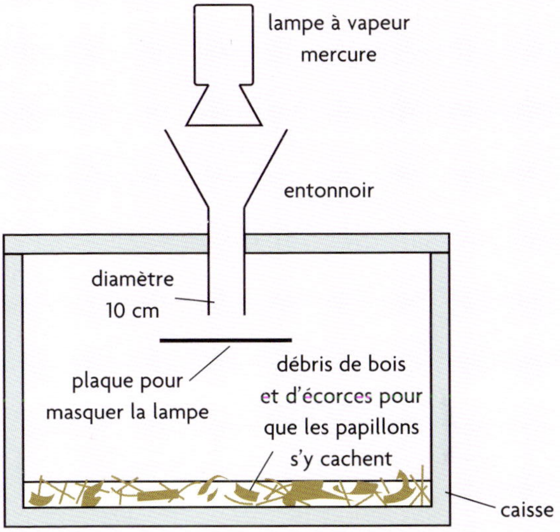

Choix de l'éclairage et du fond

Avec des sujets immobiles, le 50 mm macro et un flash annulaire équipé de lampes pilotes suffisent. Pour compenser l'éclairage uniforme du dernier, utilisez un petit flash manuel déclenché par cellule. Tenez-le d'une main latéralement à votre sujet ; vous pouvez également le placer derrière celui-ci ou sous une feuille pour donner du relief à l'image et créer un contre-jour. Veillez à ne pas trop éclairer le fond, qui doit rester sombre pour reproduire l'ambiance de la nuit.

Si le papillon repose sur un support peu esthétique, placez-en un autre devant lui, une écorce par exemple, et poussez très doucement l'animal par derrière afin qu'il se déplace. Si l'opération est menée délicatement et avec un peu de chance, le papillon peut se montrer assez docile. Par sécurité, il vaut tout de même mieux commencer par réaliser une photo sur l'ancien support avant d'en changer.

La recherche d'un support naturel pour cette Cidarie ochracée permet de mettre en évidence le camouflage qu'elle utilise pour échapper à ses ennemis. 100 mm macro et flash annulaire, 1/125 s à f/22.

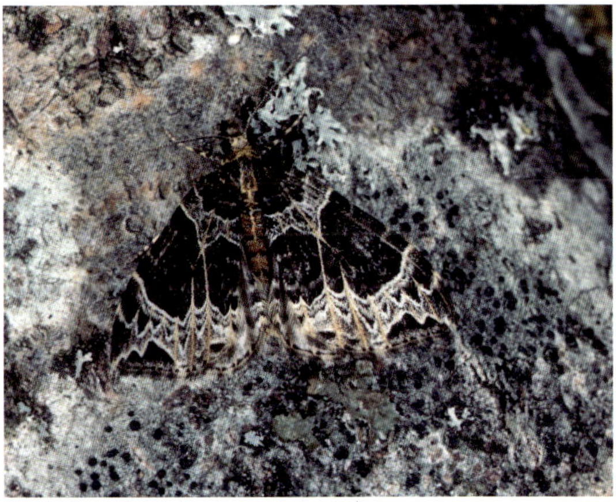

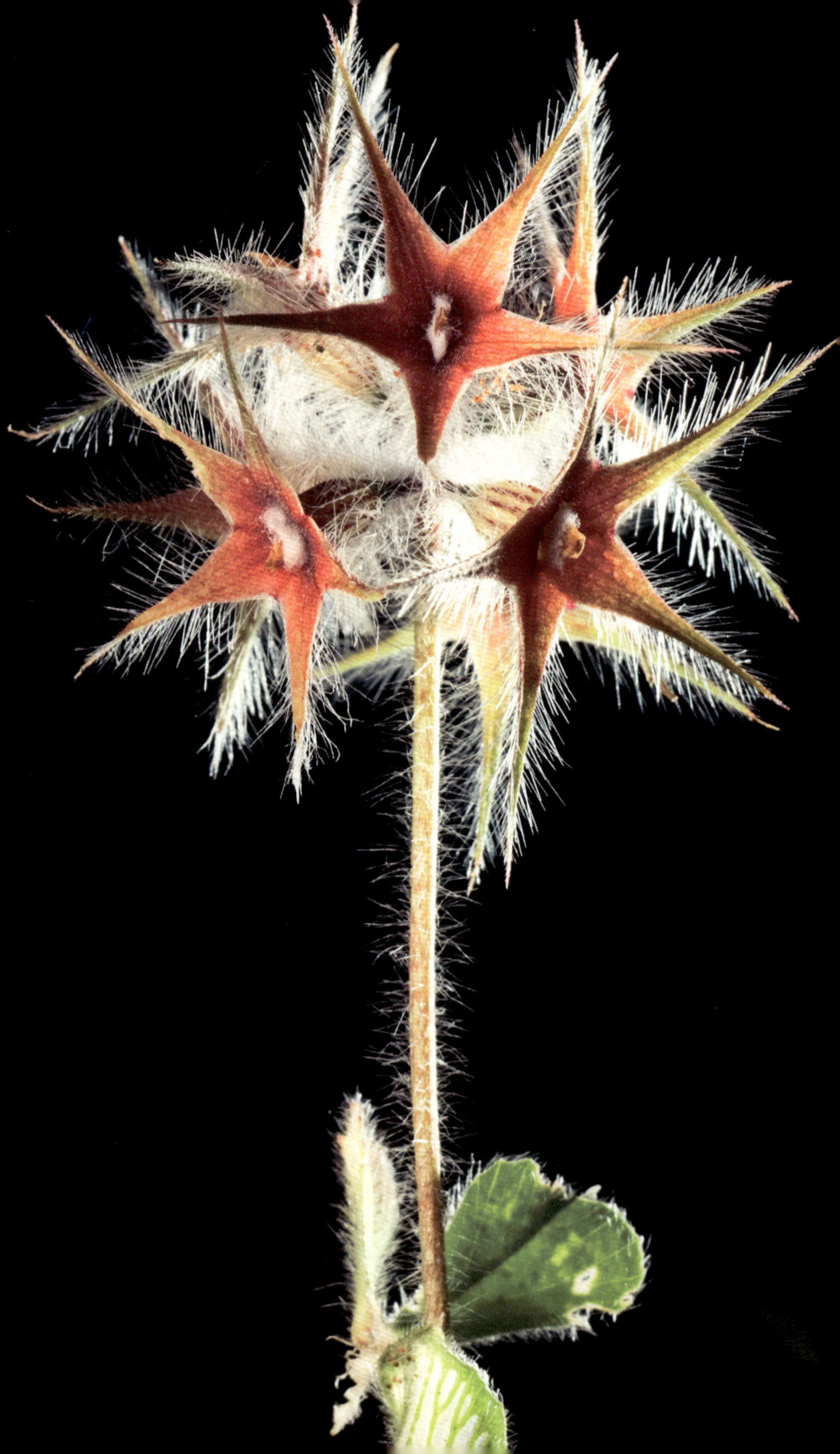

10

Septembre

Dans les brumes de l'automne

L'été se termine, beaucoup de fleurs ont disparu laissant place à des fruits dont les formes variées sont propices à des photos originales. Les petits matins se rafraîchissent et les araignées qui atteignent à cette période leur plein épanouissement, ont tissé de nombreuses toiles que l'humidité de la nuit a couvert de perles de rosée. Un spectacle à ne pas rater !

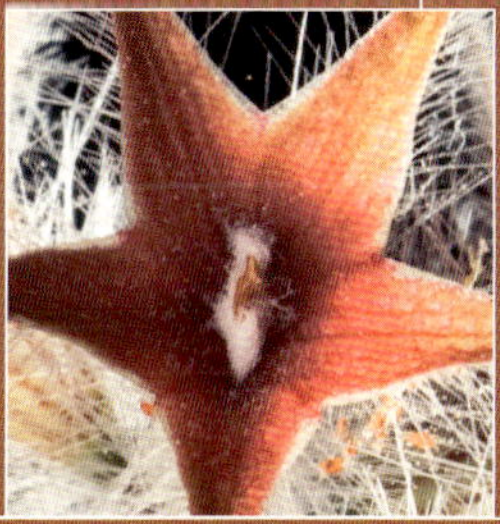

Les petits poils blancs qui ornent ce trèfle étoilé sont bien mis en valeur par le fond noir et l'éclairage placé en contre-jour. 50 ISO, 100 mm macro et 2 flashs, 1/60 s à f/22.

Graines voyageuses

On ne pourra photographier sur place que les éléments d'une taille assez importante; les autres seront rapportés au studio.

Après avoir illuminé l'été de l'éclat de leurs fleurs, la saison finissant, les plantes nous offrent leurs graines bien protégées au cœur du fruit. Celui-ci est chargé de les conduire vers leurs nouvelles terres de germination, grâce à des moyens de déplacement spécifiques à leurs formes.

Les végétaux n'ont pas la mobilité des animaux, mais leurs fruits disposent de nombreuses astuces pour se faire transporter sans frais par les éléments naturels. Ceux de petites plantes, même les plus insignifiantes, se présentent souvent comme de remarquables trésors d'architecture.

Sur le terrain

Le rôle d'un fruit est de disperser les graines qu'il contient, afin de perpétuer l'espèce. Sa forme dépend principalement de son mode de dispersion. Nous employons ici le mot «fruit» dans son sens botanique, qui détermine l'élément de la plante destiné à disperser la semence. Tous les fruits ainsi désignés ne sont donc pas comestibles. Pour découvrir ces organes, il faut explorer méthodiquement les champs et les bois.

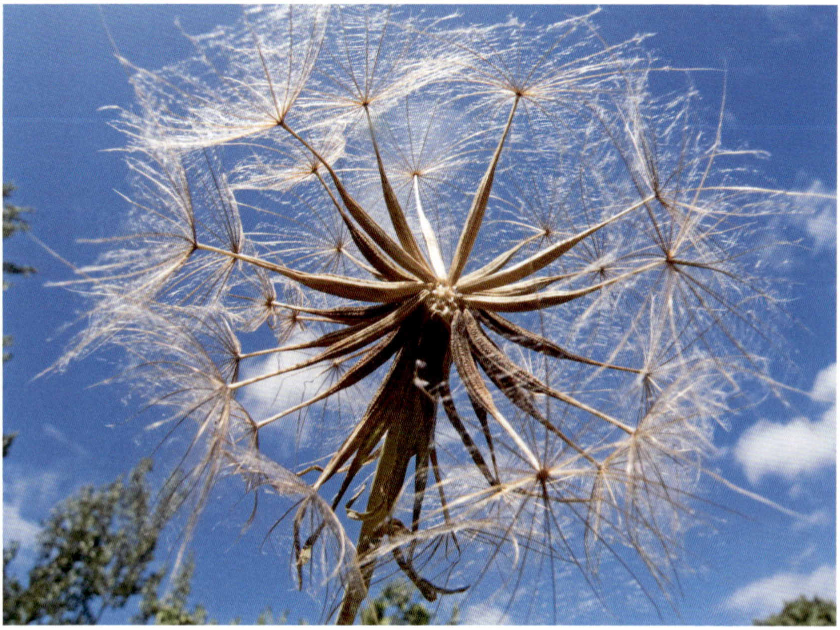

L'emploi d'un petit compact a permis de photographier ce contre-jour de salsifis en tenant l'ensemble à main levée devant le soleil. On aperçoit les arbres derrière, preuve de la grande profondeur de champ dont dispose ce type d'appareil. 100 ISO, focale 5,1, 1/440 s à f/8,1.

Les appendices des fruits volants se prêtent bien au contre-jour. Travaillez plutôt en début ou en fin de journée pour bénéficier d'un éclairage rasant. Dosez la profondeur de champ avec précision afin de faire ressortir le fruit par rapport au fond, tout en maintenant une bonne netteté sur l'ensemble du sujet. Ne cadrez pas trop serré ; les photos faites sur le terrain doivent permettre de situer le sujet dans son milieu. Soyez également attentif à la vitesse d'obturation, car ces fruits sont destinés à voler et le moindre souffle de vent les fait bouger.

En extérieur, photographiez le sujet en contre-jour en vous plaçant face au soleil. Évitez toutefois le reflet dans l'objectif d'où l'importance d'un bon pare-soleil. Le plus pratique est de tenir le sujet à la main et de le déplacer devant le soleil. Si le contre-jour est trop violent, utilisez le flash en fill-in en dosant l'éclair en plus ou en moins selon l'effet désiré.

Précautions face au soleil

Ne regardez pas le soleil de face avec votre objectif. Vous risqueriez de vous abîmer les yeux.

En studio

Si les fruits sont trop petits ou accrochés sur un support que le vent rend instable, il est plus confortable de les cueillir pour les photographier à l'intérieur, ce qui vous permettra également de peaufiner les éclairages.

Pour travailler sur des fruits immobiles, utilisez plutôt des lampes néons de type lumière du jour ou, mieux encore, les fibres optiques du Macrolight de Novoflex (voir chapitre 1, page 77). Si la couleur des sujets vous semble trop uniforme, équipez l'une des lampes d'un filtre coloré.

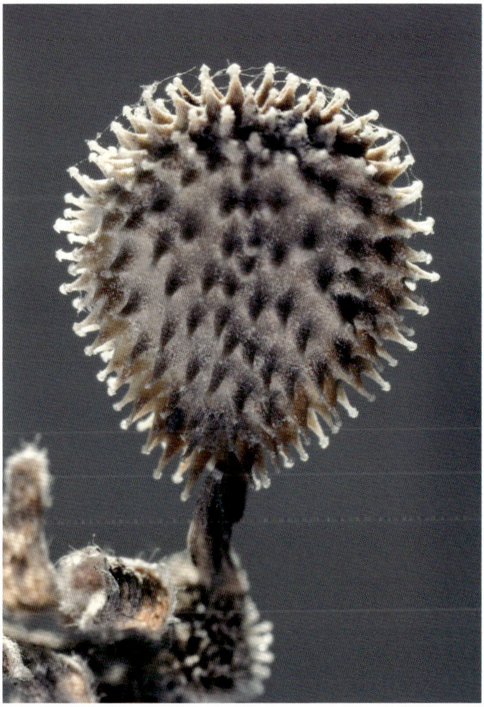

Fruit de lampourde avec, comme éclairage principal, un flash annulaire complété par un flash cobra placé en contre-jour pour faire ressortir les petits crochets de ce fruit accrocheur. 50 ISO, 65 mm macro et 2 flashs, 1/125 s à f/14.

Recherchez également les plantes aux fruits encore verts qui apporteront des variations de couleurs plus intéressantes. Prévoyez au moins trois flashs dans votre studio ; le dernier sera éventuellement déclenché en mode Manuel au moyen d'une cellule, pour éclairer un fond, de préférence aux couleurs dégradées. Vérifiez toutefois que le flash manuel, déclenché par cellule, soit synchro avec les autres flashs. Il part parfois avec un léger temps de retard, surtout avec les nouveaux boîtiers numériques.

Munis de petits crochets, **les fruits accrocheurs** se fixent au pelage des animaux et souvent à vos chaussettes. En les regardant à la loupe, vous serez surpris de leur architecture. Le bord des chemins regorge de ces

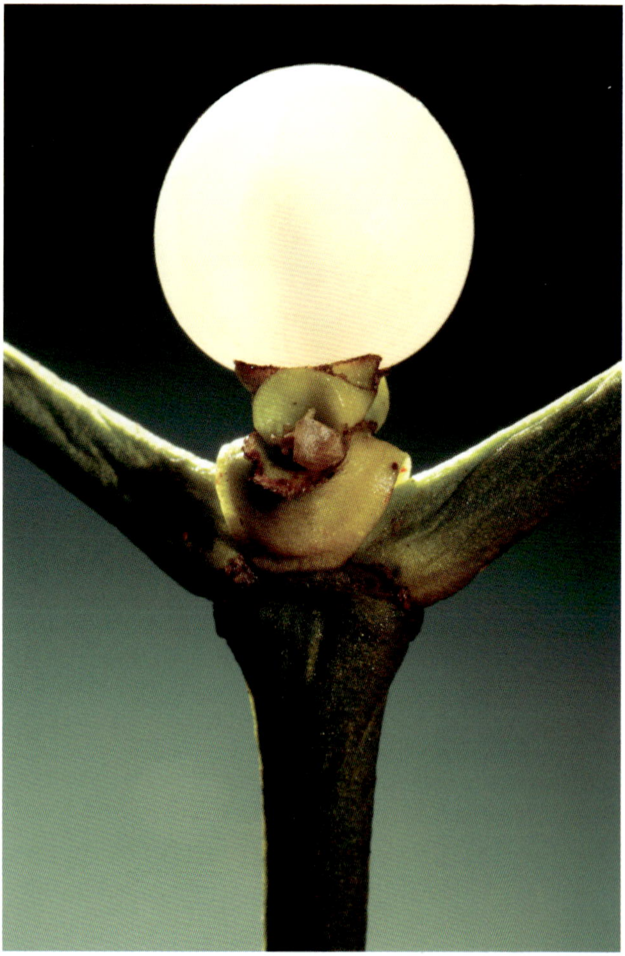

L'utilisation des fibres optiques du Macrolight de Novoflex a permis l'éclairage en transparence de cette boule de gui appréciée des grives. 200 ISO, 100 mm macro, 1/6 s à f/20.

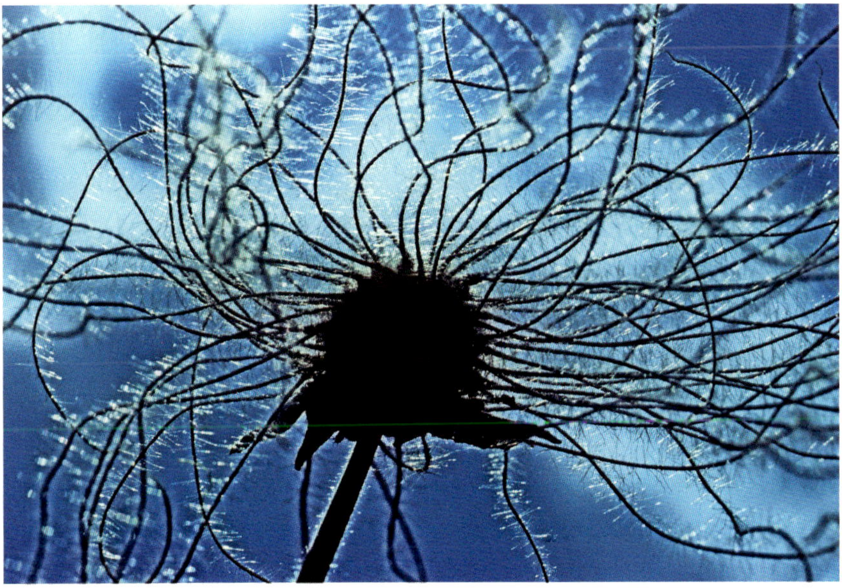

Lorsque l'on n'a pas le temps d'installer un studio avec plusieurs flashs pour créer des effets de contre-jour, on peut tenir la plante face au soleil en prenant garde à ne pas regarder le soleil à travers l'objectif. 50 mm macro, 1/60 s à f/16.

plantes ; vous pourrez y trouver les grandes bardanes, dont les fruits sont utilisés pour confectionner les cotillons, l'aigremoine, le circée de Paris, la benoîte, la lampourde ou encore le minuscule gaillet.

La plupart des **fruits charnus** s'ornent de couleurs vives. Ils se font ainsi remarquer par les animaux qui, en les ingérant, transportent leurs graines et les sèment au hasard de leurs déjections ! Les petites graines supportent sans encombre la traversée de l'intestin et leur germination est souvent favorisée par ce transit.

Dans la mesure où l'enveloppe colorée de certains fruits brille, employez des réflecteurs ou des sources d'éclairage indirect. Rafraîchis au réfrigérateur, ils se couvrent de buée quand on les en sort, ce qui constitue un bon moyen d'atténuer les reflets.

Les différents moyens que mettent en œuvre **les fruits ailés** pour voler les rendent très décoratifs. Pissenlits, salsifis et chardons sont les plus connus. Les gousses des épilobes renferment des graines ailées, empilées l'une sur l'autre à l'intérieur du fruit. Dès l'ouverture de ce dernier, elles s'étirent en longs chapelets duveteux.

Recherchez aussi les samares des arbres, qui tournoient à la manière des hélicoptères, ceux des érables en particulier. Ces ailes membraneuses, plumets, aigrettes, et autres parachutes se prêtent bien au contre-jour qui soulignera leurs fines structures.

Afin de figer le mouvement des fruits du pissenlit, glissez une tige métallique dans sa hampe pour le rigidifier et soufflez dessus à l'aide d'une bombe à air ou d'une paille tordue. Cette technique se pratique

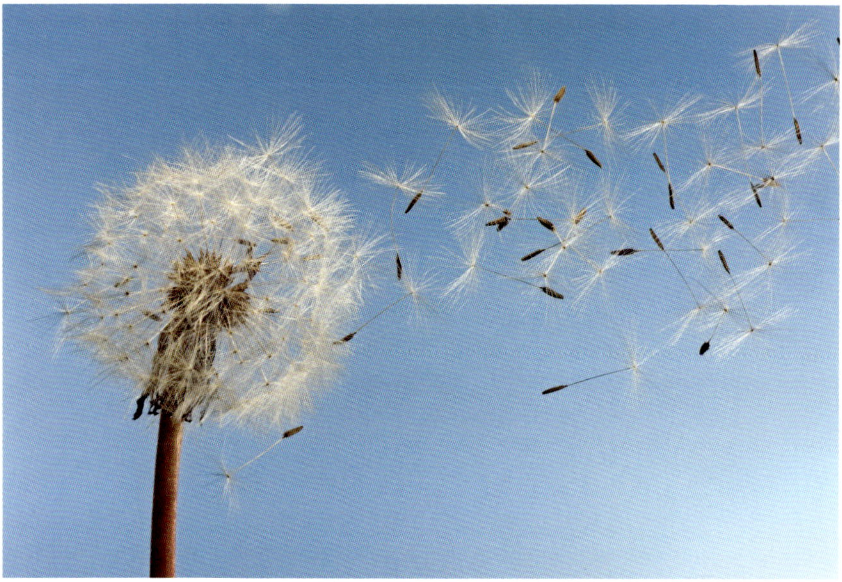

La provision de fruits de pissenlit commençant à s'épuiser, nous avons posé la dernière tête sur une vitre éclairée à l'aide de lampes fluo compact de type lumière du jour. On a ainsi pu contrôler les reflets dus à la vitre. 200 ISO, 100 mm macro, 1/6 s à f/22.

à l'extérieur en profitant du contre-jour du soleil. Il faut bien sûr une bonne provision de pissenlits. Synchroniser déclenchement et souffle est assez difficile car tous les pissenlits n'ont pas le même degré de maturité. Certains akènes s'envolent au moindre souffle tandis que d'autres, moins secs, nécessitent un souffle plus puissant, et pas question de remettre en place les fruits envolés. Heureusement, l'écran de contrôle du boîtier numérique permet de visualiser rapidement les résultats et de recommencer s'ils ne convenaient pas...

« Coups de soleil »

Souvent de couleur sombre, les gousses de différentes plantes, tels le genêt, les euphorbes et les balsamines, chauffent, se dessèchent sous l'action du soleil, puis soudainement éclatent en projetant leurs graines. Si dans certains pays tropicaux, l'éclatement produit un son semblable à un coup de feu, il reste plus discret chez nous et s'apparente plutôt à un crépitement. Le nom scientifique des balsamines ou impatiences, *noli me tangere* « ne me touchez pas », signifie bien qu'à maturité elles éclatent au moindre contact. Il est difficile de s'installer devant ces plantes pour guetter et saisir le moment de l'éclatement, tant celui-ci est rapide. Une solution consiste à déclencher une rafale d'images, si votre boîtier le permet, et de provoquer l'éclatement avec une petite pointe qui sera effacée plus tard en post-traitement. L'autre solution oblige à placer une barrière infrarouge au ras du fruit et à provoquer l'éclatement de la même manière. L'éclatement est très rapide et ne tolère aucun retard au déclenchement. Dans les deux cas, un sérieux tri sera à effectuer dans les images produites.
Faire ces photos à l'intérieur nécessite de disposer d'un studio proche et de travailler avec des plantes pas trop avancées, sinon tous les fruits risquent d'éclater en route.

Si vous ne parvenez pas à saisir l'envolée des fruits, vous pouvez opter pour une simulation en plaçant l'ensemble sur une vitre et les photographier au-dessus d'un fond de ciel tiré sur votre imprimante. La vitre supportant les graines sera elle-même posée sur des cales à une dizaine de centimètres du fond de ciel afin de permettre d'y installer un éclairage qui évitera la moindre ombre et apportera un léger contre-jour aux graines.

Les araignées

Parvenues à maturité dans le courant de l'été, la plupart des « dentellières » couvrent les campagnes de leurs nombreuses et féeriques toiles.

La toile, une merveille d'architecture

Il y a quelque chose de magique dans une belle toile d'araignée. Les plus visibles sont les grandes toiles rondes des épeires. En vous levant tôt, vous découvrirez, avec la rosée, leurs délicates guirlandes scintillantes sous le soleil. Faciles à voir au milieu de leur logis, les épeires pourraient bien devenir vos modèles préférés.

Il existe aussi d'autres espèces plus timides qui se dissimulent dans une cachette située sur un côté de leur toile. Une des astuces pour les inciter à se montrer est d'utiliser un diapason. En le faisant vibrer puis en touchant doucement la toile, vous éveillerez la curiosité de l'animal qui, intrigué, ne tardera pas à apparaître.

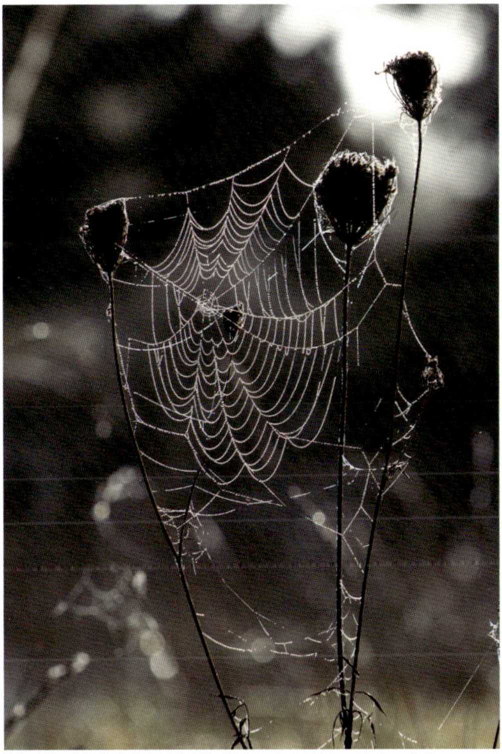

Les gouttes de rosée soulignent merveilleusement bien les toiles d'araignées. Un spectacle féerique qui vaut bien un lever matinal avant que le soleil ne vienne tout dissiper. 125 ISO, zoom 100-300 mm, 1/200 s à f/11.

La capture d'une proie constitue toujours une scène fantastique à photographier. Observez bien le moment où, sa proie capturée, l'araignée l'enveloppe d'un flot de soie en la faisant tourner avec deux de ses pattes.

Les araignées sans toile

Toutes ne forment pas de toiles. Par exemple, les araignées-loups, telles les lycoses et les pardoses, chassent à courre. Dans le Sud de la France, la lycose de Narbonne, d'une taille impressionnante, creuse un terrier et se tient à l'affût des proies qui passent à proximité. La mygale maçonne, elle aussi méridionale, pousse le confort jusqu'à fermer son terrier d'un couvercle de terre et de soie qui s'emboîte parfaitement dans l'ouverture de son abri. Seules ses pattes dépassent et, malgré sa taille de 15 à 30 mm, il est assez difficile de la découvrir. Mais ne craignez rien, contrairement à certaines de ses cousines d'Amérique du Sud, elle ne présente aucun danger.

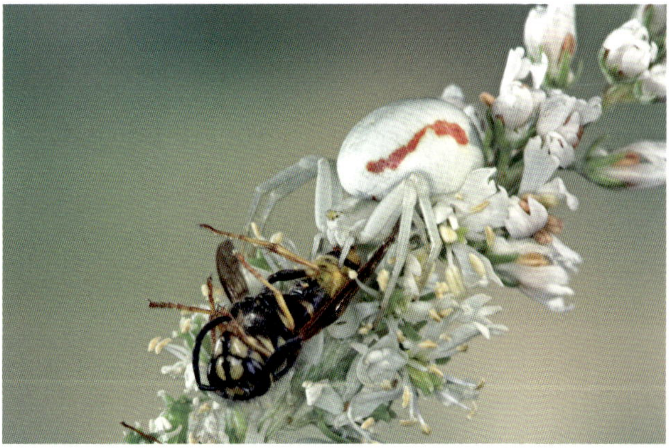

La thomise consommant sa proie étant immobile et peu farouche, nous avons pu placer derrière elle un flou faiblement coloré permettant de faire ressortir le sujet d'une manière naturelle. 100 ISO, 50 mm macro et flash annulaire, 1/125 s à f/22.

Les thomises, appelées aussi « araignées-crabes » à cause de leurs grandes pattes arrondies, chassent à l'affût sur les fleurs. Elles capturent même des abeilles, pourtant puissamment armées. Il n'est pas rare de trouver sur une fleur une abeille retournée dont l'araignée suce le sang. Les thomises restent difficiles à voir car elles se placent souvent sur des fleurs dont les couleurs sont semblables aux leurs. Mais il arrive que certaines se trompent de fleur...

Assez petites, les saltiques, ou araignées sauteuses, vivent aussi sur les fleurs, d'où elles bondissent sur leurs proies. L'une d'elles habite les pierriers du Midi où sa couleur rouge la rend facilement repérable.

Sous les pierres, d'autres espèces construisent des loges de soie pour s'abriter. Les dysderas de couleur orangée sont les plus remarquables. La nuit, elles chassent les cloportes à l'aide de leurs énormes chélicères (mâchoires) allongées vers l'avant.

Technique photo

Attention à la surexposition : les toiles et les araignées, du fait de leur petite taille et de leur finesse, sont peu prises en compte par la cellule par rapport à l'environnement. Si ce dernier est sombre, toile, fil et animal paraîtront trop clairs. Par ailleurs, à moins de bénéficier d'un peu de rosée ou d'un contre-jour favorable, les toiles se distinguent mal du fond. Vaporisez un peu d'eau pour les mettre en évidence, en procédant délicatement pour éviter de faire fuir l'araignée.

Un flash en mode Automatique à côté du boîtier et un second, en mode Manuel déclenché par cellule photoélectrique, derrière la toile, permettront de mieux mettre cette dernière en valeur grâce au contre-jour produit. Il est prudent de bracketer.

Souvenez-vous que les gros plans d'araignée sont surprenants. En effet, nous avons rarement l'occasion de rencontrer des animaux qui possèdent de six à huit yeux autour de la tête. Toutes n'ont pas les yeux à la même place, c'est même une façon de reconnaître les familles. Pour les photographier, il est indispensable d'utiliser le 50 mm macro, éventuellement retourné, ainsi que deux flashs montés sur support dont l'automatisme TTL est toujours en fonction. Munissez-vous d'un pied ou d'un monopode et approchez en douceur, en prenant garde de ne pas heurter la toile afin de ne pas donner l'alerte.

En retournant l'objectif, vous gagnez un peu plus de distance entre l'objectif et le sujet, ce qui vous permet de moins effrayer l'animal et de bénéficier de plus de place pour l'éclairer.

L'éclat du flash annulaire souligne le regard particulier de cette saltique dont les yeux, véritables téléobjectifs, lui permettent d'apprécier la longueur de ses sauts. Pour ceux qui n'apprécient pas ce côté artificiel, l'éclat peut être facilement supprimé en post-traitement. 200 ISO, 65 mm macro, 1/200 s à f/14.

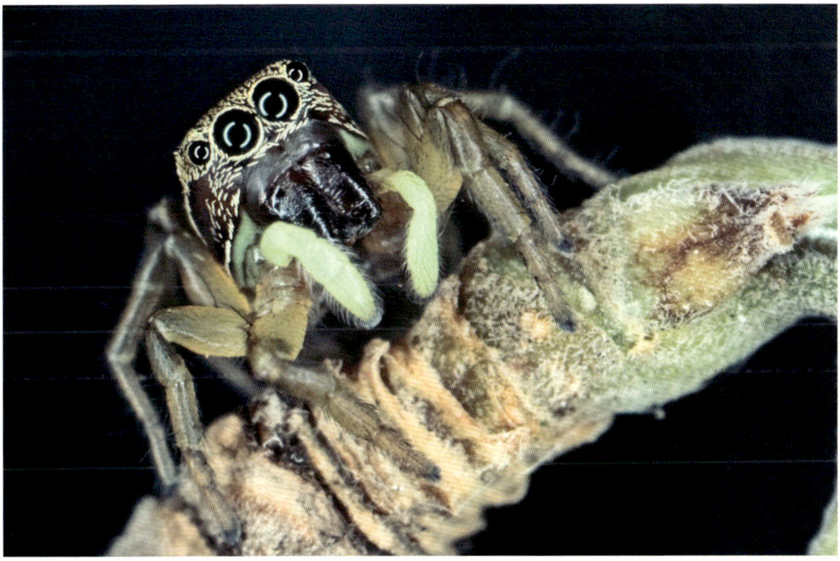

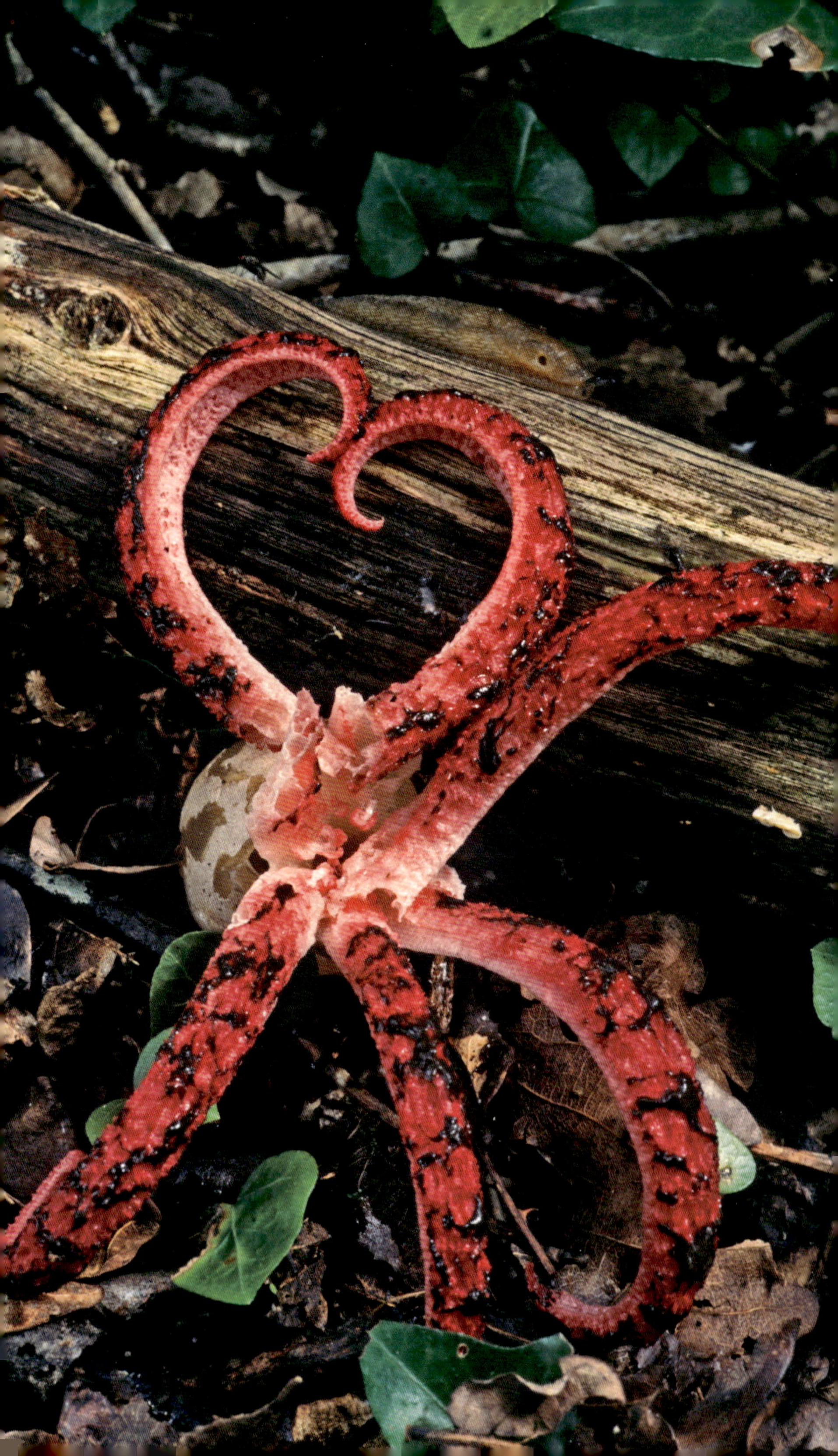

11

Octobre

Couleurs d'automne

Profitez des dernières belles journées pour explorer bois et campagne à la recherche de champignons et d'éléments décoratifs que les petits animaux ont transformé pour vous. Feuilles colorées, enveloppes de fruits, dentelles végétales... Une fois rapportées dans votre studio, vous pourrez les mettre en scène avec des éclairages adaptés et valoriser le travail de ces humbles artistes.

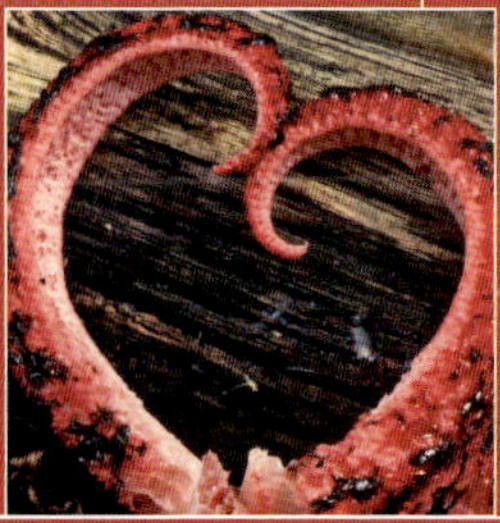

Originaire d'Australie, ce curieux champignon à l'odeur repoussante a envahi une grande partie de la France. 100 ISO, 100 mm macro et flash en fill-in, 1/30 s à f/11.

Les champignons

Toxiques ou non, tous les champignons sont bons à photographier. Profitez de l'automne, saison propice pour immortaliser ces êtres mystérieux, mi-plantes, mi-animaux, qui surgissent brutalement et disparaissent dès les premiers froids.

Une bonne technique photographique est souhaitable pour conserver aux champignons leur aspect placide et pourtant si fugace, tant dans l'aménagement du décor que dans l'éclairage.

Même floue, une brindille claire coupant l'arrière-plan en deux sera visible une fois que vous aurez diaphragmé.

En plan rapproché, un 50 mm ou un 100 mm macro est conseillé. Pour saisir les détails, quelques bagues allonges seront précieuses. Par contre, pour situer le champignon dans son environnement naturel, les petits APN compacts avec leur courte focale offrent une profondeur de champ inégalée et ne doivent pas être négligés.

Reconnaître les champignons

Pour celui qui désire en connaître un peu plus sur le monde des champignons, nous conseillons :

- *Petit atlas des champignons*, de Bernard Duhem, éditions Delachaux et Niestlé, 2007 ;
- *Guide des champignons de France et d'Europe*, de Régis Courtecuisse et Bernard Duhem, éditions Delachaux et Niestlé, 2007.

Très complets et de faible volume, notamment le second, ces ouvrages référencent un très grand nombre d'espèces parmi lesquelles les néophytes pourraient se perdre. Mais, pour un apprentissage plus rapide, rien ne vaut des visites sur le terrain en compagnie de mycologues.

Reste à trouver le bon angle et le bon éclairage pour mettre en valeur ces champignons qui permettent de superbes images, même les plus toxiques...

Décor : une toilette bien soignée

Commencez par déblayer le terrain en dégageant les feuilles mortes et les petites brindilles placées autour du champignon, et aussi derrière lui. En faisant la mise au point à pleine ouverture, on apprécie mal les éléments perturbateurs qui nuisent à la lisibilité de l'image. Un conseil : contrôlez l'image en actionnant le bouton de fermeture du diaphragme. Par ailleurs, n'oubliez pas qu'en macrophotographie, la moindre saleté se remarque instantanément sur les images finales, comme un peu de terre sur les lamelles du champignon. Redonnez-leur de la fraîcheur avec un petit pinceau à poils raides passé doucement sur ces structures délicates. Même si le numérique permet de nettoyer les images par la suite, une photo bien préparée évitera de passer de longues heures devant l'écran.

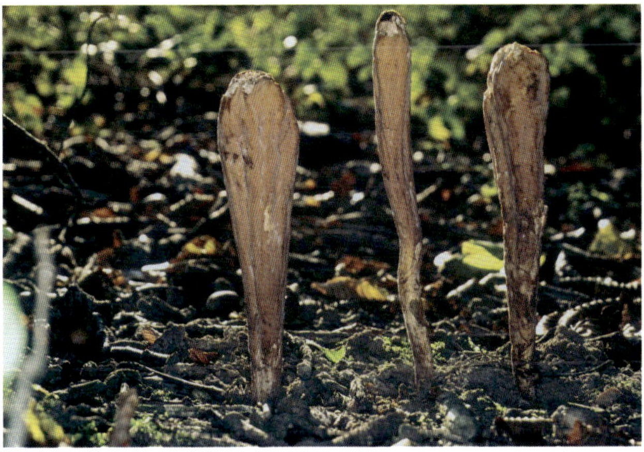

La petite brindille apparaissant sur la gauche des clavaires à pilon était invisible lors de la mise au point à pleine ouverture. Elle s'est révélée à un diaphragme plus fermé et à la lumière du flash. Voilà pourquoi il est important de contrôler l'image en actionnant le bouton de fermeture du diaphragme avant de déclencher, même si ce défaut peut être supprimé en post-traitement. 100 ISO, 100 mm macro et flash en fill-in, 1/60 s à f/11.

Le cadrage

Reste à composer votre image. En plan serré, les champignons se prêtent mieux au cadrage vertical. Mais si vous choisissez un cadrage horizontal, pour photographier un spécimen, évitez de centrer totalement le sujet, et arrangez-vous pour qu'un élément du décor forestier vienne habiller votre image : feuilles mortes, châtaignes, morceaux de bois... Avec ce genre de sujets immobiles, on ne rencontre pas de problème de temps de pose, même dans les endroits les plus sombres. Reste que la lumière des sous-bois, filtrée par les feuilles rousses ou vertes, entraîne des dominantes qui seront heureusement résolues avec la balance des blancs automatique du numérique. Si vous n'êtes pas satisfait de l'automatisme, utilisez les réglages ombres ou modifiez la température de couleur de votre appareil.

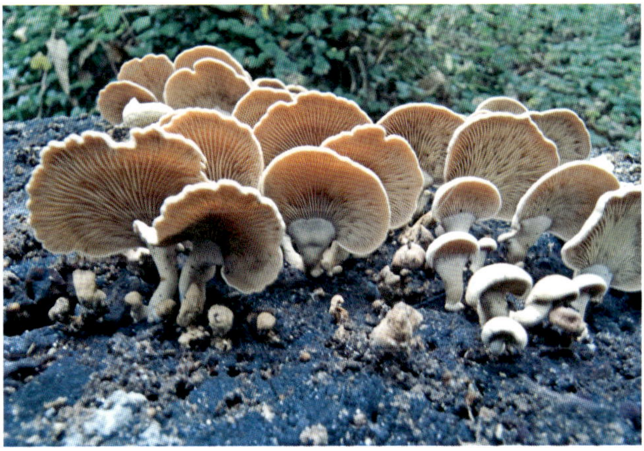

Ces petits Panellus stipticus *n'étant pas sur le même plan, l'emploi d'un compact fixé sur un mini pied a permis de les rendre beaucoup plus nets que si l'on avait employé un reflex. 80 ISO, 5,1 mm, 1 s à f/9,1.*

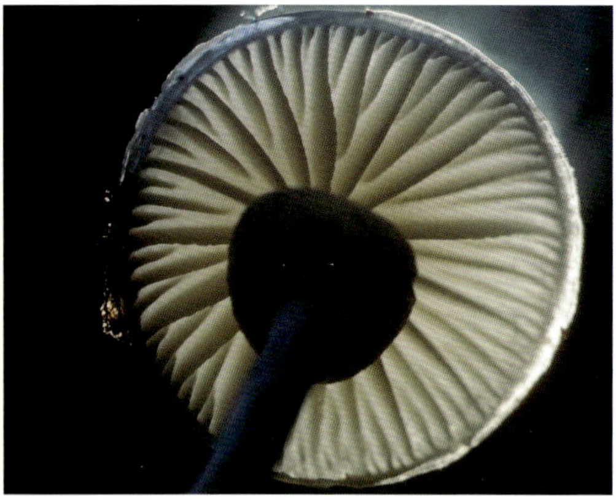

À la lumière naturelle

Dans la plupart des cas, le dessus du chapeau ne reçoit pas d'éclairage. Si un rayon de soleil parvient jusqu'à vous, utilisez un réflecteur pour l'orienter vers lui. Son choix dépendra du rendement désiré et du problème d'encombrement. Rappelez-vous que le miroir renvoie la totalité de la lumière et que le papier d'aluminium forme des éclats. Quant au carton blanc, s'il apporte moins de luminosité, il favorise en revanche la douceur. N'oubliez pas en outre que la puissance de la lumière demeure variable en fonction des distances auxquelles sont placés les réflecteurs.

Le maintien face au soleil de cette Collybie visqueuse a permis de restituer grâce au contre-jour, la structure délicate des lamelles. 100 ISO, 50 mm macro, 1/60 s à f/11.

À vitesse lente, un trépied s'impose. Si vous optez pour un gros modèle, choisissez-le avec des bras qui s'ouvrent au ras du sol ou employez un pied plus petit de façon à pouvoir travailler au niveau du sol. La rotule Miniball adaptée au minipode Novoflex est idéale.

L'angle de prise de vue

- **Au niveau du sujet : cette position est très appropriée pour le champignon; vous opérez à plat ventre sur le sol.**
- **Vue de dessus, avec un viseur d'angle : pour un sujet de cette taille, l'accessoire devient très utile. Évitez cependant de faire des photos en plongée : les sujets seront écrasés et seuls les ronds des chapeaux apparaîtront, alors que les formes et les couleurs des lamelles présentent des éléments déterminants.**

La difficulté, si vous montrez les lamelles, c'est que vous verrez mal les chapeaux! Une solution consiste à choisir deux champignons situés côte à côte à des stades différents; cela vous permettra de réaliser une photo plus descriptive.

À la lumière du flash

Quand l'éclairage est vraiment trop faible, le flash devient obligatoire, mais sa lumière trop vive doit être parfaitement maîtrisée. En effet, certains champignons blancs, très clairs, renvoient énormément de lumière. Résultat : on obtient sur l'image finale un sujet surexposé et sans détails sur fond très sombre. Il est donc indispensable d'adoucir l'apport de lumière. L'emploi de réflecteurs ou de petites boîtes à lumière de type Lastolite offre un confort d'éclairage acceptable tout en restant d'encombrement limité.

Si vous ne disposez que d'un seul flash, ne le placez pas sur l'appareil ; vous éviterez ainsi l'ombre portée peu esthétique. Sur le côté en revanche, il sera au niveau du sujet et éclairera davantage le dessus du chapeau. Compensez la forte ombre provoquée par cette position par un réflecteur situé près du champignon.

Pour une prise de vue effectuée uniquement à la lumière du flash, le boîtier est réglé en mode Manuel : par exemple, vitesse de 1/125 s et diaphragme de f/8 à f/22 selon la profondeur de champ désirée. La vitesse de l'éclair étant importante, le pied n'est pas indispensable. L'idéal est l'emploi de plusieurs flashs : un à côté du boîtier comme éclairage principal, un latéral pour souligner les détails, et un dernier pour éclaircir l'arrière-plan et décrocher le sujet.

En produisant un cercle de lumière autour de l'objectif, le flash annulaire reste l'idéal pour éclairer le dessous du chapeau.

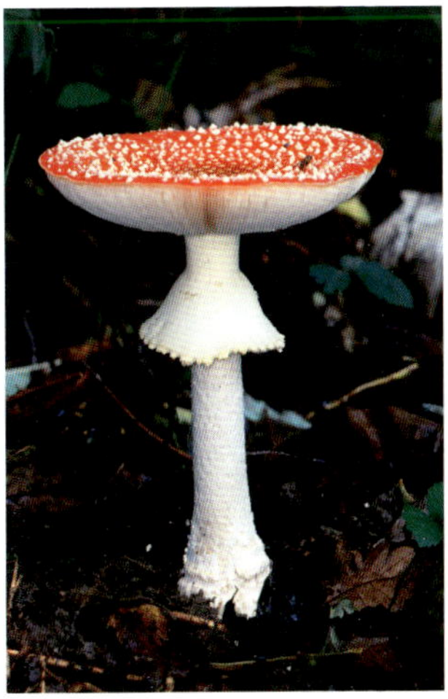

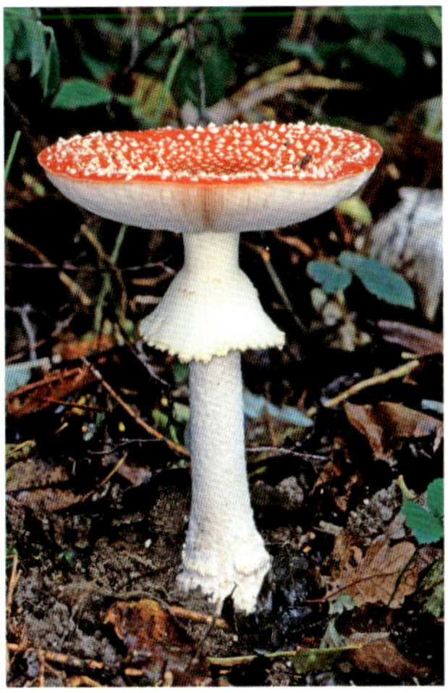

La différence entre le pied très blanc de l'amanite tue-mouches et le fond noir est très difficile à rendre surtout au flash. Heureusement, le post-traitement par ordinateur permet un meilleur rééquilibrage des hautes et basses lumières. 100 ISO, 100 mm macro et flash, 1/60 s à f/11.

Dosage du flash en fill-in

Si vous suivez un groupe de mycologues, équipez-vous « léger » surtout si vous devez compléter votre équipement par un panier de récolte. Le flash annulaire sera bien utile.

Pour respecter l'ambiance de la forêt et éviter le fond noir dû au flash, effectuez un fill-in en pose. L'appareil étant solidement monté sur un support stable, réglez votre boîtier en position Priorité diaphragme. Choisissez le diaphragme approprié en fonction de la profondeur de champ ; l'appareil réglera lui-même la vitesse qui peut descendre jusqu'à quelques secondes d'où l'intérêt de disposer d'un bon pied et d'utiliser le retardement ou un cordon pour le déclenchement. Allumez le flash en diminuant au besoin sa puissance de quelques IL pour éviter un éclairage trop violent et respecter l'ambiance de la forêt. N'hésitez pas à faire de nombreuses photos, autrement dit à bracketer, en variant les conditions de puissance de flash et de diaphragme. Dans ce genre de prise de vue, le flash annulaire a l'avantage sous un faible encombrement de bien déboucher les ombres, notamment sous le chapeau des champignons.

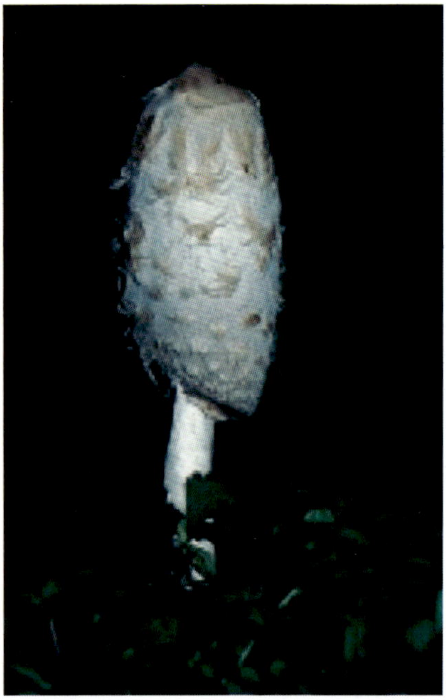

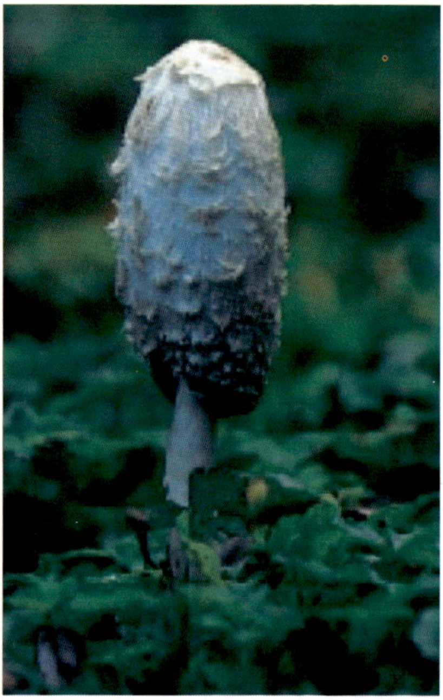

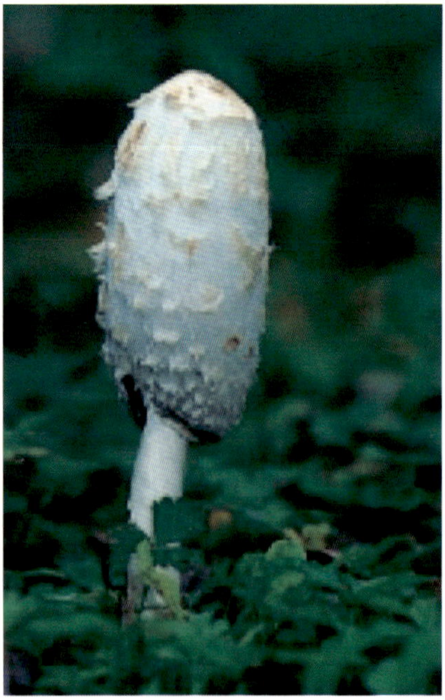

Coprins chevelus, 100 ISO.
En haut, à gauche. *En réglage manuel, 1/125 s à f/16 avec priorité au flash TTL. L'emploi d'un objectif de 180 mm macro Canon permet de se tenir assez loin du sujet, ce qui autorise la position du flash sur le boîtier. Ce réglage à éclairage unique entraîne cependant un fond trop sombre.*
Ci-dessus. *En lumière ambiante, 1/4 s à f/16. Les coprins poussent plutôt en prairie ou clairière. On bénéficie ainsi d'un bon éclairage naturel. C'est la meilleure photo : les détails des mèches du chapeau sont restitués.*
Ci-contre. *En fill-in, le flash rééquilibre la lumière du sous-bois, mais diminue la source de lumière naturelle. Le sujet est trop écrasé, les détails ressortent mal. Conclusion, le flash ici n'est pas nécessaire.*

Les écorces

Après un dernier coup d'éclat, les arbres ont perdu leur parure; leurs troncs dénudés se dressent tristement dans le ciel et, par temps maussade, ils prennent volontiers une tonalité grisâtre. On peut mettre à profit ces mornes journées pour effectuer des repérages, noter la position du sud et estimer quelle sera la meilleure heure pour une séance de prise de vue. Il suffit en effet d'un rayon de soleil pour redonner une âme à ces squelettes décharnés. Les jeux d'ombre et de lumière apportent du relief à leur écorce et, malgré les apparences, aucun ne possède le même dessin.

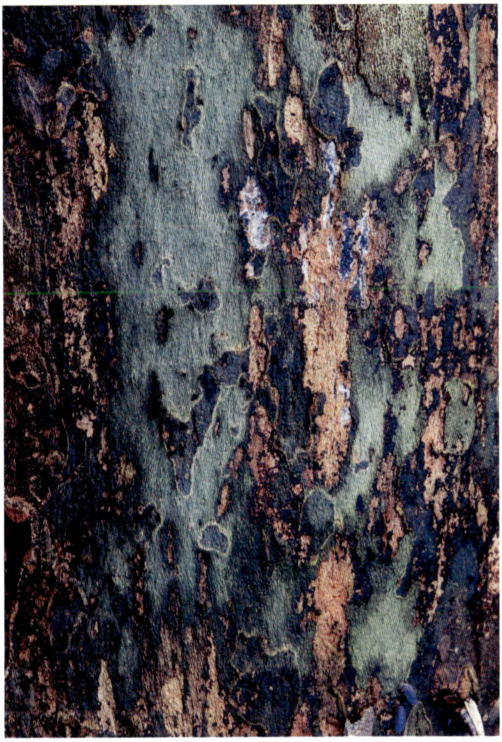

En se détachant, l'écorce des platanes laisse apparaître des parties de différentes couleurs dont les motifs varient à l'infini. 100 ISO, zoom 24-105 mm, 0,8 s à f/18.

Les meilleurs endroits

Pour faire ressortir les crevasses d'une écorce, souvent encore porteuse des marques d'anciennes blessures, l'idéal est de profiter de la lumière du soleil lorsqu'elle vient lécher le tronc. D'autant plus que les jours raccourcissent et que le moment où l'éclairage sera idéal durera peu de temps. Prenez donc votre mal en patience et prévoyez des sandwichs.

La forêt peut sembler être le lieu de prise de vue privilégié. Mais on y rencontre souvent les mêmes espèces et il faut parfois marcher longtemps avant de dénicher des essences différentes. Aussi je recommande plutôt de rechercher des arbres isolés, en bordure de route ou dans les parcs. Là où les ombres des autres ne viendront pas vous gêner.

Les jardins publics boisés offrent plus de choix, dira-t-on. Mais attention, dans certains parcs de Paris et de la région parisienne, les photographes, qui se livrent à leur passion, surtout avec un pied, ne sont pas toujours les bienvenus. Il faut souvent demander une autorisation plusieurs jours à l'avance et, parfois, acquitter un droit. Ces conditions sont peu propices à l'épanouissement de votre créativité...

Les photographies réalisées dans un jardin public ne peuvent être publiées sans autorisation sous peine de poursuites juridiques et financières.

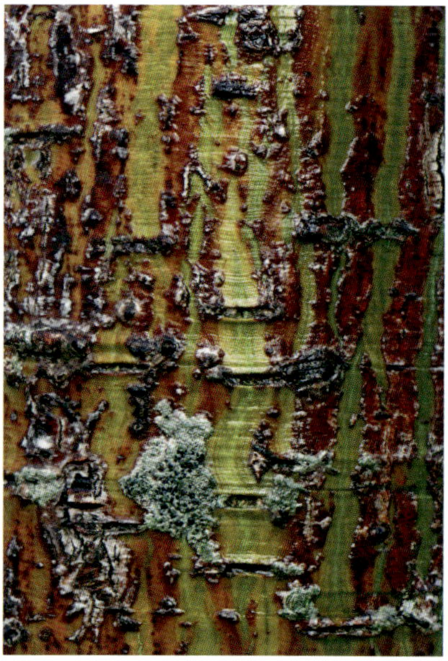

Même en lumière naturelle, les brillances provoquées par l'humidité renforcent la couleur de cet érable de David. 200 ISO, 100 mm macro, 1/20 s à f/22.

Le charme du temps humide

Ne pestez pas si le soleil refuse de se montrer ; le temps humide et couvert possède aussi son charme. Dans ces conditions, plus que le relief des écorces, on recherchera leurs couleurs que rehausse l'humidité. L'eau apporte un brillant aux écorces lisses des jeunes arbres qui ont moins d'attrait par temps sec.

Intéressez-vous aux aulnes, cerisiers, hêtres, selon leur âge et leur orientation, mais aussi aux algues ou aux lichens qui les recouvrent et offrent des variations de tonalités captivantes. Si le temps sec persiste, rien ne vous empêche, muni d'une brosse et d'un seau d'eau, de nettoyer les troncs pour leur donner plus d'éclat.

Technique photo

Au flash, qui risque de fournir un éclairage trop vif, on préférera la lumière ambiante, plus facile à visualiser et à diriger avec un réflecteur pour mettre en valeur le relief des écorces.

Le soleil face au sujet écrase l'image, tandis qu'une lumière oblique fera monter les ombres. Heureusement, le tronc de l'arbre est rond, il suffit donc de tourner autour pour choisir l'emplacement et le moment où la lumière est idéale. En cas de contraste trop important, un réflecteur placé à l'opposé de la source principale de lumière débouchera les ombres.

Dans ces conditions et pour ce type de sujet, travailler en pose longue, sur pied, ne présente pas de difficulté. Si la partie de l'écorce qui vous

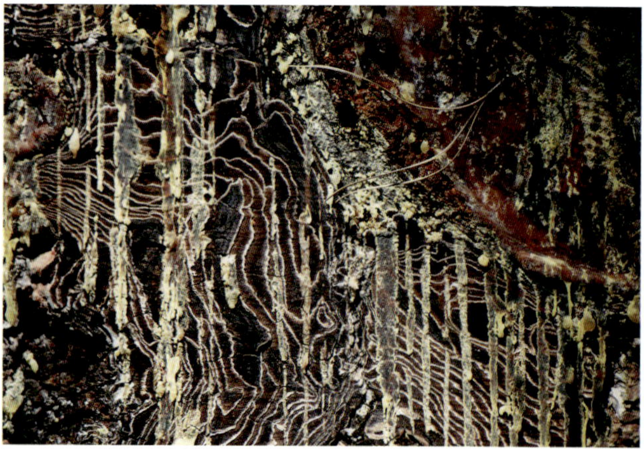

L'emploi d'un objectif de 300 mm pour photographier le graphisme d'une écorce de pin des Canaries est inhabituel en macro, mais il illustre bien les opportunités que le photographe doit savoir saisir. Même si son sujet du moment était un pic épeiche. 160 ISO, 300 mm, 1/400 s à f/5,6.

intéresse n'est pas parfaitement bien orientée par rapport à la lumière, vous pourrez lui renvoyer un éclat de lumière avec un miroir ; en opérant à deux, on affine d'autant mieux les réglages.
Souvenez-vous qu'une composition en diagonale accentuera l'impression de mouvement des lignes de fracture des écorces. Par ailleurs, un peu de lierre, un brin de mousse ou de lichen entrant dans le champ contrebalancera la dominante monochrome et parfois triste du sujet principal. Sans envahir l'image, leur forme et leurs couleurs restitueront la matière de l'écorce.

Travailler sans pied

Si le transport d'un pied important vous ennuie, augmentez la sensibilité de votre boîtier et optez pour un objectif tel que le 28-135 mm de Canon. Avec sa fonction zoom, il permet de sélectionner une partie d'écorce pas forcément accessible et son stabilisateur permet de descendre jusqu'au 1/30 s, ce qui autorise un diaphragme assez fermé pour gagner de la profondeur de champ. Il possède par ailleurs une position macro qui permet de saisir un champ d'environ 141 × 94 mm.

Quelques arbres remarquables

Avec son écorce blanche, le bouleau se remarque bien dans la forêt parmi les fûts aux tonalités un tantinet uniformes. Observé de près, on lui découvre une multitude de nuances. Les jeunes possèdent de fines pelures qui donnent un aspect rougeâtre à l'ensemble du tronc. Sur les plus âgés, la partie blanche disparaît, au profit de larges crevasses souvent envahies de mousses ou de lichens. Sur les exemplaires abattus qui commencent à se décomposer, vous révélerez, sous l'écorce, des tonalités plus roses.
Le chêne, le robinier, le châtaignier âgé arborent de larges crevasses à exploiter en cas de lumière rasante. Celles du peuplier blanc sont en forme de losange.
L'écorce du platane se détache en plaques aux contours arrondis, tandis que celle de l'eucalyptus se défait par lambeaux.
Quant aux érables sycomores, il faut rechercher les plus vieux pour découvrir des écorces parfois ornées de cercles concentriques dont certaines parties se détachent.
Pensez enfin à vous rendre dans les arboretums, où sont élevées de nombreuses espèces exotiques comme les palmiers, les bambous ou les cyprès, dont les troncs présentent des formes et des couleurs remarquables.

L'écorce vernissée des bambous n'exclut pas des graphiques intéressants comme cette sorte de code-barres. 100 ISO, 100 mm macro, lumière ambiante, 1/60 s à f/16.

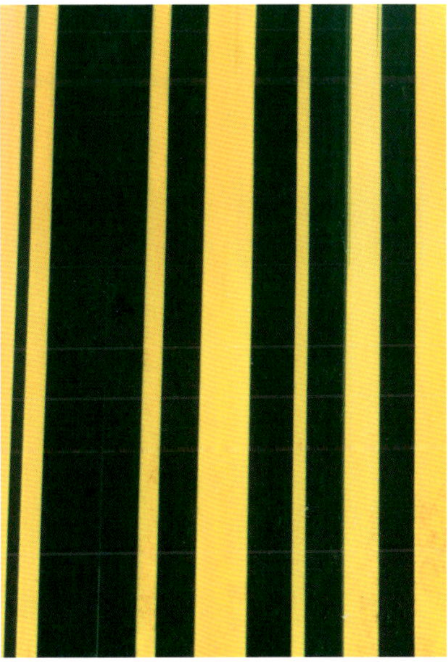

Artistes au naturel

La nature propose une multitude de beautés, véritables œuvres d'art, fruits du passage du temps, de l'action des éléments ou du travail d'artistes inlassables. Formes sculptées, ravinements ou volutes végétales, un peu de curiosité les met au jour.

Motifs révélés

À la campagne, dans la forêt, les tas de bois morts ou de sciure témoignent souvent de l'existence d'une activité. Sous les écorces, qu'il suffit de soulever, apparaissent des dessins, tandis que sur certaines branches pourrissantes subsistent les veines principales du bois qui, plus dures, se décomposent plus lentement et offrent la vision de leurs nervures torturées.

Ainsi, sous l'écorce des ormes morts, vous découvrirez des trésors d'architecture. En y creusant leurs galeries, les scolytes destructeurs *(Scolytus destructor)* se conduisent en véritables écrivains, au point que certains d'entre eux y ont gagné le surnom de typographes. Si l'orme, qui a pratiquement disparu de nos campagnes, est leur cible principale, ils se montrent également friands d'épicéas, de pins ou de frênes.

Les stères de bois empilés abritent eux aussi bien des hôtes. Soulevez les écorces à l'aide d'un écorçoir pour découvrir leurs galeries. Des

Galeries de scolyte de l'épicéa. Faire tourner le morceau de bois dans la lumière permet de trouver le meilleur angle d'éclairage pour mettre en valeur ces dessins. 100 ISO, 100 mm macro, 1,6 s à f/22.

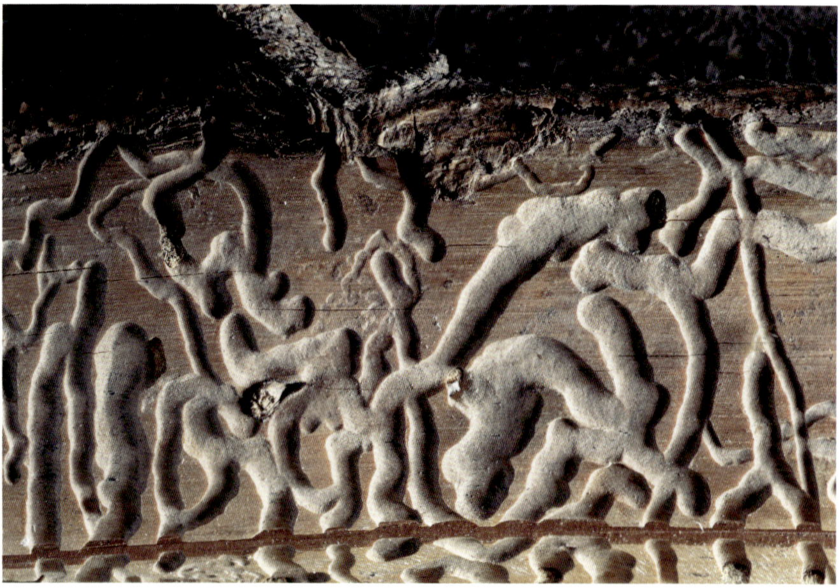

petits trous en surface vous mettront sur la piste des endroits parasités, qui peuvent alors prendre la forme de très belles sculptures. La femelle commence par creuser une galerie centrale assez importante puis pond de chaque côté de celle-ci. Les œufs donnent naissance à des larves qui creusent à leur tour des galeries de plus en plus larges, au fur et mesure de leur croissance. Le tout finit par donner des motifs en étoile du plus bel effet.

Quelques sujets à explorer

Les sujets travaillés par le monde animal et la décomposition naturelle ne manquent pas. Recherchez les formes végétales – arbrisseaux morts et desséchés dans la garrigue, section de tige de clématite avec ses nombreux canaux, ceps de vigne torsadés, bois pourri aux nervures apparentes –, ou animales – galeries de longicornes, de fourmis camponotes, de termites ou de scolytes (les plus beaux dessins).

Nul doute qu'au bout d'un moment votre œil s'habituera à découvrir de nouveaux objets.

Technique photo : soigner l'éclairage

Pour mettre en valeur les sculptures des écorces, il est important de recourir à un éclairage frisant dont l'ombre apportera du relief à l'ensemble. Si celle-ci est trop marquée, placez un réflecteur blanc dans la direction opposée.

Le sujet étant immobile le mieux est d'utiliser des lampes fluo compact de type lumière du jour ou même des tungstènes que la balance des blancs rééquilibrera.

Si vous préférez les flashs, évitez d'utiliser un annulaire monté de face sur l'objectif car il annulera tout le relief de votre sujet. La lumière doit être rasante afin de bien faire ressortir les détails. Une lampe pilote, fixée sur le côté d'un flash cobra, permettra de visualiser le rendu de

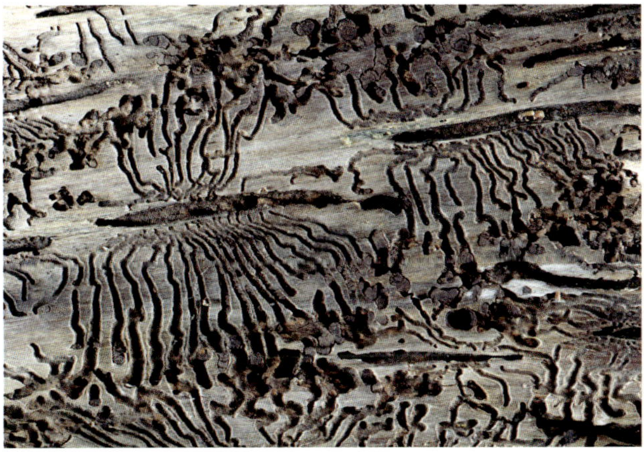

Les traces de ces larves de scolytes ont été mises en scène à l'aide de deux lampes fluo compact de type lumière du jour. 100 ISO, 100 mm macro, 1 s à f/22.

l'éclairage. Si vous ne disposez que d'un flash annulaire, ne le montez pas sur l'objectif, tenez-le sur le côté à la main ou sur un support. Utilisez sa lampe pilote pour visualiser le sujet, malheureusement elle n'est pas très puissante et se coupe rapidement. Aussi si le bricolage ne vous fait pas peur, découpez un rond en métal ou plastique du diamètre intérieur du flash de façon à ce qu'il se coince dedans et fixez-y une douille qui recevra un spot à led de 12 volts peu gourmand en énergie. Vous bénéficiez ainsi d'un flash avec une puissante lampe pilote incorporée digne des plus grands studios.

Transparences d'automne

Chaque saison apporte au photographe son lot de couleurs, des plus euphorisantes aux plus mélancoliques. Avec la chute des feuilles, l'automne propose une riche déclinaison, du vert au marron en passant par toutes les nuances de rouge et de jaune. Les feuilles en sont de purs exemples. À nous, photographes, de saisir ce bref passage pendant lequel la feuille s'empourpre avant de disparaître, dernier épisode d'un cycle toujours recommencé qui déjà annonce la renaissance du prochain printemps.

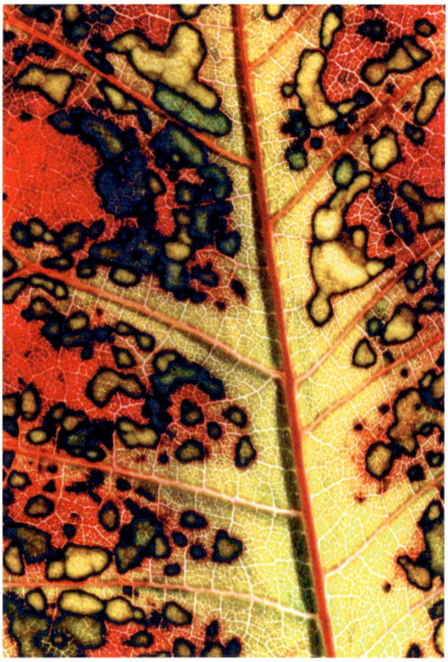

Le cadrage très serré des feuilles d'automne colorées révèle tout un univers à explorer, comme ici avec ce cotinus. 100 ISO, 100 mm macro et flash, 1/125 s à f/16.

Les feuilles sur l'arbre

Si les feuilles se trouvent toujours sur l'arbre, profitez des rayons du soleil de début ou de fin de journée, quand il est assez bas sur l'horizon. Ces moments favorisent les contre-jours et accentuent les effets de transparence. On peut alors jouer avec la lumière, chercher le bon angle, tout en évitant les rayons qui frapperaient directement l'objectif et causeraient un voile. Bien maîtrisé cependant, ce voile peut conférer une certaine douceur aux images. En revanche, si vous préférez un contraste puissant, recherchez les fonds sombres ; dans ce cas, les mesures Spot ou Pondérée centrale sont vraiment conseillées et le bracketing de rigueur.

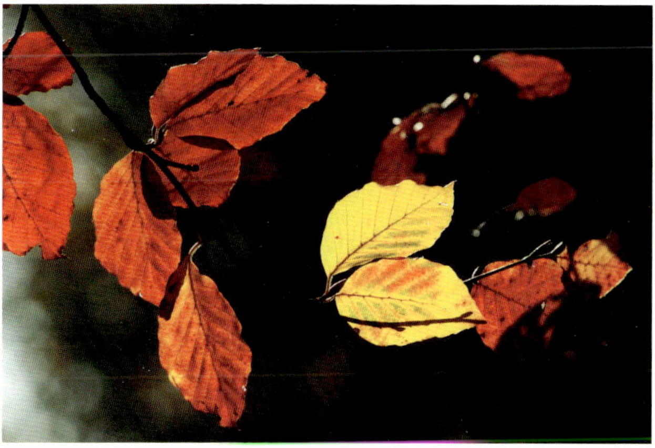

Pour les prises de vue sur fond sombre, il est préférable de sous-exposer pour éviter de griller le sujet. Au pire, une photo trop sombre pourra être éclaircie en post-traitement, contrairement à un sujet surexposé qui aura perdu toute sa matière. 200 ISO, zoom 100-300 mm, 1/500 s à f/11.

À un objectif dénué de position macro – ou si cette dernière se révèle insuffisante –, vous pouvez adjoindre une bague, en fonction de la distance à laquelle vous travaillez et du grandissement désiré. Si vous souhaitez bénéficier d'une bonne profondeur de champ (essayez de la contrôler si possible à diaphragme fermé), utilisez un pied et fermez le diaphragme le plus possible.

Pour ce genre de photos, l'absence de vent est impérative. En cas de bourrasques intempestives, il ne reste qu'à attendre, en croisant les doigts, une accalmie passagère. Cet élément perturbateur, si on opère à vitesse lente – autour de 1/30 s –, peut cependant générer des effets de flou illustrant les caprices du temps à cette saison.

Ce type d'exercice oblige à l'emploi d'un zoom de type 100-300 mm : on ne peut pas toujours grimper aux arbres !

Les feuilles sur le sol

Si vous décidez de photographier les feuilles à terre, vous tirerez profit des contrastes entre la feuille et le sol : feuille rouge sur tronc moussu

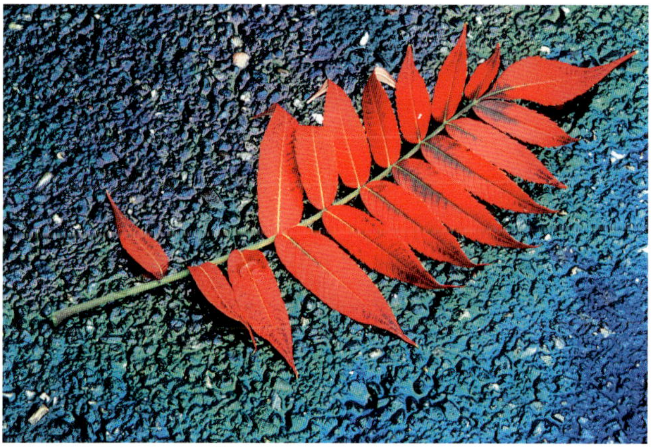

Il a suffi d'une tache de gasoil sur la route pour transformer le banal macadam en un somptueux écrin pour une feuille morte de sumac. 100 ISO, 100 mm macro, 1/60 s à f/11.

vert, feuille jaune sur terre noire. En fin de journée, l'éclairage chaud accentue délicatement les formes et les reliefs. La vieille souche, avec ses stries ligneuses très apparentes, aux dominantes marron acceptera volontiers une ou plusieurs touches de couleur jaune clair.

Il ne vous est pas interdit de réaliser votre propre composition, à la manière d'Andy Goldsworthy ou de Nils Udo, en rassemblant des feuilles. Ce décor peut être installé en forêt mais il ne faut pas perdre de temps car le bel éclairage observé sur une souche peut vite disparaître à mesure que le soleil (ou plutôt la Terre) tourne et joue avec les branches et les dernières feuilles. Dans ce cas, un miroir vous permettra de saisir la lumière et la renverra au bon endroit.

On peut obtenir un parfait contre-jour, qui valorisera transparence et nervures, en tenant bien parallèles la feuille, dans une main, et le boîtier dans l'autre, et en se tournant vers le soleil. Prenez tout de même garde à ne pas viser ce dernier de face en raison du danger que cela peut représenter pour les yeux. Cette opération nécessite un 50 mm muni d'une petite bague allonge ou, mieux, un 50 mm macro. Si les conditions rendent la prise de vue trop incertaine, vous pouvez avoir recours au montage décrit ci-après.

Transparences en studio

Le soleil, pas toujours disponible en cette saison, le vent, la lumière, la profondeur de champ... autant de facteurs difficiles à contrôler en extérieur. Le travail en studio garantira une meilleure maîtrise pour un résultat de qualité.

Pour la circonstance, le banc de repro peut se transformer en statif macro. Afin d'obtenir une belle transparence dans les feuilles, un petit montage permettra de les relever et de les éclairer en contre-jour.

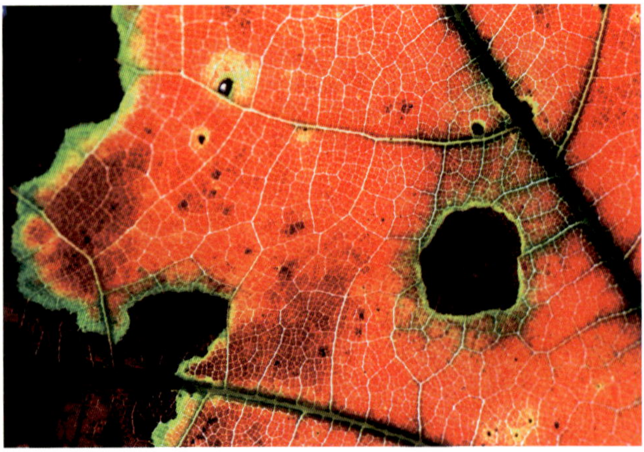

Paysage aérien ou microscopique, nous hésitons entre le minéral et le végétal tant l'échelle est difficile à définir. Il s'agit cette fois d'une feuille de chêne rouge éclairée en contre-jour. 100 ISO, 100 mm macro et flash, 1/60 s à f/22.

Un appareil inhabituel : le scanner à plat

Destiné à copier des documents opaques, le scanner peut très bien être utilisé pour faire des photos numériques de sujets plats comme des feuilles et même parfois des graines ou des morceaux d'écorces.

Attention à ne pas enregistrer les images à la définition la plus forte car vous obtiendrez des fichiers de plusieurs centaines de Mo, très lourds à gérer.

On peut placer plusieurs sujets sur la vitre du scanner et les découper ensuite avec le logiciel de traitement d'images ; le fichier initial étant assez gros, il est tout de même préférable d'enregistrer des images sujet par sujet dès le début telle cette feuille d'orme.

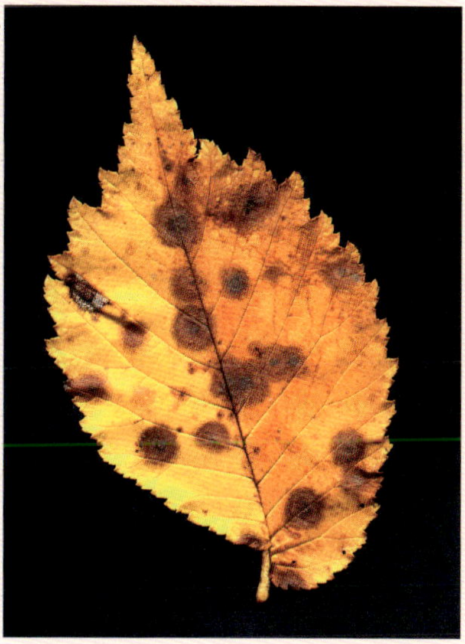

Évidez la partie supérieure d'une boîte carrée et déposez la feuille à photographier sur la face évidée ; la partie inférieure servira de fond noir pour restituer les détails.

Montez le flash sur un support fixé sous le sujet et orientez-le à 45° pour éviter que sa lumière ne frappe l'objectif. Placez-le à environ 15 cm du sujet pour les prises de vue macro (R = 1:1), plus loin si vous souhaitez cadrer des feuilles entières. Pour faciliter la mise au point et visualiser l'effet recherché, il est également utile d'installer à côté du flash une petite lampe pilote à led qui ne chauffe pas. Vous pouvez remplacer le fond noir par un fond d'une autre couleur mais, dans ce cas, vous devrez l'éclairer au moyen d'un autre flash.

Pour que les feuilles possèdent une bonne planéité, mettez-les sous presse pendant quelques heures. Ne les laissez pas sécher complètement afin de conserver la fraîcheur de leurs couleurs. Attention, lors de la prise de vue, à ne pas les chauffer trop longtemps avec la lampe pilote car elles se recroquevillent assez rapidement. Utilisez de préférence des tubes fluo qui chauffent peu. Si cela advenait, placez-les entre deux plaques de verre propres. Ce système, *a priori* idéal, est souvent délicat à mettre en place tant les poussières sont difficiles à éliminer. Avec ce type d'éclairage, les plus infimes, invisibles à l'œil nu, éclatent soudain sur le fond noir comme des constellations. Pour éviter les reflets, placez bien vos éclairages à 45° par rapport à la plaque de verre, sinon vous êtes quitte pour une séance de nettoyage à l'ordinateur.

Nature en dentelle

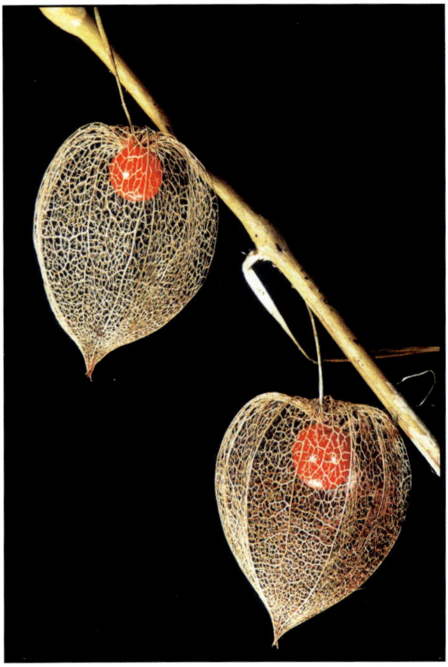

Il faut laisser le fruit un moment sur pied afin que la magnifique enveloppe orange de l'amour en cage ou physalis se transforme en dentelle. 100 ISO, 100 mm macro avec deux flashs, dont un en opposition, 1/60 s à f/16.

Un méticuleux nettoyage

Une fois tombées, les feuilles subissent l'action de l'humidité et des micro-organismes. Les bactéries effectuent un travail d'orfèvre; chaque nervure, aussi petite soit-elle, est nettoyée méticuleusement et l'ensemble donne alors une dentelle parfaite. Pour les récolter, prospectez les endroits humides, au pied des lierres, des peupliers, des petits houx et des nombreux végétaux ligneux.

Recherchez aussi certaines enveloppes de fruits comme les daturas, les pavots et, surtout, le coqueret ou physalis. Après nous avoir offert une magnifique lanterne japonaise orange, ce dernier se transforme en ouvrage finement dentelé du plus bel effet. Ceci est particulièrement vrai quand sa cerise rouge subsiste au milieu, ce qui lui donne son surnom « d'amour en cage ». Il est important de conserver la trace du travail laborieux de ces humbles petits recycleurs, modeste mais cruciale contribution au grand cycle de la vie.

Privilégier le contre-jour

Les sujets plats. Pour faciliter les choses, commencez par disposer les feuilles sous une presse afin qu'elles restent bien à plat au moment de la photo. La prise de vue se rapprochant de celles des feuilles d'automne, avec un éclairage par transparence en contre-jour, il convient d'utiliser une lumière froide telle que celle dispensée par les fibres optiques du Macrolight, qui ne provoque pas de déformations de la feuille par la chaleur.

Les sujets en volumes. À l'éclairage par transparence utilisé pour les sujets plats, on ajoutera ici une lumière de profil afin d'accentuer le volume des enveloppes de fruits. L'éclairage artificiel permet de mieux visualiser les résultats. Le fond sombre fera également davantage ressortir la matière. Des petites pinces, comme celles utilisées pour le maintien de pièces à souder ou du genre de celles qu'on peut trouver dans les magasins de fournitures pour l'électronique, rendent de grands services en permettant de positionner et d'orienter le sujet dans toutes les directions.

Pour les enveloppes rondes des fruits, il est difficile d'obtenir une zone de netteté qui englobe la totalité de la profondeur. Il faut procéder à la mise au point à peu près à la moitié car, en macro, la règle des trois tiers ne tient plus. La zone de netteté s'étend sur la même distance de chaque côté du plan de mise au point, à partir du rapport 1:1.

Si les nervures de ces végétaux vous semblent d'une couleur trop fade, utilisez des filtres colorés. On peut acquérir un jeu de filtres de différentes couleurs à fixer à l'extrémité des fibres optiques du Macrolight de Novoflex. Ces accessoires permettent d'ajouter, à la manière d'un peintre, des petites touches colorées dans certaines parties de l'image.

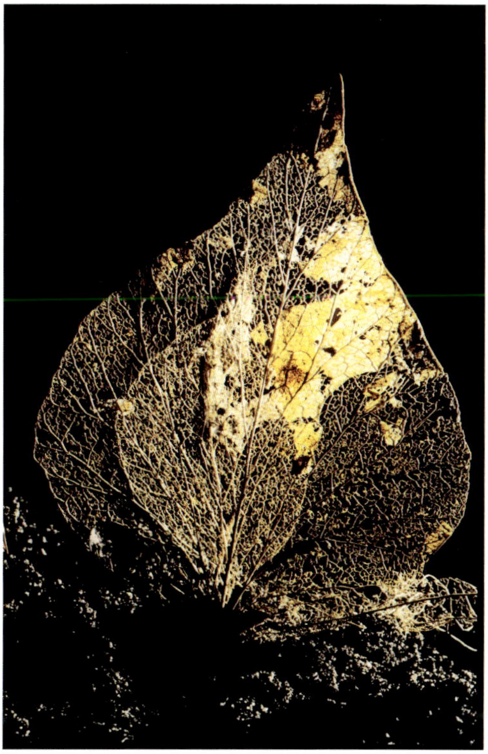

Il faut attendre une partie de l'hiver afin que la feuille coriace du lierre ait le temps de se décomposer. 100 ISO, 100 mm macro, éclairage par deux lampes fluo compact lumière du jour, 1/8 s à f/16.

Le post-traitement pour contourner le flou

La technique évoluant tous les jours, il existe maintenant des logiciels qui permettent d'oublier les lois optiques de la photographie et d'améliorer dans une certaine mesure le flou. Mais les plus remarquables sont ceux qui permettent d'assembler un grand nombre de clichés empilés comme des calques et dont chacun a pris en compte un plan net de l'image (tel qu'Helicon focus). Concrètement, il suffit de faire un certain nombre de photos du sujet en décalant la mise au point à chaque fois. Attention en macro lorsque l'on tourne la bague de mise au point, on change le grandissement. Pour changer seulement la netteté, il faut faire varier la distance entre le sujet et l'appareil à l'aide d'un chariot situé entre le boîtier et son support.

Les photos ainsi obtenues sont empilées les unes sur les autres comme des calques et le logiciel ne conserve que les parties nettes. Génial ! C'est très utile en microscopie ou même en photo de paysage quand on veut réaliser des gros plans de fleurs et des vues d'horizons lointains. On utilisera dans ce cas un diaphragme moins fermé, autour de 8, là où les performances de l'objectif sont les meilleures. Le seul inconvénient, le sujet ne doit pas bouger ; le procédé ne peut donc s'appliquer qu'à des sujets statiques et ne permet pas d'enregistrer des comportements dynamiques.

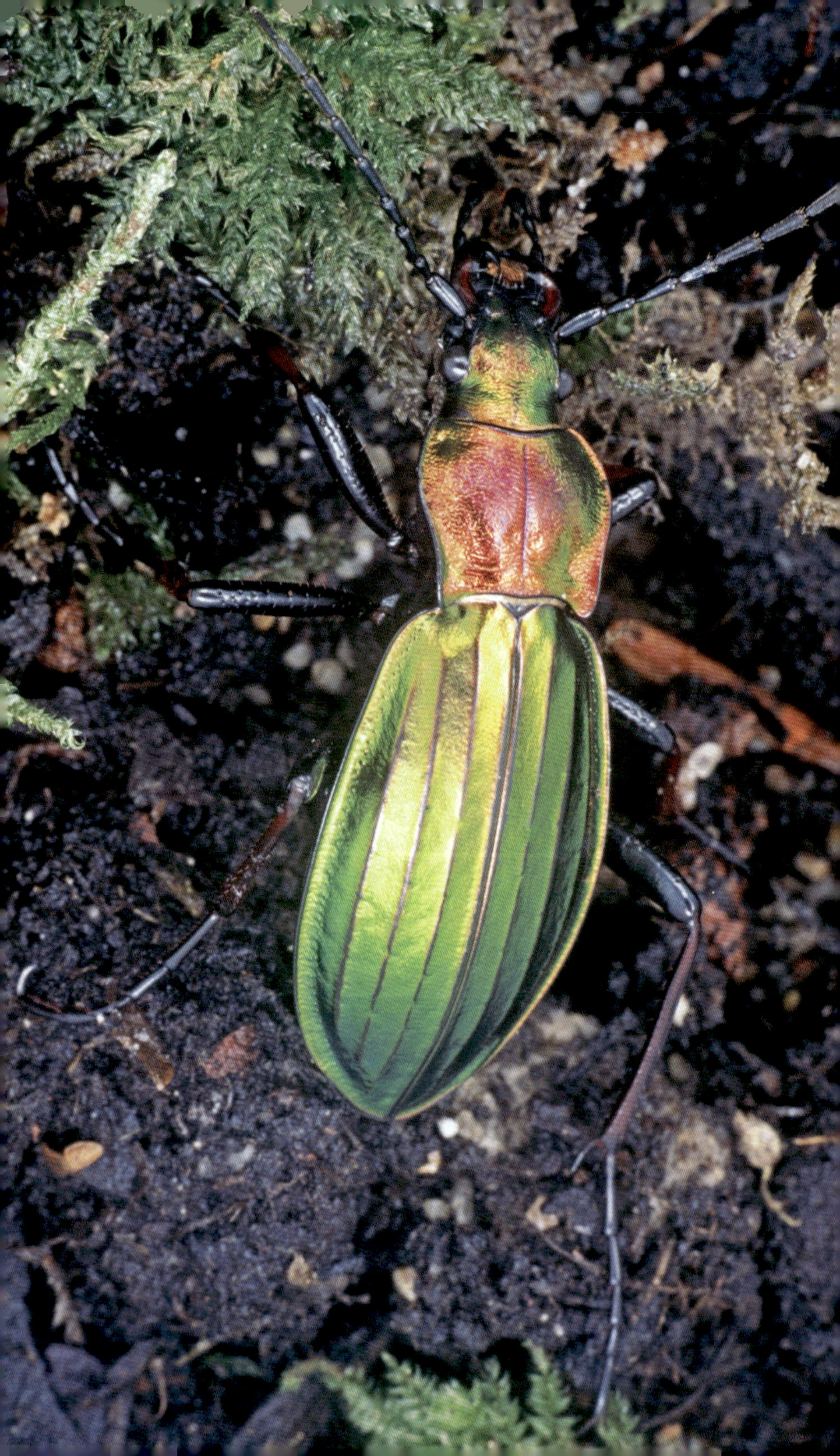

12

Novembre et décembre

Les insectes de l'hiver

Le froid vif n'a pas éliminé tous les insectes; certains se cachent encore au fond des forêts. Muni de vêtements chauds, affrontez le mauvais temps et explorez les vieilles souches et les talus à la recherche de ces véritables joyaux que sont les carabes. De la cave au grenier, examinez également chaque recoin de la maison pour y débusquer les petites bêtes qui y auraient trouvé refuge.

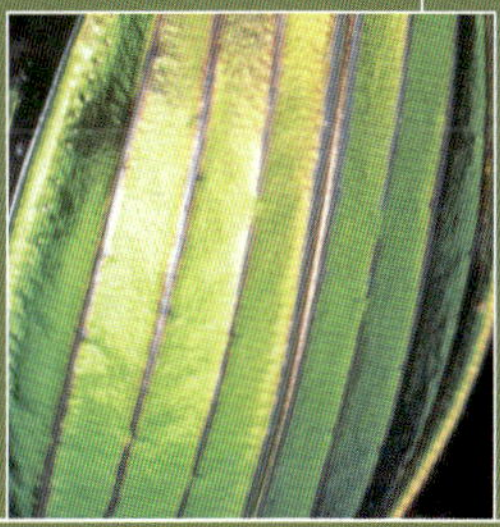

L'utilisation de plaques d'altuglas opaque pour diffuser la lumière des flashs m'a permis d'atténuer les reflets sur la carapace de ce carabe à reflets d'or pyrénéen. 100 ISO, 100 macro avec trois flashs, 1/125 s à f/22.

Cachettes au fond des bois

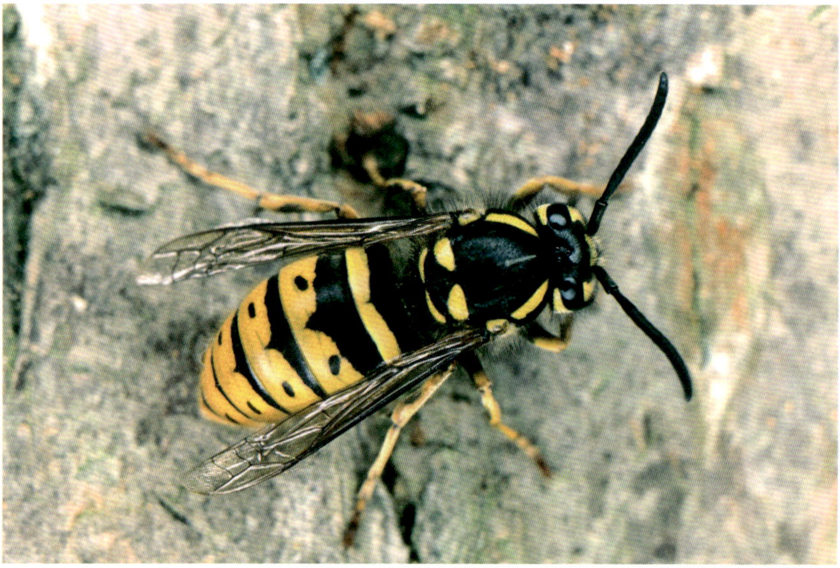

En hiver, toutes les guêpes meurent à l'exception des reines fondatrices qui hibernent dans les souches et les talus moussus. 100 ISO, 100 mm macro et flashs, 1/60 s à f/22.

Le froid semble avoir fait disparaître les insectes de nos campagnes mais, en réalité, ceux qui ont survécu se dissimulent. Pour les retrouver, on renoncera au filet à papillons au bénéfice du piochon, petit instrument aratoire aux bords tranchants, grâce auquel on pourra creuser les souches et soulever écorces et pierres. Votre persévérance trouvera sa récompense dans la découverte de carabes, joyaux multicolores au sein de leur écrin givré.

Les carabes sont les insectes les plus spectaculaires de l'hiver, à condition de savoir trouver leurs cachettes au fond des bois. Éclos au cours de l'été, ils s'enterrent à la saison froide dans les talus des bois et sous les souches. Engourdis par le froid, ils se laissent facilement approcher. Hormis les carabes, vous trouverez également différents hyménoptères comme des guêpes ou des bourdons. Ces insectes sont des femelles fondatrices qui formeront au printemps de nouvelles colonies. Par respect pour l'équilibre naturel, ne dépouillez pas totalement les talus de leurs habitants. En piochant par-ci par-là, on maintient des zones de tranquillité.

Le matériel

Le 50 mm macro et un flash annulaire constituent l'essentiel de l'équipement photo minimum, complété d'un pinceau fin très doux afin de nettoyer délicatement l'animal en partie recouvert de terre.

Une petite pince, de type brucelles, aide aussi à ôter de menus débris gênants.

Enfin, prévoyez quelques bocaux qui serviront à ramener certains spécimens au studio, afin que vous puissiez compléter vos prises de vue. Vous prendrez évidemment soin de les relâcher dans leur milieu d'origine une fois la séance terminée.

Choix de la lumière

Le problème des brillances constitue la principale difficulté. Si un filtre polarisant supprime les reflets d'une surface plane, d'une vitrine ou d'un étang, il reste sans effet sur les carapaces bombées et sillonnées de multiples sculptures de certains coléoptères. Pour pallier cet inconvénient, les prises de vue peuvent se faire en lumière naturelle. Dans ce cas, il est préférable d'éviter le soleil direct et de travailler avec un ciel légèrement voilé. La balance des blancs du boîtier corrigera les problèmes de température de couleur. Profitez de l'immobilité de l'animal quand vous le découvrez dans sa loge pour réaliser plusieurs photos car il n'est pas sûr qu'il y reste. Travaillez d'abord à main levée pour assurer votre coup avec un réglage de sensibilité plus élevée, puis à l'aide du pied en revenant à une sensibilité plus basse exempte de bruit et un diaphragme plus fermé (f/16) si l'animal est toujours immobile.

Si l'animal bouge - et c'est souvent le cas des carabes -, il est difficile de maintenir une bonne vitesse tout en conservant assez de profondeur de champ. Dès lors, le flash avec son éclairage rapide et puissant devient obligatoire avec les inconvénients de brillances qu'il génère.

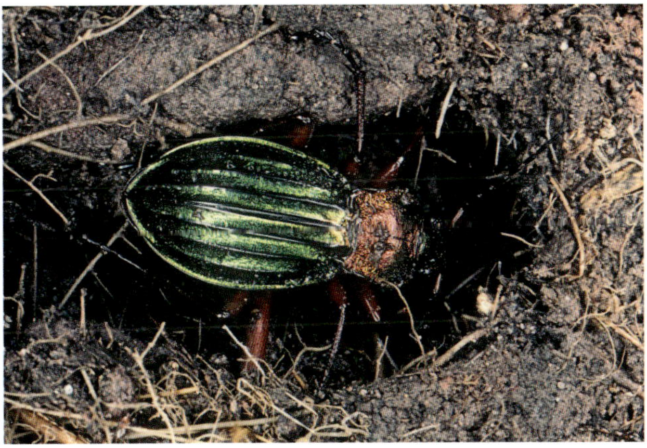

Carabe à reflets d'or dans sa loge. C'est souvent ainsi que l'on surprend ces insectes. Pour les prendre in situ, *rien ne vaut le flash annulaire dont la légèreté est appréciable. 100 ISO, 50 mm macro et flash, 1/125 s à f/22.*

Éviter les reflets brillants

L'impact d'un seul éclair sur une carapace brillante entraîne la formation d'une tache lumineuse dont le centre est bien de la couleur de l'animal, mais les bords s'assombrissent, ce qui manque de naturel. En fait, le type de couleur des carabes est dit spectral : il est lié à la décomposition de la lumière dans les écailles creuses de l'insecte, qui agissent comme des prismes. La couleur des carabes, souvent mordorée, varie en fonction de l'incidence de la lumière qu'ils reçoivent. Une ambiance lumineuse est alors préférable à une seule source d'éclairage de même puissance.

Les mauvais reflets se corrigent en utilisant le flash de manière indirecte. La perte de lumière étant importante, un flash assez puissant s'impose.

Une réflexion vive sur la carapace brillante fait réagir la cellule, ce qui risque d'entraîner une sous-exposition de l'ensemble. De même, un coléoptère ou un hyménoptère sombre, photographié sur un bois clair, sera souvent trop foncé et les détails de l'animal seront bouchés. Ouvrez d'un diaphragme et contrôlez sur votre écran arrière pour vérifier le comportement de votre boîtier. Les appareils récents, avec leurs mesures multizones, offrent des évaluations plus précises, mais il est conseillé de bracketer.

Le flash annulaire, peu encombrant, évite les ombres et son tube circulaire permet d'éclairer jusqu'au fond des loges où se cachent les insectes. Il évite également l'impact lumineux inesthétique causé par une seule torche et peut rendre de grands services dans ce genre de photos bien que certains n'aiment pas son reflet circulaire peu naturel. Pour des photos plus élaborées, je recommande toutefois de travailler en studio avec plusieurs flashs – au moins trois – et d'atténuer leur éclair avec un cône diffusant ou des plaques de plastique opaque (voir page 174).

Au studio : dompter l'animal

Une fois réchauffés, les carabes retrouvent vite une certaine activité, ce qui ne rend pas les prises de vue faciles. Plutôt que de les exposer à nouveau au froid pour photographier des espèces de zombies aux antennes tombantes, on leur offrira un peu de nourriture, solution qui permet de saisir des comportements plus naturels. Malgré leur régime de prédateurs carnassiers, ils adorent le pain d'épice et les pommes. Enfin, un petit morceau de rate constituera un dessert très apprécié. Le tout en quantités modestes et fréquemment renouvelées.

Parmi les insectes de l'hiver, vous en rencontrerez beaucoup d'autres cachés avec les carabes. En particulier, des hyménoptères dont les reines hivernent (bourdons, guêpes, frelons, ichneumons...), des coléoptères (taupins, silphes, rhagies...) et parfois dans les cavités des papillons vanesses.

Les insectes dans la maison

Moufles et doigts gourds se prêtent peu aux fins réglages propres à la macro... En cas de froid trop piquant, les longues randonnées vivifiantes attendront le redoux, d'autant que votre maison elle-même constitue une source très riche de modèles. En effet, nombre d'insectes y élisent domicile l'hiver.

Soucieux de trouver un abri temporaire, les insectes ont cependant aussi leurs exigences. Le refuge qu'ils adoptent ne doit pas être trop chauffé, sinon ils risquent une rapide et fatale déshydratation. Voilà pourquoi, ils se cachent plutôt dans les caves, les greniers, les recoins des vérandas...

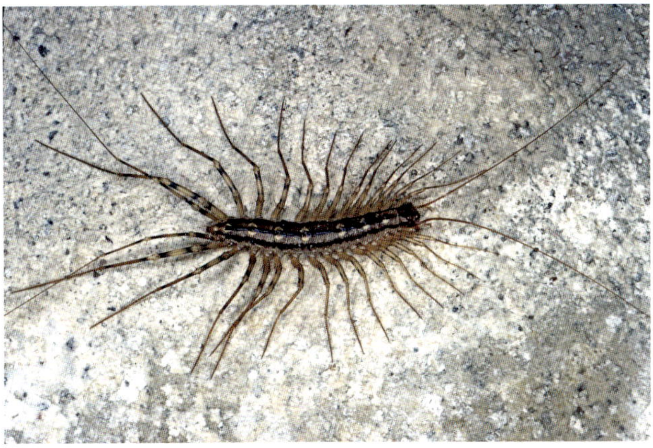

Pour que la scutigère ressorte bien sur le mur clair de la cave, il convient de surexposer au moins d'un diaphragme ou d'un IL. 100 ISO, 100 mm macro et flash, 1/80 s à f/22.

Où les rencontrer ?

À la cave. Dans la cave, outre les nombreuses toiles des araignées tégénaires, que nous assimilerons pour cette fois aux insectes, nous trouverons des blaps, gros coléoptères noirs à l'odeur parfois repoussante, que la lumière fait fuir. Il ne faut pas les confondre avec les blattes, hôtes plutôt indésirables des cuisines. Les lépismes, ou poissons d'argent, se dissimulent sous les tas de vieux journaux humides où ils se nourrissent d'amidon. Dans le Sud de la France, on rencontre le petit scorpion à queue jaune dont la piqûre, rassurez-vous, ne présente aucun danger. Quant à la scutigère, gracieux mille-pattes, elle court à toute vitesse sur les murs. Il faudra attendre qu'elle marque une pause pour la photographier.

Dans le bois. Si vous possédez une cheminée et que vous stockez du bois de chauffage, vous scruterez vos bûches avec profit. Sous leur écorce s'installent de nombreux insectes hivernant ou sur le point d'éclore. La tiédeur ambiante de la pièce où le bois est stocké, toute relative pour nous autres humains, mais bien réelle pour eux, peut les réveiller et les faire apparaître. Leur première destination sera alors la plus proche source de lumière, une fenêtre ; ils se tiendront ensuite près d'elle en s'installant dans les rideaux. Vous rencontrerez là surtout des longicornes aux longues antennes, dont les larves habitent le bois.

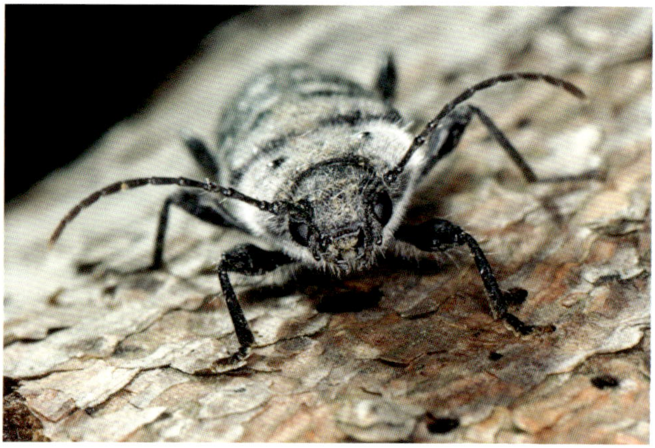

Il est préférable de ne pas rencontrer chez soi le capricorne des maisons ; malgré son air menaçant, il est inoffensif et ne s'attaque qu'au bois de conifère, avec lequel on fait notamment les charpentes. 100 ISO, 100 mm macro et 2 flashs, 1/125 s à f/22.

Le véritable capricorne des maisons attire moins la sympathie : il s'attaque aux poutres, principalement de conifères. Un autre coléoptère mangeur de bois, l'horloge de la mort, tire son nom du fait que les adultes communiquent entre eux en tapotant les parois de leur galerie avec la tête. Si vous habitez une vieille maison, écoutez les messages de ces vrillettes et découvrez les dégâts commis par leurs larves grâce à la sciure qu'elles laissent sous les boiseries. Le diamètre des trous de sortie des adultes mesure de 1,5 à 2 mm. Parfois, quelques sirex de l'ordre des hyménoptères apparaissent également sur le bois de chauffage.

Dans les combles et les greniers. Les combles et les greniers constituent le domaine du chrysope, très joli insecte aux fines ailes vertes et aux yeux d'or, qui s'y réfugie à l'approche de l'hiver. Après la mauvaise saison, ses ailes perdent leur belle couleur verte pour devenir jaunes. Comme la coccinelle, il se nourrit de pucerons. En général, un insecte ne vit pas plus de quelques semaines. Ceux-là, en revanche, tiendront plusieurs mois au ralenti, dans l'attente du printemps et de la période de la reproduction. Il convient de ne pas trop les réchauffer sous les projecteurs, sinon ils perdent leurs réserves alimentaires et meurent.

Vous pouvez leur donner un peu de nourriture pour qu'ils se réhydratent, mais à l'issue des prises de vue, replacez-les dans un endroit frais le temps de leur hibernation.

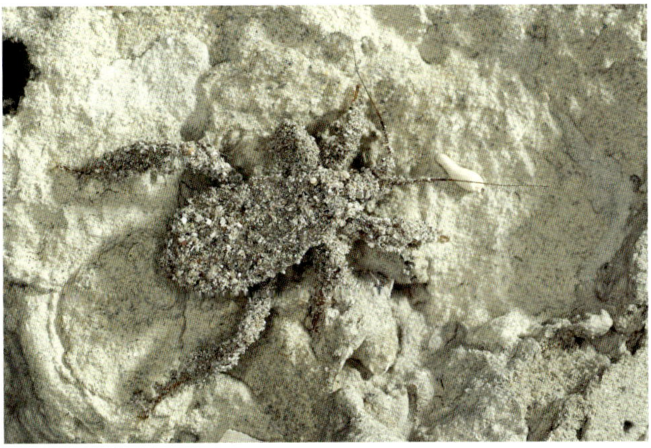

Il est très difficile de découvrir la larve de la réduve masquée tant son déguisement constitué de poussières agglomérées est parfait. Pour tenter de donner plus de relief à l'animal, les flashs ont été placés latéralement. 200 ISO, 100mm macro et 2 flashs, 1/200 s à f/22.

Dans la cuisine. En dehors des indésirables blattes, la cuisine abrite aussi d'autres parasites. La mite des vêtements a pratiquement disparu, mais ses cousines qui s'attaquent aux fourrures ou aux aliments restent encore très actives, en particulier les pyrales des fruits secs ou de la farine, friandes de nombreuses céréales et fruits secs. Les bruches se rencontrent sur les haricots tandis que les calandres, charançons au nez proéminent, vivent sur le blé.

Quelques spécimens à repérer

Voici quelques-uns des insectes et araignées que vous pourrez rechercher :

- punaise des bois;
- mouche domestique et bleue;
- coccinelle à sept et à deux points;
- lépisme;
- vanesses paon de jour et petite tortue;
- tégénaire et pholcus;
- phalène brumeuse;
- noctuelle gothique;
- hibernies.

Technique photo

Pour les insectes noirs, comme les blaps ou les punaises réduves, on ouvrira d'un diaphragme s'ils se trouvent sur un support clair. S'ils bougent un peu trop, quelque nourriture parviendra facilement à les immobiliser. En général, ils souffrent de déshydratation : un petit morceau de fruit ou une pointe de miel les calmera un moment.

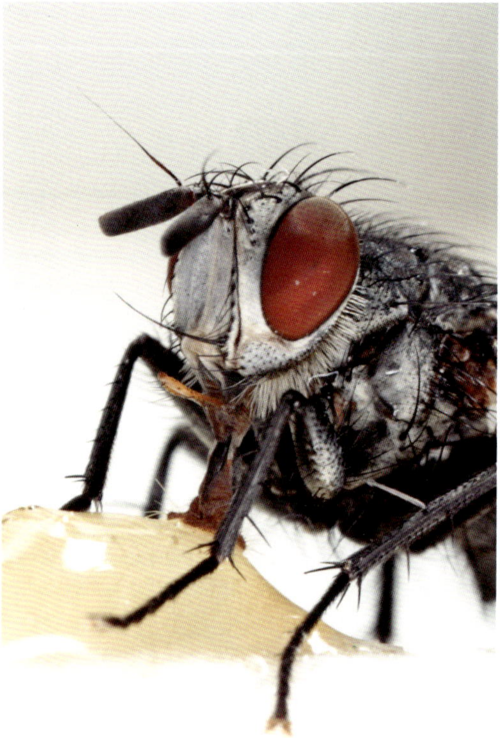

Les espèces minuscules qui ravagent vos denrées - calandres du blé, bruches des pois ou teignes de farine - sont très difficiles à photographier en activité du fait de leur petite taille. Le 50 mm, monté sur le soufflet ou sur un jeu de bagues, est si près de l'animal qu'il devient compliqué d'éclairer. La bague de retournement Novoflex est alors un bon moyen pour les approcher tout en conservant un peu de distance.

L'évolution des bruches s'observe dans une assiette de haricots. Les photographier constitue un bon exercice de chasse photo car ils ne mesurent que quelques millimètres. Circonspect et peut-être effrayé, l'animal commence par faire le mort. Il faut profiter de ce répit pour le localiser, faire le point et attendre qu'il se redresse pour déclencher.

Là encore, surexposez de un à un diaphragme et demi pour compenser la blancheur des haricots, notamment si vous utilisez le flash TTL.

Faites également attention aux problèmes de diffraction si vous diaphragmez trop et, à l'inverse, au manque de profondeur de champ si le diaphragme reste trop ouvert.

Une goutte de miel a suffi pour stopper le mouvement de cette petite mouche qui s'est rendue disponible pour un gros plan à quelques centimètres. 100 ISO, 65 mm MP-E avec 2 flashs en manuel, 1/80 s à f/16.

Fabriquer un éclosoir

Pour récupérer les petits animaux vivants dans le bois, fabriquez un éclosoir en plaçant dans un grand bac noir des morceaux de bois susceptibles d'abriter des larves d'insectes. Une seule ouverture obturée par une bouteille translucide permettra la sortie des adultes qui seront attirés par la lumière après leur éclosion.

Si l'ensemble est placé dans le jardin, il est possible de percer le fond de votre construction afin que l'humidité de la terre se diffuse à l'intérieur. Dans la cave, vaporisez légèrement et sans excès les morceaux de bois pour éviter les moisissures.

L'élevage des insectes

Les premiers frimas approchent, les insectes se font rares. Aussi le photographe entomologiste aura recours à l'élevage pour se procurer des « modèles ». Phasmes, grillons, criquets, cétoines s'y prêtent bien et offrent une grande variété d'espèces aux formes et aux couleurs remarquables.

Parmi les insectes qui s'élèvent assez facilement, les phasmes présentent de remarquables qualités d'adaptation. Leur nom vient du mot grec qui signifie « fantôme », en référence à leur capacité à disparaître dans le décor. Deux mille espèces sont recensées, dont la plupart « imitent » surtout l'aspect des végétaux, de feuilles ou de branches. Si leur finesse et leur art du camouflage les rendent souvent assez difficiles à photographier, ils sont cependant suffisamment divers pour mériter une étude plus approfondie. Dans le Sud de la France, il existe trois espèces de phasmes en forme de brindilles. En raison de la nécessité d'une diapause hivernale, leur élevage est plus difficile que celui des espèces exotiques que nous allons aborder.

Outre qu'il permet de disposer d'animaux toute l'année, l'élevage d'insectes, y compris exotiques, permet des reportages complets sur leur vie.

De robustes espèces exotiques

Les espèces exotiques, dont le développement ne connaît pas d'interruption en hiver, sont disponibles toute l'année pour les prises de vue et sont souvent plus photogéniques.

Ce phasme s'étant figé en posture immobile de brindille, il fut facile de le photographier en pose avec la lumière ambiante de la pièce éclairée au néon complétée par un léger fill-in au flash annulaire. 100 ISO, 100 mm macro, 4 s à f/16.

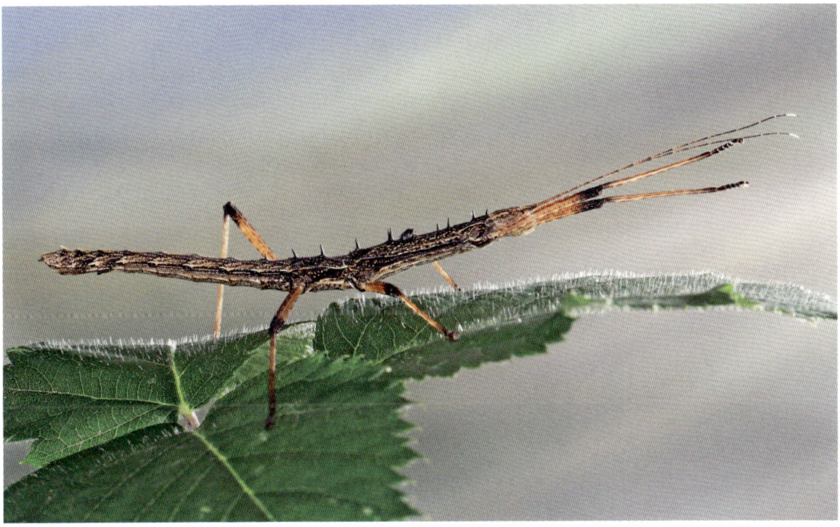

Où se procurer des phasmes ?

Certaines associations vendent des phasmes et vous donneront si besoin des informations utiles pour votre élevage.

- OPIE (Office pour les Insectes et leur Environnement), Domaine de l'INRA, La Minière – BP 30, 78041 Guyancourt Cedex. Tél. : 01 30 44 13 43. Ils éditent également la revue *Insectes*.
- Des bourses entomologiques ont lieu dans différentes régions. Parmi les nombreux insectes morts pour collection, on peut parfois trouver quelques élevages intéressants. Les deux principales se déroulent tous les ans à Lyon (69) à la fin mars et à Juvisy (92) fin septembre.

Du Pérou ou de Floride : méfiance

Certains phasmes exotiques possèdent des leurres, souvent sous la forme d'ailes ou d'élytres atrophiés qu'ils déploient pour effrayer ou tromper l'adversaire. C'est à ce moment qu'il est d'ailleurs le plus intéressant de les prendre en photo. Un assistant aura pour rôle d'effleurer l'animal afin que celui-ci réagisse instantanément en ouvrant ses pseudo-ailes.

Contrairement aux espèces les plus communes, le phasme du Pérou arbore de brillantes couleurs. Il peut se permettre d'être moins discret car il dispose d'une arme supplémentaire : il dégage, lorsqu'on le saisit, une forte odeur acidulée qui irrite le nez et à laquelle il vaut mieux éviter d'exposer ses yeux. En général, il ne projette pas d'autre substance, contrairement à l'un de ses congénères de Floride, qui peut envoyer un jet acide d'une trentaine de centimètres par un orifice situé derrière sa tête.

Citons aussi l'hétéroptéryx, une belle espèce dont la femelle a l'aspect d'une feuille verte épineuse... à manipuler avec des gants, et les phyllies qui ressemblent à s'y méprendre à des feuilles. On les photographiera

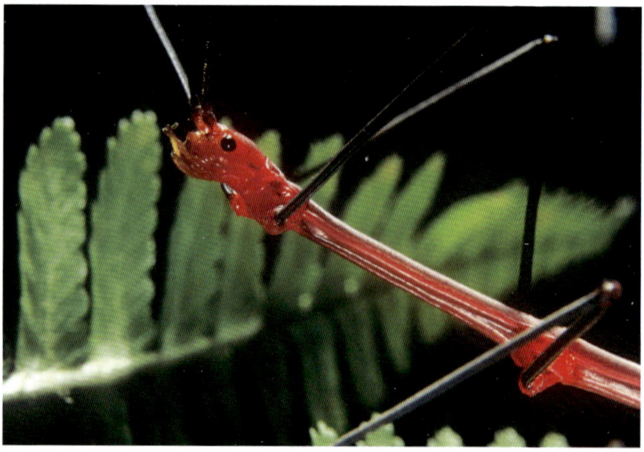

Pas de problème de camouflage pour ce phasme du Pérou qui arbore des couleurs vives, preuve qu'il dispose d'un autre moyen de défense, il est en effet empoisonné. 100 ISO, 100 mm macro et 2 flashs, 1/60 s à f/22.

de préférence chez des éleveurs spécialisés, ou on se rapprochera des associations d'entomologistes tant leur entretien est délicat. Quant au phasme titan, il mesure plus de trente centimètres. À cette taille-là, on ne peut plus vraiment parler de macro.

Boîte à lumière et bracketing

Installez un éclairage latéral afin de bien mettre en valeur le relief des insectes. La forme allongée et très fine des phasmes brindilles ne facilite pas la composition des images. Choisissez un sujet que vous cadrez en diagonale ou placez des éléments végétaux, des branches par exemple, qui en rappelant la forme de l'animal équilibreront l'image et amèneront l'œil de l'observateur à faire le tour de la photo avant de rencontrer le sujet.

Si, en règle générale, le flash à mesure TTL est largement performant, il faut rester prudent quant à son utilisation avec les phasmes très fins. Comme la cellule a du mal à accrocher sur l'animal, c'est surtout le fond qu'elle prendra en compte, d'où les risques de sous-exposition ou de surexposition selon que l'animal sera clair ou sombre. Il convient également de rendre la lumière plus douce avec des petites boîtes diffusantes de type Lastolite et de modifier la mesure de la lumière en plus ou en moins, selon la densité du fond. C'est-à-dire qu'avec un fond clair, il faudra ouvrir vers une surexposition, et inversement avec un fond sombre. En photo d'ambiance sans flash, on évite facilement cet inconvénient en prenant la mesure de la lumière sur un carton gris neutre placé à la place du sujet et en la reportant sur le boîtier réglé en mode Manuel.

Les œufs aussi ressemblent à des végétaux, le plus souvent à des graines. Placés dans un milieu favorable chaud et humide, ils éclosent au bout de trois à douze mois, selon les espèces. Afin d'assister à leur naissance, placez l'éclosoir bien en vue dans un endroit que vous visitez tous les jours. Pour les photographier, il est souhaitable d'utiliser un 50 mm en position retournée et monté sur un soufflet.

Recréer le milieu naturel

En guise de choix du fond, plusieurs solutions s'offrent à vous selon vos souhaits. En photographiant l'animal dans son environnement, vous obtiendrez une image vraiment naturelle, au détriment peut-être de sa lisibilité ; en effet, avec son camouflage, il sera très difficile d'apercevoir l'insecte et de le mettre en valeur. Si vous choisissez, au contraire, d'extraire le phasme de son milieu il sera alors bien plus visible, mais l'image semblera artificielle. Une dernière possibilité s'offre à vous, sorte de compromis entre les deux précédentes : placer l'animal dans un décor assez épuré – une branche pour les espèces brindilles, par exemple –, au sein duquel il ressortira un peu, mais qui nécessitera un peu d'effort de votre part pour être certain de l'avoir repéré. Le fond peut être uni ou plus chargé, selon l'ambiance souhaitée.

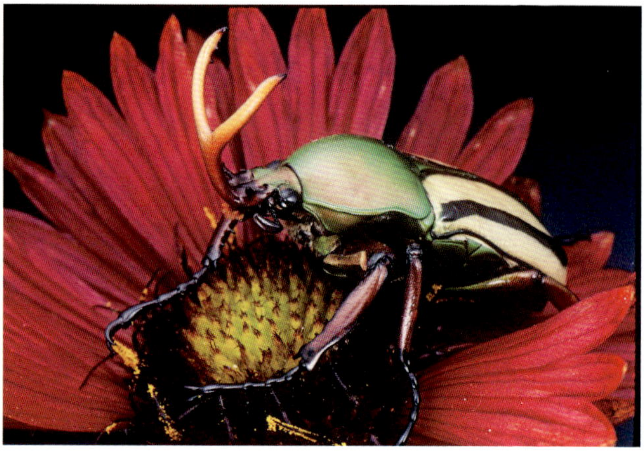

*Le mâle de cette belle cétoine africaine (*Eudicella grallii*) arbore une superbe corne qu'il utilisera pour lutter contre ses rivaux. 100 ISO, 50 mm macro, 1/60 s à f/20.*

Construire une cage

En vivarium, les animaux adoptent parfois des positions qu'il est difficile de leur faire retrouver spontanément lors de prises de vue dans la nature. Il peut alors être utile de les placer momentanément dans une cage adaptée aux séances photos.

J'ai construit un socle en bois sur lequel je pose un bocal à l'envers, une cloche de verre ou un gros parallélépipède de verre. L'aération se fait par une ouverture grillagée percée dans le socle. D'autres trous plus petits laissent passer les tiges des plantes nourricières qui trempent dans des récipients d'eau. Les **phasmes** mangent principalement des feuilles de ronces et parfois du lierre, des fougères ou du chêne vert pour certaines espèces. Une température d'environ 25° leur convient, ainsi qu'une vaporisation d'eau journalière. Lorsqu'un des phasmes présente une posture intéressante ou qu'un accouplement se produit, il suffit de soulever la partie en verre pour disposer d'un champ totalement libre pour la photo. En général, ces insectes sont assez placides. Sachez cependant qu'étant de mœurs nocturnes, ils se déplacent plus en soirée. Il est donc préférable de les photographier dans la journée quand ils sont plus calmes.

Chez les **cétoines**, larves et adultes n'ont pas le même régime alimentaire. Les larves consomment du terreau (mélange de terre noire riche en humus comportant des feuilles de feuillus et du bois en décomposition) et les adultes des matières sucrées : pollen et fruits. Le plus simple est d'utiliser 2 aquariums de plastique retournés l'un sur l'autre et fixés avec des pinces de sous-verre photo. Celui du bas recevra le terreau et les adultes s'ébattront dans celui d'en haut. Quelques morceaux de bois et branchettes seront installés afin qu'ils grimpent dessus pour se bagarrer et s'accoupler ou pour tenter de prendre leur envol. On tiendra à leur disposition des tranches de fruits (pommes ou bananes) et un petit bac contenant du pollen. Pas d'affolement, si vous ne les voyez plus au bout d'un moment, ils s'enterrent volontiers pour se reposer ou pour pondre. Pendant la journée, une lampe sera allumée de façon à les chauffer autour de 25° selon les espèces. Pour éviter la condensation, deux ouvertures seront pratiquées dans le bac du haut et rebouchées avec de la gaze ou un grillage fin en plastique style garde-manger. La nourriture sera changée régulièrement pour éviter qu'elle ne se dégrade. Les petites crottes noires de forme oblongues que vous apercevez à la surface sont le signe que les larves ont consommé tout le terreau et qu'il faut le changer. Apprenez aussi à reconnaître les coques de terre ovales dans lesquelles elles se nymphosent afin d'éviter de les jeter. Elles resteront dans le vivarium en attendant la naissance des adultes.

Si vos élevages se développent et que vous êtes débordés par les insectes, vous pouvez en échanger avec d'autres éleveurs (voir les sites sur Internet ou à l'OPIE, coordonnées citées dans l'encadré « Où se procurer des phasmes ? »), car il n'est pas question de les relâcher dans la nature.

Pour les **criquets**, un vieil aquarium fera l'affaire même s'il fuit. On y placera des branches, indispensables pour qu'ils s'accrochent et fassent leurs mues. Un bac de terre meuble légèrement humide servira aux femelles pour pondre. Comme nourriture, une grosse touffe herbe, dont la base est enfermée dans un plastique avec un peu d'eau, suffira (à changer lorsqu'il n'y en a plus). L'autre solution consiste à faire germer du blé dans une coupelle qui sera mise à leur disposition quand les pousses atteindront plusieurs centimètres. On peut essayer aussi des plantes d'appartement genre misère. Cette nourriture sera complétée par un peu de son de blé. La température sera maintenue entre 25 et 30° avec une petite lampe, genre frigo, allumée dans le vivarium dans la journée et éteinte la nuit. Bien sûr le vivarium sera nettoyé régulièrement pour retirer crottes et insectes morts.

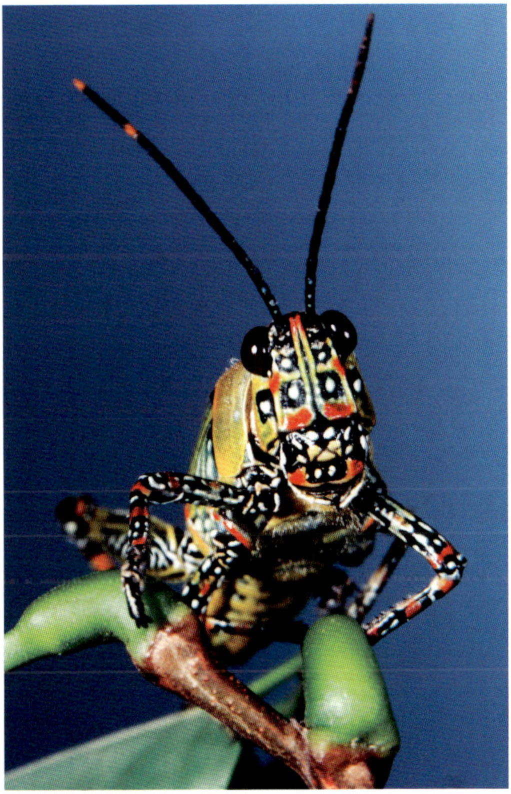

Décor de studio avec fond bleu pour ce criquet puant africain dont les couleurs voyantes annoncent la toxicité. 100 ISO, 100 mm macro et 2 flashs, 1/125 s à f/22.

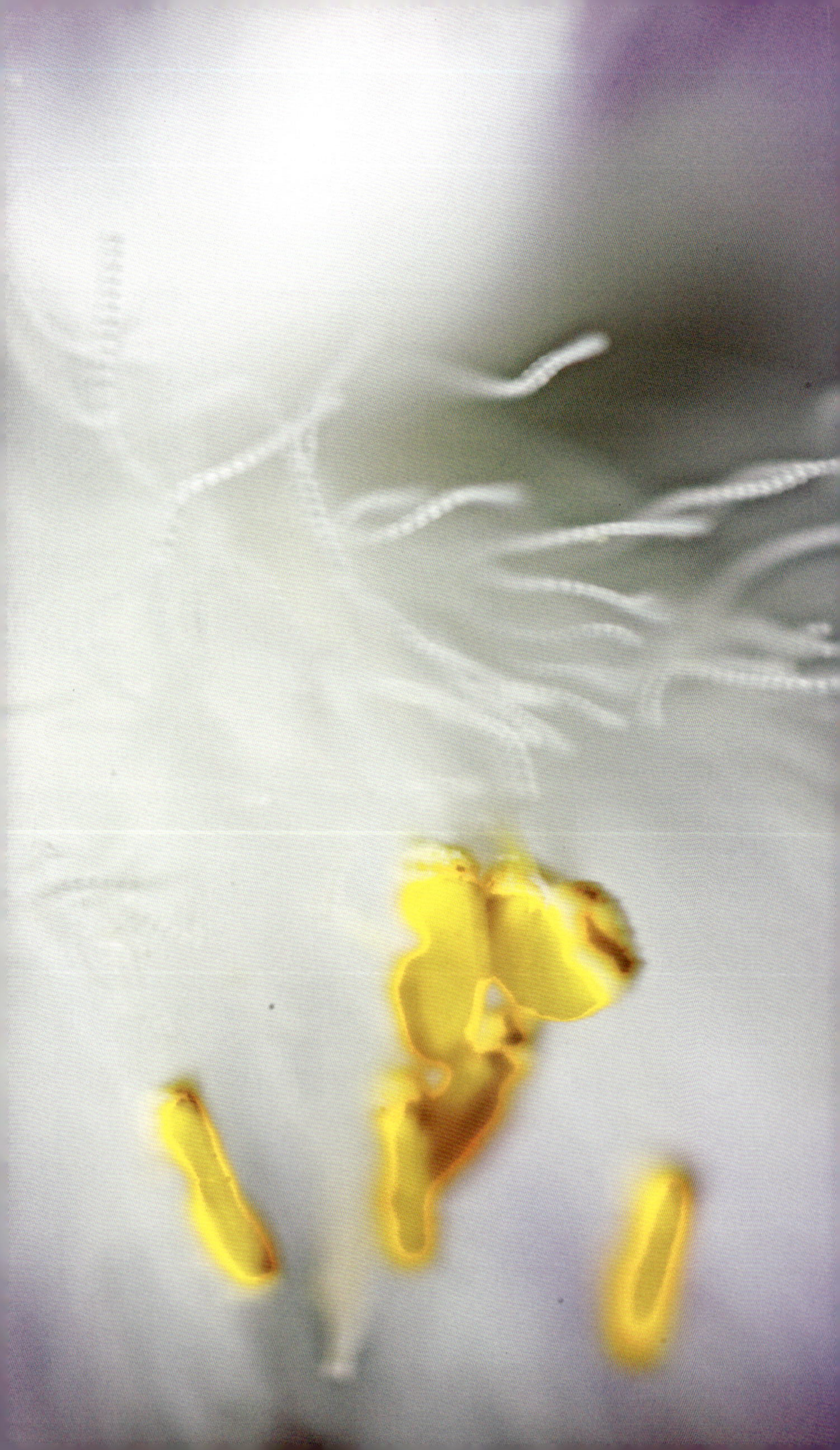

13

Annexes

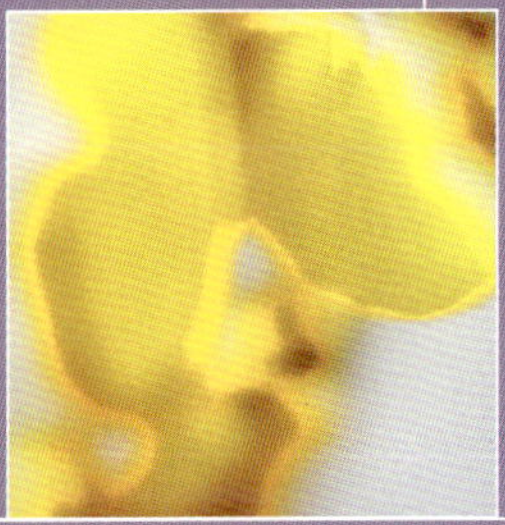

Tradescantia. Jeux de formes, de lumières et de couleurs nous font pénétrer dans un univers merveilleux.

Rêves de fleurs

Après avoir subi de nombreuses contraintes, je vous propose d'oublier un peu les techniques pour vous plonger dans l'univers magique des fleurs. À ce stade, tout est permis : flou de bougé, mise au point décalée, travail à main levée… L'œil doit s'évader. Certains aimeront se sécuriser en maintenant quelques points nets, d'autres préfèreront se perdre dans l'infini des couleurs. À vous de décider de la composition basée sur les formes, les couleurs et les jeux de lumières, un peu comme les impressionnistes qui peignaient en « assemblant » des taches de couleurs.
Bon voyage dans l'univers de la macro.

Capucine.

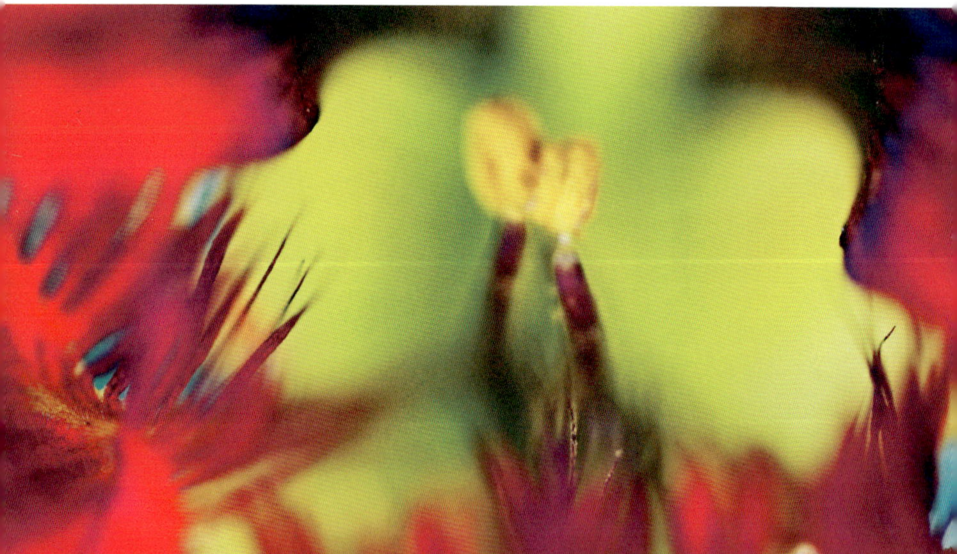

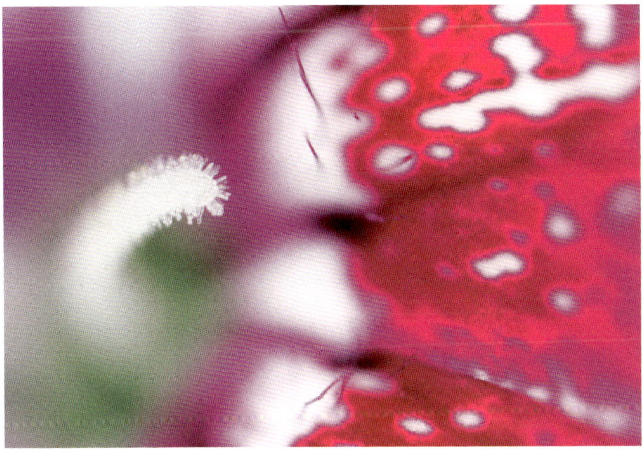

Œillet.

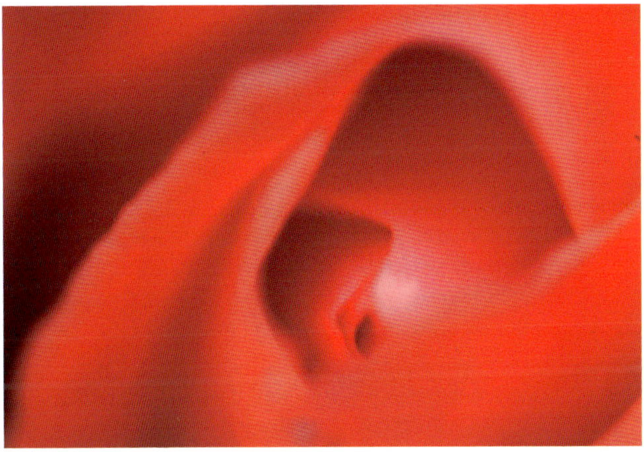

Rose.

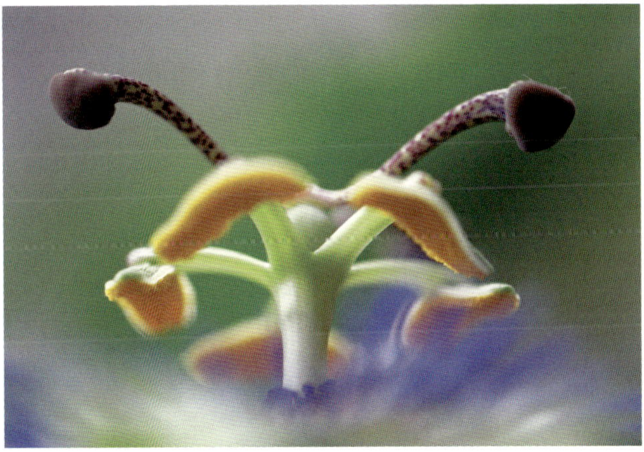

Fleur de la passion.

Cherchez la petite bête

Dans le vaste monde des insectes, pour dénicher la petite bête, le plus simple est... de trouver d'abord la plante susceptible de l'accueillir car nos petits amis ont leurs préférences et fréquentent souvent les mêmes familles de végétaux.
Pour faciliter les recherches des lecteurs qui souhaiteraient en savoir davantage, nous avons indiqué les noms latins des différentes espèces.

Les chenilles et les papillons

L'ortie ***(Urtica dioïca).*** C'est le domaine des papillons vanesses ou plutôt de leurs chenilles. Généralement couvertes d'épines, les chenilles de vanesses ne piquent pas, contrairement aux orties.
Vous y trouverez principalement la vanesse petite tortue *(Aglais urticæ)* et la vanesse paon de jour *(Inachis io)*. La carte géographique *(Araschnia levana)* et le vulcain *(Vanessa atalanta)* sont plus rares. Ce dernier se dissimule dans une feuille roulée. Pucerons, fourmis et coccinelles se rencontrent fréquemment sur cette plante.
La scrophulaire ***(Scrophularia nodosa).*** Plante à tige carrée et à fleurs globuleuses assez discrètes qui pousse au bord des chemins humides. Elle est consommée par de belles chenilles vert-bleu à bandes jaunes ponctuées de noir *(Cuculia scrophulariæ)*.
Le bouillon blanc ***(Verbascum thapsus).*** Cette plante à grande hampe florale jaune présente des feuilles grises très duveteuses. Elle abrite la chenille de la brèche ou cuculie *(Cuculia verbasci)* semblable à celle décrite au paragraphe précédent. Les papillons qui l'apprécient sont des noctuelles grises aux ailes légèrement découpées.
Le séneçon ***(Senecio jacobaea).*** Ces grandes plantes à fleurs jaunes sont des habituées des terrains vagues. Le séneçon vulgaire, plus petit, pousse toute l'année dans les jardins. Ces plantes accueillent les chenilles noires et jaunes de la goutte de sang *(Tyria jacobae)*, le papillon de la famille des écailles *(Arctiidés)*, très joli avec ses ailes roses et grises.
Le chou ***(Brassica oleracea)*** **et les capucines** ***(Tropa majus).*** Groupées sur les choux ou les capucines, les chenilles jaunes et noires de la piéride du chou *(Pieris brassicæ)* sont assez communes. Elles sont souvent parasitées par de petites guêpes qui sortent du corps de la chenille avant sa métamorphose et qui tissent autour du corps de leur hôte des petits cocons de soie jaunâtre.

La cardamine des prés *(Cardamine pratensis)* **et l'alliaire** *(Alliaria petiolata)*. La piéride aurore *(Anthocaris cardamine)* pond un seul œuf orange par plante. La plante est à explorer méticuleusement car la chenille éclose ressemble très fort à son fruit allongé.

L'eupatoire chanvrine *(Eupatorium cannabinum)*. Cette grande plante à fleurs roses qui pousse dans les lieux humides est largement butinée en fin de saison par les écailles chinées *(Euplagia quatripunctaria)*.

Les euphorbes *(Euphorbia)*. Ces plantes aux fleurs particulières exsudent un latex blanc à la cassure. Elles abritent une des plus belles chenilles de notre faune, le sphinx de l'euphorbe *(Hyles euphorbiæ)*.

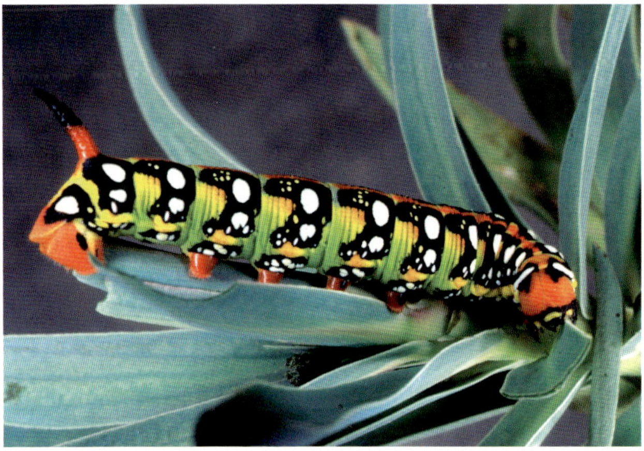

Hyles euphorbiæ.

Les coléoptères

L'aulne *(Alnus glutinosa)*. Les feuilles de cet arbre des bords de l'eau sont prisées par les chrysomèles, ou galéruques (larves et adultes). La femelle se reconnaît à son abdomen distendu par les œufs qu'elle pond en petits amas jaunes.

La pomme de terre *(Solanum)*. Elle abrite parfois des doryphores *(Leptinotarsa decemlineata)* malgré la chasse sans merci dont ces derniers font l'objet. Chasse dont, malheureusement, un papillon, le magnifique sphinx à tête de mort *(Acherontia atropos)*, fait également les frais. La pomme de terre doit s'examiner de nuit pour trouver les chenilles de ce dernier.

L'asperge *(Asparagus)*. Avec ses feuilles très fines, elle héberge deux jolis petits coléoptères appelés criocères *(Crioceris asparagi* et *Crioceris duodecimpunctata)*, qui se laissent facilement choir sur le sol dès que l'on bouscule la plante. Les larves et la ponte sont également visibles sur les feuilles.

Le lis ***(Lilium album).*** Il abrite lui aussi un criocère, magnifique coléoptère rouge vif *(Lilioceris lilii).* Ses larves astucieuses se cachent sous leurs propres excréments.

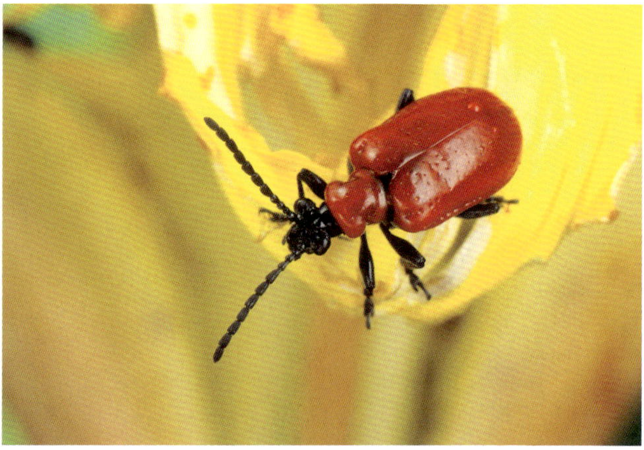

Criocère du lis.

Les chardons ***(Circium vulgare).*** Assez rares, les cassides *(Cassida sanguinolenta)* ou coléoptères tortues et, selon les années, les chenilles de la vanesse du chardon ou belle dame *(Vanessa cardui)* s'y retrouvent.

La bryone ***(Bryona dioïca)*** **et, parfois, le melon** ***(Cucumis melo).*** Des feuilles en dentelle signalent, sur cette plante grimpante aux fleurs verdâtres et aux fruits rouges toxiques, une des rares coccinelles végétariennes *(Epilachna chrysomelina)* et sa larve épineuse.

L'orme ***(Ulmus campestris).*** Décimés par la maladie, les vieux ormes ont disparu, mais de jeunes rejets subsistent. On rencontre parfois sur leurs feuilles la galéruque de l'orme *(Galerucella lineola).*

L'oseille sauvage des prairies humides ***(Rumex obtusifolius).*** Les chrysomèles bleu-verdâtres *(Gastrophysa viridula)* se remarquent parfois en très grand nombre auprès de l'oseille.

La rose trémière ***(Althea rosea).*** Le charançon à long nez *(Apion longirostre)*, fréquent sur les boutons de la rose trémière, reste acrobatique à photographier en raison de sa taille.

Les peupliers divers ***(Populus sp.).*** La chrysomèle, ou lina du peuplier *(Melasoma populi)*, et sa larve en transforment les feuilles en ouvrages de dentelle.

Le romarin ***(Rosmarinus officinale)*** **et la sauge cultivée** ***(Salvia officinale).*** La chrysomèle américaine *(Chrysomela americana)*, dont les lignes colorées sont difficiles à faire ressortir tant cette espèce est brillante, y a ses habitudes.

Les punaises

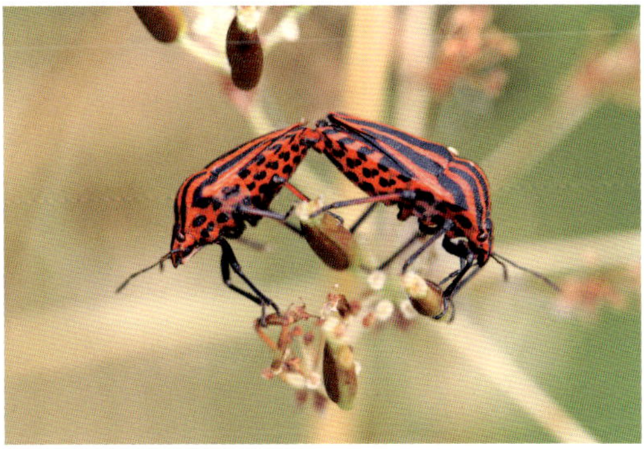

Graphosoma italicum.

Les ombellifères, la carotte sauvage *(Daucus carotta).* La punaise rayée, ou graphosome *(Graphosoma italicum)*, se retrouve en abondance sur ces plantes dont elle suce la sève et la matière grasse des graines.

Le platane *(Platanus orientalis).* Dans le Sud, on peut découvrir des tigres sous les feuilles. Les élytres de ces minuscules punaises suceuses de sève sont une merveille de ciselure, mais exigent un grandissement important. Sous les écorces, le *Polydesmus* (sorte de tout petit mille-pattes) se tient à l'abri.

La tanaisie *(Tanacetum vulgare).* Il s'agit d'une grande plante aux petites fleurs jaunes. Très découpées, ses feuilles dégagent une forte odeur quand on les froisse. Elle abrite souvent une punaise brune aux élytres découpés *(Coreus marginatus)*. À l'envol, elle laisse apparaître son abdomen orangé. Ces insectes fréquentent aussi les oseilles sauvages *(Rumex)*.

Le saule marsault *(Salix caprea).* Des larves de tenthrèdes ou mouche à scie dévorent les parties tendres de ses feuilles et en font de la dentelle.

Traitement de base des images

Il ne s'agit pas de faire ici un cours de travaux pratiques sur ordinateur, il existe d'excellents livres pour cela, mais de rappeler les principales fonctions proposées par les logiciels de retouche d'images, tels que Photoshop ou Lightroom.

Trier et organiser ses images

Le numérique nous entraîne à réaliser une profusion d'images, il faut alors être plus draconiens dans la sélection et ne pas hésiter à éliminer toutes les photos ayant des défauts, comme les flous non intentionnels. Vous pouvez profiter de cette étape pour choisir vos meilleures images en leur attribuant des étoiles ou un classement. Le numérique ne doit pas nous empêcher d'être vigilant lors des prises de vue, et de veiller en particulier au cadrage car il limitera les longues heures à passer devant l'écran.

Avant de commencer à retoucher des photos, sauvegardez toujours l'image originale, souvent un RAW, qui restera votre négatif numérique. Enregistrez-la si possible sur un disque dur à part. Faites un dupli de travail et travaillez toujours dans la plus haute définition de JPEG ou TIFF, voire en RAW, et réalisez ensuite des copies moins lourdes pour les petites impressions et l'envoi par mail.

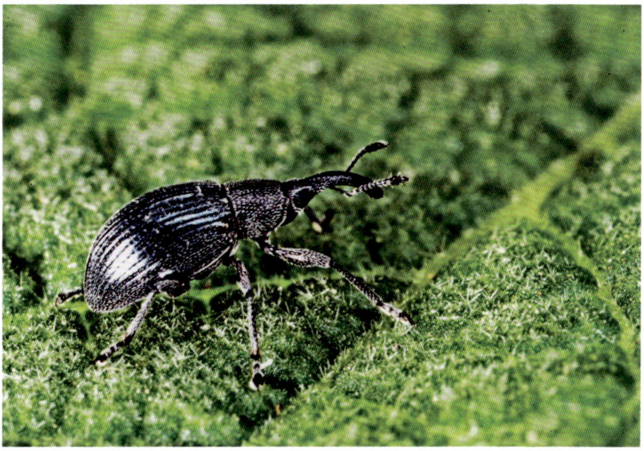

Si on veut réaliser un travail de qualité, il faudra passer quelques heures pour supprimer l'éclat lumineux de cette carapace sinueuse d'Apion de la rose trémière.

Réglages

Niveaux automatiques. Si nous manquons de temps, on peut essayer cette commande qui équilibre de manière automatique contraste et luminosité. On l'annulera avant de passer à une autre si le résultat obtenu n'est pas satisfaisant.

Niveaux. Régler les niveaux permet d'obtenir une image bien saturée. Si les bords de l'histogramme sont vides, déplacez les curseurs vers la partie pleine du centre.

Courbes. Bien manier la courbe vous permettra d'ajuster la densité de l'image et le contraste. En général, c'est la courbe en S qui donne le meilleur résultat.

Contraste. Pour régler le contraste, il est préférable d'utiliser la courbe plutôt que le menu Luminosité/Contraste, plus destructeur.

Les hautes et les basses lumières. La commande Tons foncés/Tons clairs, accessible depuis le menu Réglages, permet de réduire les différences de densité entre les parties sombres et claires de l'images. N'en abusez pas afin d'éviter une image trop fade.

Saturation. Accessible par le réglage Teinte/Saturation, cette commande permet de rendre les images plus vives ou au contraire de transformer la couleur en noir et blanc. À moins de rechercher des effets spéciaux, il ne faut pas en abuser.

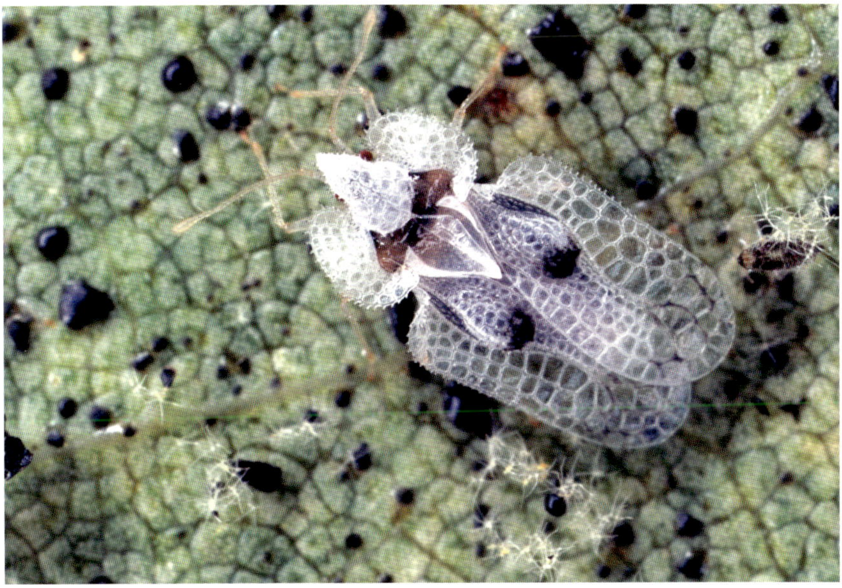

Principales retouches

Une touche de contraste réalisée avec la commande Calque/Nouveau calque/Courbe permettra de mieux faire ressortir les fines ciselures de ce Tigre du platane sans dégrader l'image.

Calques. Avec Photoshop, l'utilisation des calques permet de contrôler différents effets et selon les résultats de les sauvegarder ou de revenir en arrière. Un outil vraiment pratique pour corriger ses images sans crainte.

Améliorer la netteté. Ne rêvons pas, nous ne redonnerons pas à une image floue une qualité acceptable. La commande Filtre/Renforcement atténuera légèrement le flou. Dans le logiciel gratuit Picasa de Google, on peut aussi utiliser la commande Effet/Netteté pour les photos en JPEG. Utilisée à l'excès, cette commande fait monter une sorte de grain et appauvrit les informations de l'image notamment au niveau des couleurs.

Corriger poussières et défauts. On peut les retirer à l'aide des outils Tampon et Pansement. Ces méthodes permettent aussi de retirer une brindille disgracieuse ou d'atténuer un reflet.

Tous ces réglages peuvent être réalisés sur une partie de l'image à condition de l'avoir sélectionnée avant. Je vous recommande dans ce cas de choisir aussi un dégradé pour faire la jonction entre la zone traitée et l'ancienne.

Adresses utiles

Matériel photographique

• **JAMA Électronique**
22, rue de la Fraternité
12100 Millau
Tél. 05 65 60 76 01
www.jama.fr

• **Photo et Nature**
10, rue Parmentier
06100 Nice
Tél. 04 93 98 24 36
www.photo-nature.fr

• **Photo Prony**
53-55, rue de Prony
75017 Paris
Tél. 01 47 63 68 56
www.shop-photo-canon.com

Serres à papillons

Les papillons exotiques sont présentés dans de vastes volières où les photographes sont les bienvenus; voici une liste des principales. Je vous conseille de téléphoner avant de vous déplacer, car certaines arrêtent leur activité une partie de l'année.

• **Serre aux papillons Poullain**
1, avenue des Platanes
78940 La Queue-en-Yvelines
Tél. 01 34 86 42 99

• **Serre aux papillons**
Route de Gap
26150 Die
Tél. 04 75 22 17 90
www.jardin-decouvertes.com

• **Le tropique du papillon**
RN 114 Pla de la Barque
66200 Elne
Tél. 04 68 37 83 77
www.tropique-du-papillon.com

• **Les papillons d'Amarante**
Le Ressec
09300 Lesparrou
Tél. 05 61 01 98 80
www.papillonsdamarante.com

• **Jardin aux papillons**
Rue Daniel Gilard
56000 Vannes
Tél. 08 10 40 69 01
www.jardinauxpapillons.com

• **Le paradis du papillon**
44460 Sanguinet
Tél. 05 58 78 67 42
www.leparadisdupapillon.free.fr

• **Château de Goulaine**
44115 Haute-Goulaine
Tél. 02 40 54 91 42
www.chateau.goulaine.online.fr

• **Le jardin des papillons**
68150 Hunawihr-Ribauville
Tél. 03 89 73 33 33
www.jardinsdespapillons.fr

• **Naturospace**
Boulevard Charles-V
14600 Honfleur
Tél. 02 31 81 77 00
www.naturospace.com

• **Pépinières de Haute-Normandie**
12-15, route de Neufchatel
76230 Isneauville
Tél. 02 35 60 24 86

• **Parc floral de la Source**
45072 Orléans
Tél. 02 38 49 30 00
www.parc-floral-la-source.com

• **L'île aux papillons**
Ile de Noirmoutier
5, rue de la Fassonnière
85680 La Guérinière
www.ile-aux-papillons.com

- **Le jardin des papillons de Digne**

Rien à voir avec une volière, les papillons français sont libres et parcourent ce site que les animateurs de l'association Proserpine maintiennent largement fleuri pendant la saison. Les visites sont accompagnées, mais des périodes peuvent être réservées pour les photographes.
Jardin des Cordeliers
Avenue Paul-Martin
04000 Digne-les-Bains
Tél. 04 92 31 59 59
www.proserpine.org

Jardins de fleurs

- **Jardin alpin de la Chanousia**

Col du Petit Saint-Bernard
73700 Seez
Tél. 04 79 07 43 32

- **Jardin botanique alpin du Lautaret**

Col du Lautaret
05480 Villar d'Arène
Tél. 04 92 24 41 62
http://sajf.ujf-grenoble.fr/

- **Jardin botanique alpin « La Jaÿsinia »**

74340 Samoëns

- **Jardin botanique du Montet**

100, rue du jardin botanique
54600 Villers-lès-Nancy
Tél. 03 83 41 47 47
http://www.cjbn.uhp-nancy.fr/Francais/infosPratiques.php4

- **Jardin Botanique de Lyon**

Parc de la Tête d'Or
69459 Lyon
Tél. 04 72 82 35 00
http://www.jardin-botanique-lyon.com

- **Jardin botanique de Nice**

78, avenue de la Corniche fleurie
06000 Nice
Tél. 04 92 29 41 80

- **Jardin exotique de Roc'h Hievec**

Roscoff 29

- **Jardin botanique de Marnay-sur-Seine**

Chemin des Gougins
10400 Marnay-sur-Seine
Tél. 03 25 21 94 18
www.jardin-botanique.org

Bourses entomologiques

Parmi de nombreux stands d'insectes morts, on trouve quelques éleveurs qui présentent des bêtes vivantes :

- **Bourse exposition internationale d'insectes de Savigny-sur-Orge.** Tous les ans fin septembre. http://blogs.aol.fr/aecft/JUVISY2008/
- **Papillyon** (Salon international de l'insecte et de l'araignée de Lyon). Tous les ans fin mars à l'espace Ecully. www.papillyon.fr.fm/

Associations

- ASCPF (Association sportive de chasse photographique française) : www.ascpf.com/
- Breitz insectarium (pour se procurer des insectes) : Michel Collin, 20, rue Marc-Mouello 56520 Guidel, Tél. 02 97 65 34 28, www.breizh-insectarium.com
- CLIMAX (Stages photographiques et découverte nature animés par Gérard Blondeau) : 28, rue des Cressonnières 95110 Sannois, Tél. 01 39 81 07 38, www.photo-blondeau.com
- OPIE (pour se procurer des insectes) : Domaine de l'INRA, La Minière - BP30, 78041 Guyancourt Cedex, Tél. 01 30 44 13 43, www.insectes.org
- SMF (Société mycologique de France) pour connaître les clubs présents dans votre région : 20, rue Rottembourg 75012 Paris, www.mycofrance.org
- SPHN (Société de photographie d'histoire naturelle) : http://sphn.free.fr

Livres et revues

- *Les Amphibiens de France, Belgique et Luxembourg,* collection Parthénope, éditions Biotope, 2003.
- *Champignons,* Ewald Gerhardt, Vigot, 2004.
- *Champignons de France et d'Europe occidentale,* Marcel Bon, Arthaud, 2004.
- *Coléoptères d'Europe,* Gaëtan du Châtenet, Nap, 2002.
- *Le Grand livre des plantes carnivores,* Gérard Blondeau, De Vecchi, 2006.
- *Guide Delachaux des arbres d'Europe,* Owen Johnson et David More, Delachaux et Niestlé, 2005.
- *Guide des araignées et des opilions d'Europe,* Dick Jones, Delachaux et Niestlé, 2006.
- *Guide des champignons de France et d'Europe,* Régis Courtecuisse et Bernard Duhem, Delachaux et Niestlé, 2007.
- *Guide des chenilles d'Europe,* David Carter et Brian Hargreaves, Delachaux et Niestlé, 2005.
- *Guide des fleurs sauvages,* Alastair et Richard Fitter, Marjorie Blamey, Delachaux et Niestlé, 1999.
- *Guide des libellules de France et d'Europe,* B. Klaas-Douwe, Dijkstra, Delachaux et Niestlé, 2007.
- *Insectes de France et d'Europe occidentale,* Michael Chinery, Arthaud, 2005.
- *Les Orchidées de France, Belgique, et Luxembourg,* Marcel Bournérias, collection Parthénope, éditions Biotope, 2005.
- *Papillons de nuit d'Europe,* Patrice Leraut, Nap, 2006.
- *Quel est donc ce papillon ?* Heiko Bellmann, Nathan, 2008.
- *Chasseur d'Images* : www.photim.com
- *Image & Nature* : www.images-nature.com
- *Réponses Photo* : www.kiosquemag.com/offres-abonnement/magazine/reponses-photo
- *Insectes* : www.inra.fr/opie-insectes

Cet ouvrage est imprimé, pour l'intérieur, sur de l'Hannoart silk
fabriqué par SAPPI et distribué par Papeteries de France, et pour la couverture,
sur de l'Ensocoat, fabriqués par STORA ENSO et distribué par Papyrus.
Papiers fabriqués à partir de bois issus de forêts gérées durablement

Conception maquette et mise en pages : Nord Compo - N° d'éditeur : 7846
Imprimerie CHIRAT - 42540 Saint-Just-la-Pendue - Dépôt légal : septembre 2008 - N° 2564
Imprimé en France